수능특강
Light

영어듣기

듣기 MP3 파일
바로듣기 & 다운로드

KB198141

수능특강
Light

영어듣기

이 책의 차례

Part I 유형편

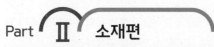

Part **Ⅱ** 소재편

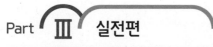

Part **Ⅲ** 실전편

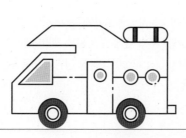

이 책의 구성과 특징

교재 구성의 개요

본 교재는 대학수학능력시험을 준비하는 고1, 2 예비 수험생들이 영어듣기 출제 유형과 다양한 소재 및 상황에서 이루어지는 대화 및 담화를 학습하며 수능 영어듣기에 미리 대비할 수 있도록 구성하였다.

〈Part I 유형편〉에서는 대학수학능력시험과 모의평가에서 꾸준히 출제되고 있는 영어듣기 문항 유형들을 소개하고 있다.

〈Part II 소재편〉에서는 수능과 모의평가에 자주 등장하는 소재들을 네 분류로 나누어 소개하고 있다.

〈Part III 실전편〉에서는 수능 영어듣기 시험과 구성이 동일한 실전 모의고사 2회분으로 구성하고 있다.

교재의 세부 구성

Part I 유형편 ▶ 1강~15강

유형 소개 및 출제 경향 분석

특징_ 수능 및 모의평가 기출 문항을 중심으로 각 유형별 문항을 심도 있게 분석하였으며, 문제 해결의 단서를 단계별로 제시하여 유형에 대한 학습 및 풀이 전략을 익힐 수 있도록 하였다.

활용법_ Listening Tips에서는 기출 예제로 제시된 듣기 문제를 해결하기 위한 단계별 단서 확인을 통해 문제 해결의 전략을 익힌다. Dictation에서는 문제를 해결하기 위해 주의해서 들어야 할 핵심 내용이나 주요 표현을 듣고 빈칸에 써봄으로써 정확하게 듣는 연습을 하고, Key Expressions를 통해서는 주요 관용 표현의 쓰임을 재확인하도록 하여 의사소통을 위한 다양한 표현들을 익히도록 한다.

Exercises

특징_ 각 강에서 소개하는 특정 유형의 문제들을 풀어봄으로써 해당 유형을 집중적으로 연습할 수 있다.

활용법_ 실전에 임하는 자세로 전체를 주의 깊게 듣고 문제 해결의 단계별 전략을 적용하는 연습을 하도록 한다. 또한 듣기 어려웠던 개별 단어뿐 아니라 구절이나 문장 단위의 연음 및 동화현상, 억양 등을 반복적으로 들으며 영어 발음에 익숙해지도록 훈련한다.

Part Ⅱ 소재편 ▶ 16강~19강

특징_ 최근 수능과 모의평가에 자주 등장하는 소재들을 활용한 대화 및 담화를 들으며 다양한 소재에 익숙해지고 소재와 관련된 여러 가지 어휘와 표현을 익힐 수 있도록 하였다.

활용법_ 소재 소개 부분과 Topic-related Words & Phrases에서 소재 관련 중요 어휘와 표현을 익히고, Examples에서는 소재 관련 중요 표현을 대화 및 담화의 예문을 통해 확인한다. Exercises에서는 각 강에서 소개하는 소재와 관련된 다양한 상황에서 전개되는 대화 및 담화를 듣고 연습할 수 있다.

Part Ⅲ 실전편 ▶ 20강~21강

특징_ 유형편과 소재편에서 기른 영어듣기 능력을 바탕으로 수능 영어듣기 시험과 구성이 동일한 실전 모의고사를 풀어봄으로써 수능 실전 감각을 기를 수 있도록 구성하였다.

활용법_ 유형별 또는 소재별로 집중 학습한 내용과 문제풀이 전략을 염두에 두고, 실제와 비슷한 유형과 다양한 소재로 구성된 듣기 문항들에 대해 학습한 전략을 적용하여 수능 실전 훈련에 집중할 수 있는 기회로 활용한다.

정답과 해설

유형편과 소재편, 실전편에서 다룬 모든 문항의 대화문과 담화문의 전문 해석과 상세한 해설뿐만 아니라 영어 선택지의 해석, 그리고 주요 어휘의 의미에 대해서 상세히 제시함으로써 학습 효과를 충분히 거둘 수 있도록 하였다.

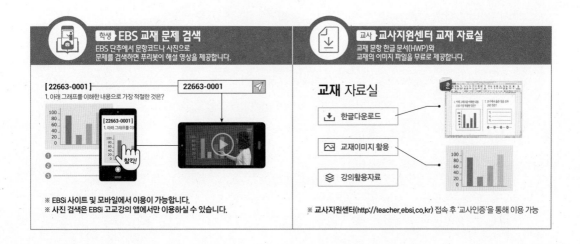

PART

I

수능특강 Light 영어듣기 　유형편

01 목적

📁 유형 소개

- 담화를 듣고, 화자가 하는 말의 목적이나 의도를 파악하는 유형이다.

- 담화문은 안내 방송, 광고, 연설 등 다양한 형태로 제시된다.

- 화자가 반복하여 강조하는 것을 중심으로 담화의 핵심 내용을 파악해야 한다.

- 화자의 의도가 직·간접적으로 표현되므로, 담화의 맥락을 정확하게 파악하는 것이 중요하다.

✏️ 예제

2022학년도 수능 1번
▶ 22663-0001

다음을 듣고, 여자가 하는 말의 목적으로 가장 적절한 것을 고르시오.

① 조련사 자격증 취득 방법을 설명하려고
② 동물 병원 확장 이전을 공지하려고
③ 새로 출시된 개 사료를 소개하려고
④ 반려동물 입양 절차를 안내하려고
⑤ 개 훈련 센터를 홍보하려고

Listening Tips

Clue 1 핵심 표현을 통해 담화 상황 예측하기
Chester Dog Training Center / train your dog → 개 훈련과 관련된 상황

Clue 2 담화의 목적을 나타내는 주요 단서 파악하기
help you solve these problems / five professional certified trainers who will improve your dog's behavior / Chester Dog Training Center / train your dog to become a well-behaved pet

Solution 담화의 진행 과정을 통해 목적 추론하기
개가 신발을 씹거나 이유 없이 짖거나 산책 동안 통제하기 어려움 등의 문제점을 해결하도록 도울 것임 → 개의 행동을 개선해 줄 전문 자격증을 갖춘 다섯 명의 조련사가 있음 → Chester Dog Training Center에 맡겨 줄 것을 요청 → 얌전한 반려동물이 되도록 개를 훈련할 것임

A. Dictation

W: Hello, dog lovers. Does your dog chew up your shoes or bark for no reason at times? Is it hard ❶_____ _____ _____ _____ during walks? You no longer have to worry. We'll help you solve these problems. At the Chester Dog Training Center, we have five professional certified trainers who will ❷_____ _____ _____ _____. We also teach you how to understand your dog and what to do when it misbehaves. Leave it to the Chester Dog Training Center. We'll ❸_____ _____ _____ to become a well-behaved pet. Call us at 234-555-3647 or visit our website at www.chesterdogs.com.

B. Key Expressions

for no reason 아무런 이유 없이
Sometimes my car brake light comes on **for no reason**.
(가끔 내 차의 브레이크 등이 아무런 이유 없이 켜진다.)
The report showed that 82 percent said they check their phones **for no reason**.
(그 보고서는 82퍼센트의 사람들이 아무런 이유 없이 자신의 전화기를 확인한다고 말했다는 것을 보여주었다.)

leave A to B A를 B에게 맡기다
I guess I'll just **leave** it **to** chance.
(나는 그냥 그것을 운에 맡겨야 할 것 같다.)
When your TV doesn't work, don't touch anything, and **leave** it **to** a qualified professional TV repairperson.
(TV가 작동하지 않을 때, 아무것도 만지지 말고, 전문 자격을 갖춘 텔레비전 수리공에게 그것을 맡겨라.)

Dictation Answers ❶ to control your dog ❷ improve your dog's behavior ❸ train your dog

1 다음을 듣고, 남자가 하는 말의 목적으로 가장 적절한 것을 고르시오. ▶ 22663-0002

① 겨울철 적정 실내 온도를 알려주려고
② 피부에 좋지 않은 생활 습관을 설명하려고
③ 피부 제품 선정 시 고려할 점을 당부하려고
④ 피부 가려움을 막아주는 방법을 소개하려고
⑤ 피부 보호에 도움이 되는 제품을 홍보하려고

2 다음을 듣고, 여자가 하는 말의 목적으로 가장 적절한 것을 고르시오. ▶ 6663-0003

① 가스 안전 캠페인 참여를 독려하려고
② 화재 발생 시 행동 요령을 알려주려고
③ 가스 중독 사고 발생 원인을 설명하려고
④ 안전한 가스레인지 사용법을 알려주려고
⑤ 휴대용 가스레인지의 위험성을 경고하려고

3 다음을 듣고, 남자가 하는 말의 목적으로 가장 적절한 것을 고르시오. ▶ 6663-0004

① 입학식 참석을 독려하려고
② 홈페이지 이용 방법을 안내하려고
③ 학교 방문 프로그램을 소개하려고
④ 입학 전형의 주요 사항을 전달하려고
⑤ 학부모에게 공개 수업 참관을 권유하려고

4 다음을 듣고, 여자가 하는 말의 목적으로 가장 적절한 것을 고르시오. ▶ 22663-0003

① 학생회 임원 선거 일정을 공지하려고
② 사과 편지 쓰기의 날 행사를 홍보하려고
③ 학교 행사에서 발생한 사고에 대해 사과하려고
④ 폭넓은 친구 관계를 만드는 방법을 알려주려고
⑤ 학생회실 앞에 설치된 건의함 이용을 독려하려고

5 다음을 듣고, 남자가 하는 말의 목적으로 가장 적절한 것을 고르시오. ▶ 6663-0006

① 정원 관리 요령을 설명하려고
② 정원 조경 업체를 광고하려고
③ 정원 관리용 장비를 홍보하려고
④ 정원에서 열릴 행사를 안내하려고
⑤ 정원 불법 침입에 대해 경고하려고

6 다음을 듣고, 여자가 하는 말의 목적으로 가장 적절한 것을 고르시오. ▶ 22663-0004

① 방학 중 도서관 운영 일정을 전달하려고
② 도서관 여름 방학 프로그램을 안내하려고
③ 도서관에서 일할 자원봉사자를 모집하려고
④ 도서관 프로그램 참가 시 혜택을 소개하려고
⑤ 여름 방학 특강 계획이 취소되었음을 공지하려고

PART I 02 의견

정답과 해설 **5쪽**

📁 유형 소개

- 대화를 듣고, 화자가 전달하고자 하는 의견이 무엇인지 파악하는 유형이다.

- 대화의 소재는 일상생활과 관련된 내용이 대부분이지만, 기초 학술과 관련된 내용이 다루어지기도 한다.

- 문제 상황이 무엇인지 확인하고, 화자가 반복하여 강조하는 핵심 내용을 파악한다.

 예제

2022학년도 수능 2번
▶ 22663-0005

대화를 듣고, 남자의 의견으로 가장 적절한 것을 고르시오.

① 여행 전에 합리적으로 예산을 계획해야 한다.
② 여행 가서 할 것을 너무 많이 계획하면 안 된다.
③ 인생에서 자신의 원칙을 고수하는 것이 중요하다.
④ 여행은 사고의 폭을 확장시켜 사람을 성장하게 한다.
⑤ 보호자 없이 학생끼리 여행하는 것은 안전하지 않다.

Listening Tips

Clue 1 선택지를 통해 대화 주제 예측하기

합리적인 여행 예산 계획 / 여행에서 너무 많이 계획하면 안 됨 / 인생에서 원칙 고수의 중요성 / 여행은 사고의 폭을 확장시킴 / 학생끼리 여행하는 것은 안전하지 않음

Clue 2 남자의 의견에 해당하는 주요 단서 파악하기

shouldn't plan too many things to do / worn out if you stick to your plan / shouldn't fill your trip plan with too many things

Solution 대화의 진행 과정을 통해 의견 추론하기

여행 가서 너무 많은 것을 할 계획을 세워서는 안 됨 → 계획을 고수하면 매우 지치게 될 것임 → 여행 계획을 너무 많은 것으로 채우지 말아야 함

A Dictation

M: Monica. Have you made plans for your trip to Busan?

W: Yes, Dad. I'm going to the beach and visiting an aquarium in the morning. Then I'll eat lunch at a fish market and go hiking.

M: Hold on! That ❶_____ _____ _____.

W: You know, it's my first trip after starting college.

M: I understand, but I think you shouldn't plan too many things to do for a trip.

W: Well, I only have one day, and I want to experience as much as possible.

M: You'll be worn out if you stick to your plan. Also, consider the time it takes to move to each place.

W: I guess you're right. And there could be ❷_____ _____ _____ _____ at some places.

M: Right. That's why you shouldn't ❸_____ _____ _____ _____ with too many things.

W: Okay. I'll revise my plan.

B Key Expressions

as much as possible 가능한 한 많이

I'm trying to respect his opinion **as much as possible**.

(나는 그의 의견을 가능한 한 많이 존중하려고 노력하고 있다.)

Drinking water **as much as possible** before, during, and after a workout is recommended.

(운동 전과 도중 그리고 이후에 가능한 한 많이 물을 마시는 것이 권장된다.)

stick to ~을 고수하다, ~을 지키다

I want you to **stick to** your principles and tell him you won't do it.

(나는 당신이 원칙을 고수하고 그에게 당신이 그것을 하지 않겠다고 말하기를 원한다.)

When you aren't at work, do you prefer to **stick to** a plan?

(여러분은 일하지 않을 때, 계획을 고수하는 것을 선호하십니까?)

Dictation Answers ❶ sounds quite demanding ❷ a long waiting line ❸ fill your trip plan

1 대화를 듣고, 남자의 의견으로 가장 적절한 것을 고르시오.   ▶ 22663-0006

① 맨발로 지내는 것은 발 건강을 위해 좋은 습관이다.
② 가정용 슬리퍼는 디자인보다는 편한 것을 골라야 한다.
③ 집에서는 맨발보다는 슬리퍼를 착용하는 것이 더 좋다.
④ 이웃 간의 배려를 통해 층간 소음 문제 해결이 가능하다.
⑤ 미끄러운 바닥에서 넘어질 경우 큰 사고로 이어질 수 있다.

2 대화를 듣고, 여자의 의견으로 가장 적절한 것을 고르시오.   ▶ 6663-0010

① 아침식사를 반드시 하는 것이 좋다.
② 잠들기 직전에는 공복을 유지해야 한다.
③ 아침 운동은 뇌 기능 향상에 도움이 된다.
④ 불규칙한 식사는 비만으로 이어질 수 있다.
⑤ 충분한 수면은 질병에 걸릴 위험성을 낮춰준다.

3 대화를 듣고, 남자의 의견으로 가장 적절한 것을 고르시오.   ▶ 22663-0007

① 음식은 천천히 섭취하는 것이 소화를 돕는다.
② 격렬한 운동 직전에는 식사를 하지 않는 것이 좋다.
③ 운동 도중에는 자주 휴식을 취하는 것이 도움이 된다.
④ 운동은 강도를 서서히 올리면서 실시해야 더 효과적이다.
⑤ 시합 전에는 고열량 음식을 먹는 것이 경기력을 높여준다.

4 대화를 듣고, 남자의 의견으로 가장 적절한 것을 고르시오. ▶ 22663-0008

① 옷은 필요한 만큼만 구입하는 것이 경제적이다.
② 서랍장은 처음 구매할 때 큰 것을 선택해야 한다.
③ 옷은 계절에 맞게 분류해서 보관하는 것이 효율적이다.
④ 유행이 지난 옷은 보관하지 말고 과감하게 버려야 한다.
⑤ 입지 않는 옷은 도움이 필요한 사람들에게 기부하는 것이 좋다.

5 대화를 듣고, 두 사람의 의견으로 가장 적절한 것을 고르시오. ▶ 6663-0013

① 쓰레기 불법 매립은 환경 파괴의 주범이다.
② 비닐봉지를 한 번 쓰고 버리는 것은 나쁜 습관이다.
③ 장바구니 사용자에게 더 많은 혜택을 주어야 한다.
④ 재활용 쓰레기를 따로 분리하는 습관을 들여야 한다.
⑤ 환경보호를 위해 비닐봉지 사용을 자제하는 것이 좋다.

6 대화를 듣고, 여자의 의견으로 가장 적절한 것을 고르시오. ▶ 6663-0014

① 도시와 농촌 간의 농작물 직거래를 활성화해야 한다.
② 시는 시민들에게 지역 공동 텃밭을 제공해 주어야 한다.
③ 텃밭 가꾸기 경험은 어린이의 정서 발달에 도움을 준다.
④ 시는 옥상 정원 조성 권장을 위한 법률을 마련해야 한다.
⑤ 시민들의 휴식 공간을 위해 공원을 확충하는 것이 중요하다.

정답과 해설 **9쪽**

 유형 소개

- 담화나 대화를 듣고, 주제나 요지가 무엇인지를 파악하는 유형이다.

- 일상생활에서 접할 수 있는 소재뿐만 아니라 기초 학술과 관련된 소재도 다루어진다.

- 담화나 대화를 듣기 전에, 선택지를 살펴보고 내용을 예측해 본다.

- 지엽적인 내용보다는 반복하여 강조되는 핵심 내용을 토대로 전체적인 맥락과 주제 또는 요지를 파악한다.

✏️ 예제

2019학년도 9월 모의평가 4번
▶ 22663-0009

대화를 듣고, 두 사람이 하는 말의 주제로 가장 적절한 것을 고르시오.

① 어린이집 추가 설립의 필요성
② 장난감 대여 서비스 이용의 장점
③ 어린이 대상 환경 교육의 중요성
④ 놀이가 아동 발달에 미치는 영향
⑤ 나이에 따른 장난감 선호도의 변화

Listening Tips

Clue 1 선택지를 통해 대화 내용 예측하기

어린이집 추가 설립 / 장난감 대여 서비스 이용 / 어린이 대상 환경 교육 / 놀이와 아동 발달 / 나이에 따른 장난감 선호도

Clue 2 주제를 뒷받침하는 주요 어구 파악하기

try a toy rental service / renting toys saves space / good for the environment / reduce waste / sharing one toy with other families

Solution 대화 내용의 흐름 파악을 통해 주제 추론하기

(남자) 장난감 대여 서비스 이용 제안 → (여자) 돈을 많이 내지 않고도 다양한 새 장난감을 구할 수 있음 → (남자) 장난감 보관을 위한 집 공간의 절약이 가능함 → (여자) 쓰레기를 줄임으로써 환경에도 좋음

A Dictation

M: Honey, Jonathan looks bored with his toys. I think he needs some new ones.

W: I agree. He's five, but his toys are for younger children.

M: Why don't we ❶_____ _____ _____ _____ _____ instead of buying toys?

W: How does it work?

M: You pay a small monthly fee and take any toys you want. Then, you return them later.

W: Sounds good. That way, we could get Jonathan various new toys without paying much.

M: Besides, ❷_____ _____ _____ _____ in our house since we won't store his old toys anymore.

W: Wonderful. I guess it's also ❸_____ _____ _____ _____.

M: What do you mean?

W: We could reduce waste by sharing one toy with other families instead of every family buying the same one.

M: Good point.

W: Using this service seems like a good option. Let's try it.

B Key Expressions

bored with ~에 싫증이 난, ~을 지루해하는

A: What's wrong? Why the long face? (무슨 문제가 있어요? 왜 우울한 표정이에요?)

B: I got **bored with** doing the same thing every day. (저는 매일 똑같은 일을 하는 것에 싫증이 났어요.)

Good point. 좋은 지적이에요.

A: Buying it is not a good idea. It's too expensive. (그것을 사는 것은 좋은 생각이 아니에요. 그것은 너무 비싸요.)

B: **Good point.** Besides, I don't think we really need it.
(좋은 지적이에요. 게다가, 우리에게 그것이 꼭 필요한 것 같지는 않아요.)

Dictation Answers   ❶ try a toy rental service ❷ renting toys saves space ❸ good for the environment

1 다음을 듣고, 여자가 하는 말의 요지로 가장 적절한 것을 고르시오. ▶ 22663-0010

① 컴퓨터 게임이 두뇌 능력 향상에 도움이 된다.
② 학업 성취를 자극하려면 충분한 휴식이 필요하다.
③ 집중력 향상을 위해 스마트폰 사용을 줄여야 한다.
④ 운동이 학업 성취에 긍정적인 영향을 미칠 수 있다.
⑤ 활발한 신체 활동은 면역력을 높여 질병을 예방한다.

2 대화를 듣고, 두 사람이 하는 말의 주제로 가장 적절한 것을 고르시오. ▶ 22663-0011

① 의료 환경 개선 방안
② 인공지능의 장점과 단점
③ 인공지능 기술 발달의 역사
④ 의료 분야에서의 인공지능의 활용
⑤ 인공지능 윤리 기준 마련의 필요성

3 다음을 듣고, 남자가 하는 말의 주제로 가장 적절한 것을 고르시오. ▶ 6663-0018

① 창업 시 시장 조사의 중요성
② 소비자가 선호하는 광고의 유형
③ 광고 매체의 종류에 따른 장단점
④ 글로벌 마케팅을 위한 광고의 방법
⑤ 전자 매체가 언론 형성에 미치는 영향

4 대화를 듣고, 두 사람이 하는 말의 주제로 가장 적절한 것을 고르시오. ▶ 22663-0012

① 노인 일자리 지원 서비스
② 노인을 위한 여가 프로그램
③ 고령화 사회의 문제점과 원인
④ 노인 대상 인터넷 교육의 필요성
⑤ 사회 활동이 노인 건강에 미치는 영향

5 다음을 듣고, 여자가 하는 말의 주제로 가장 적절한 것을 고르시오. ▶ 6663-0020

① 블로그 관리의 어려움
② 블로그 활동의 교육적 효과
③ 블로그를 통한 교우 관계 향상
④ 블로그로 수익을 창출하는 방법
⑤ 개인 정보 유출 규제 강화의 필요성

6 다음을 듣고, 남자가 하는 말의 주제로 가장 적절할 것을 고르시오. ▶ 6663-0021

① 재능 기부의 종류
② 소비자 신뢰 제고를 위한 방법
③ 자원봉사자 협력 활동의 중요성
④ 개인 및 단체 기부의 활성화 방안
⑤ 기업 차원의 봉사 활동 참여의 장점

04 관계·심정·장소

정답과 해설 **13**쪽

유형 소개

- 대화를 듣고, 대화자들 간의 관계, 남자 또는 여자의 심정, 대화가 일어나고 있는 장소를 추론하는 유형의 문제이다.

- 주로 일상생활과 관련된 소재가 출제되지만 특수한 상황이 소재가 되는 경우도 있다.

- 관계를 파악하는 유형의 경우, 대화의 상황과 장소를 파악하는 것이 중요하다.

- 심정을 추론하는 유형의 경우, 대화 전체의 일관된 흐름과 분위기를 파악하는 것이 중요하다.

- 장소를 추론하는 유형의 경우, 두 대화자의 관계, 직업, 상황 등을 고려하는 것이 중요하다.

예제

2022학년도 6월 모의평가 3번
▶ 22663-0013

대화를 듣고, 두 사람의 관계를 가장 잘 나타낸 것을 고르시오.

① 잡지 기자 — 시나리오 작가
② 아나운서 — 작사가
③ 라디오 진행자 — 음악 평론가
④ 영화감독 — 배우
⑤ 신문 기자 — 모델

Listening Tips

Clue 1 핵심 표현을 통해 대화 내용 예측하기

thank you for interviewing me / who picked out the title / why do you think people love your stories / the readers of our magazine will appreciate you

Clue 2 관계를 추론할 수 있는 주요 단서 파악하기

a big fan of your magazine / people love your movie / writing film scripts / email me the article

Solution 대화의 진행 과정을 통해 관계 추론하기

(여자) 인터뷰 감사 → (남자 − 여자) 영화 제목 선정 과정 문의와 답변 → (남자 − 여자) 영화 대본 인기 이유 문의와 답변 → (남자 − 여자) 인터뷰 감사와 기사 송부 부탁

A. Dictation

M: Hello, Ms. Lee. It's an honor to meet you in person.

W: Oh, thank you for interviewing me, Mr. Wilson. I'm a big fan of your magazine.

M: Thanks. People love your movie *Short Days*. I was wondering who ❶_____ _____ _____ _____.

W: Well, it was basically my idea and the movie director agreed.

M: It really catches the theme of the movie. Why do you think people love your stories?

W: When writing film scripts, I always try to make ❷_____ _____ _____ _____ as possible.

M: Maybe that's why people feel stronger connections to them. What inspires you when you write your scripts?

W: Often, my own life experiences help ❸_____ _____ _____ _____ _____ in my scripts.

M: I see. Thank you. The readers of our magazine will appreciate you sharing your time with us.

W: My pleasure. Could you please email me the article?

M: No problem.

B. Key Expressions

pick out ~을 선택하다

A: How about getting rid of school uniforms? (교복을 없애면 어떨까?)

B: Then we would have to **pick out** what to wear every day.
(그러면 우리는 매일 무슨 옷을 입어야 할지 선택해야 할 거야.)

That's why ~ 그것이 ~한 이유이다

A: Jeff heard that his father had a car accident. (Jeff는 그의 아버지가 자동차 사고를 당했다고 들었어.)

B: **That's why** he left so early. (그것이 그가 그렇게 일찍 떠난 이유야.)

Dictation Answers   ❶ picked out the title ❷ the characters as realistic ❸ create many of the scenes

1 대화를 듣고, 두 사람의 관계를 가장 잘 나타낸 것을 고르시오. ▶ 22663-0014

① 거주민 — 아파트 관리인
② 임대인 — 중개인
③ 세입자 — 집 주인
④ 구매자 — 수리공
⑤ 우체부 — 고객

2 대화를 듣고, 여자의 심정으로 가장 적절한 것을 고르시오. ▶ 6663-0024

① upset   ② bored   ③ excited
④ relieved   ⑤ disappointed

3 대화를 듣고, 두 사람이 대화하고 있는 장소로 가장 적절한 곳을 고르시오. ▶ 6663-0025

① zoo
② hair salon
③ pet shop
④ aquarium
⑤ cookware shop

4 대화를 듣고, 두 사람의 관계를 가장 잘 나타낸 것을 고르시오.　　　▶ 6663-0026

① 교사 — 학생
② 식당 주인 — 요리사
③ 식당 손님 — 종업원
④ 옷가게 점원 — 손님
⑤ 전문 상담사 — 의뢰인

5 대화를 듣고, 남자의 심정으로 가장 적절한 것을 고르시오.　　　▶ 22663-0015

① curious　　　　② amused　　　　③ annoyed
④ worried　　　　⑤ satisfied

6 대화를 듣고, 두 사람이 대화하고 있는 장소로 가장 적절한 곳을 고르시오.　　　▶ 22663-0016

① 미용실
② 분장실
③ 인터뷰실
④ 공연 대기실
⑤ 공연장 휴게실

05 그림

PART I

정답과 해설 **18**쪽

📁 유형 소개

- 그림을 보며 대화를 듣고, 두 사람이 말하는 내용과 일치하지 않는 부분을 찾는 유형이다.

- 사진, 그림, 포스터, 특정한 장소 등이 그림으로 제시되고 이를 묘사하는 대화가 이루어지고 있으므로, 그림의 세부적인 내용에 집중하면서 들어야 한다.

- 사람의 동작, 사물의 외형적인 특징, 위치, 개수, 무늬 등에 주목하며, 그것을 나타내는 표현에 유의한다.

✏️ 예제

2022학년도 수능 4번
▶ 22663-0017

대화를 듣고, 그림에서 대화의 내용과 일치하지 <u>않는</u> 것을 고르시오.

Listening Tips

Clue 1 그림과 관련된 표현 예측하기

basket / tablecloth / balloons / dolphin / microphones

Clue 2 그림과 관련된 내용 파악하기

(남자) a basket beside the stairs / (남자) the striped tablecloth on the table / (여자) the balloons next to the welcome banner / (남자) the bear on the flag / (남자) two microphones

Solution 대화의 내용과 일치하지 않는 부분 확인하기

깃발에는 돌고래가 아닌 곰이 있다고 말함

A Dictation

M: Wow, Ms. Peters! It looks like everything is ready for the ❶_____ _____ _____ _____.

W: Almost, Mr. Smith. What do you think?

M: It looks great. There's a basket beside the stairs. What is it for?

W: We're going to put flowers in it for the exchange students.

M: That'll be nice. I like the striped tablecloth on the table. It makes the table ❷_____ _____.

W: Yeah, I'm going to put water bottles there. What do you think about the balloons next to the welcome banner?

M: They really ❸_____ _____ the stage. Oh, look at the bear on the flag. It's cute.

W: Yes. It's the symbol of the exchange students' school.

M: I see. And you set up two microphones.

W: It's because there'll be two MCs.

M: Good idea. Everything looks perfect.

B Key Expressions

be ready for ~할 준비가 되다

A: **Are** you **ready for** the picnic? (소풍 갈 준비가 되었나요?)

B: I'm still looking for a better place. (나는 여전히 더 좋은 곳을 찾고 있어요.)

set up ~을 설치하다

A: Then, let's **set up** the tent first. (그럼, 우선 텐트부터 설치하자.)

B: I can do it by myself. (나 혼자서 그것을 할 수 있어.)

Dictation Answers ❶ exchange student welcoming ceremony ❷ look fancy ❸ brighten up

1 대화를 듣고, 그림에서 대화의 내용과 일치하지 <u>않는</u> 것을 고르시오. ▶ 6663-0030

2 대화를 듣고, 그림에서 대화의 내용과 일치하지 <u>않는</u> 것을 고르시오. ▶ 6663-0031

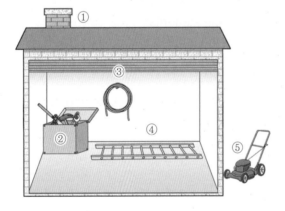

3 대화를 듣고, 그림에서 대화의 내용과 일치하지 <u>않는</u> 것을 고르시오. ▶ 22663-0018

4 대화를 듣고, 그림에서 대화의 내용과 일치하지 <u>않는</u> 것을 고르시오.　▶ 22663-0019

5 대화를 듣고, 그림에서 대화의 내용과 일치하지 <u>않는</u> 것을 고르시오.　▶ 6663-0034

6 대화를 듣고, 그림에서 대화의 내용과 일치하지 <u>않는</u> 것을 고르시오.　▶ 22663-0020

06 할 일·부탁한 일

정답과 해설 22쪽

유형 소개

- 한 사람이 가까운 미래에 할 일 또는 대화 직후에 할 일을 파악하거나, 한 사람이 다른 사람에게 부탁한 일을 파악하는 유형이다.

- 소재는 대부분 일상생활과 관련된 내용이며, 대화 속의 세부 사항을 이해해야 문제를 해결할 수 있다.

- 남녀 중 누가 할 일이고, 누가 부탁한 일인지 파악하기 위해 발문에 주목한다.

- 대체로 대화의 중반부 이후에 할 일이나 상대방에게 부탁한 일이 언급되므로 대화의 후반부를 주의해서 듣는다.

예제

2022학년도 6월 모의평가 5번
▶ 22663-0021

대화를 듣고, 여자가 남자를 위해 할 일로 가장 적절한 것을 고르시오.

① 경제학 과제 자료 조사하기
② 자원봉사 신청서 제출하기
③ 환경 캠페인 포스터 만들기
④ 학생회관 가는 길 알려 주기
⑤ 마라톤 코스 답사하기

Listening Tips

Clue 1 선택지를 통해 대화 내용 예측하기

경제학 과제 자료 조사 / 자원봉사 신청서 제출 / 환경 캠페인 포스터 제작 / 학생회관 가는 길 안내 / 마라톤 코스 답사

Clue 2 상황을 추론할 수 있는 주요 단서 파악하기

have you seen this poster / looking for volunteers / hands out water to the runners / submit your application form

Solution 대화의 진행 과정을 통해 할 일 추론하기

마라톤 대회 소개 → 자원봉사자 모집 안내 → 자원봉사자 역할 및 지원 방법 설명 → 신청서 대리 제출 제안

A Dictation

W: Hey, Brandon. Have you seen this poster?

M: What's this? Oh, it's the Earth Hour Marathon.

W: Yeah, it's to raise students' ❶_____ _____ _____ _____ _____.

M: That sounds like a great campaign. Are you participating in it?

W: Actually, I'm a staff member of the event and I'm looking for volunteers.

M: Oh, is that so? Then, what's ❷_____ _____ _____ _____ _____?

W: A volunteer hands out water to the runners during the race.

M: That sounds good. When does it take place?

W: It's next Saturday at City Hall. Are you interested?

M: Sure. How do I apply to be a volunteer?

W: Here. You must ❸_____ _____ _____ _____ to the student center by 5 o'clock today.

M: Oh! I have economics class in 10 minutes, and it finishes at 6 o'clock.

W: Just write your name and phone number. I'll submit your application form for you.

M: Thanks. *[Writing sound]* Here you go.

B Key Expressions

participate in ～에 참가[참여]하다

A: What made you **participate in** this program? (어떤 동기로 이 프로그램에 참가하게 되었나요?)

B: It's because I want to meet various people. (다양한 사람을 만나고 싶기 때문입니다.)

hand out ～을 나누어 주다, ～을 배포하다

A: Would you **hand out** this brochures to the freshmen? (이 안내 책자를 신입생에게 나누어 줄래요?)

B: Yes, with pleasure. (네, 기꺼이 하겠습니다.)

Dictation Answers	❶ awareness about protecting the environment ❷ the role of a volunteer ❸ submit this application form

1 대화를 듣고, 여자가 대화 직후에 할 일로 가장 적절한 것을 고르시오.　▶ 6663-0037

① 정원에 나무 심기
② 식물원에 전화 걸기
③ 생물 숙제 제출하기
④ 카메라 수리 맡기기
⑤ 야생화 사진 편집하기

2 대화를 듣고, 남자가 여자를 위해 할 일로 가장 적절한 것을 고르시오.　▶ 22663-0022

① 유인물 묶기
② 노트북 가져오기
③ 테이블 설치하기
④ 안내 표지판 세우기
⑤ 음향 시스템 점검하기

3 대화를 듣고, 여자가 남자를 위해 할 일로 가장 적절한 것을 고르시오.　▶ 22663-0023

① 서류 제출하기
② 재건축 서류 신청하기
③ 커뮤니티 센터 방문하기
④ 보고서의 그래프 검토하기
⑤ 아파트 관리사무소에 연락하기

4 대화를 듣고, 여자가 남자를 위해 할 일로 가장 적절한 것을 고르시오. ▶ 6663-0040

① 노인정 청소하기
② 도시락 배달하기
③ 결혼식장 알아보기
④ 사회복지관 데려다주기
⑤ 자원봉사 날짜 바꿔주기

5 대화를 듣고, 여자가 남자에게 부탁한 일로 가장 적절한 것을 고르시오. ▶ 22663-0024

① 유아용품 사기
② 개 목욕시키기
③ 정기검진 예약하기
④ 차로 가게에 데려다주기
⑤ 수의사에게 개 데려가기

6 대화를 듣고, 남자가 여자에게 부탁한 일로 가장 적절한 것을 고르시오. ▶ 6663-0042

① 저녁식사 준비하기
② 보고서 작성 도와주기
③ 요리 학원에 함께 다니기
④ 크리스마스 케이크 만들기
⑤ 인터넷에서 크리스마스 트리 검색하기

PART I
07 이유

정답과 해설 **26**쪽

유형 소개

■ 특정 상황에서의 대화를 바탕으로 한 사람의 행동 또는 그 사람이 처한 상황에 관한 이유를 찾아내는 유형이다.

■ 실생활과 관련된 소재가 주로 출제되고 있으며, 화자들의 대화 주제를 먼저 파악하는 것이 중요하다.

■ 이유를 묻는 표현(Why? / Why not? / How come? / What made you ~?)이나 이유를 설명하는 표현 (Because ~ / I'd love to, but ~)에 결정적인 단서가 제시되는 경우가 많으므로, 이러한 표현들에 주목할 필요가 있다.

 예제

2022학년도 수능 7번
▶ 22663-0025

대화를 듣고, 남자가 탁구 연습을 할 수 <u>없는</u> 이유를 고르시오.

① 학교 도서관에 자원봉사를 하러 가야 해서
② 과학 퀴즈를 위한 공부를 해야 해서
③ 연극부 모임에 참가해야 해서
④ 역사 숙제를 제출해야 해서
⑤ 어깨에 통증이 있어서

Listening Tips

Clue 1 발문과 선택지를 통해 대화 소재 예측하기

(발문) 탁구 연습 → (선택지) 학교 도서관 자원봉사 / 과학 퀴즈 대비 공부 / 연극부 모임 참가 / 역사 숙제 제출 / 어깨 통증

Clue 2 소재 및 주제를 뒷받침하는 주요 어구 파악하기

the table tennis tournament / volunteer at the school library

Solution 대화 내용의 흐름 파악을 통해 이유 추론하기

(남자) 지금 탁구 연습을 할 수 없음 → (여자) 그 이유를 물음 → (남자) 학교 도서관에 자원봉사 하러 가는 길임

A. Dictation

W: Hey, Mike. How's your shoulder? Are you still in pain?

M: No, I feel totally fine, Emily. I should ❶_____ _____ _____ the table tennis tournament.

W: That's good to hear. Then do you want to practice with me now?

M: I'm sorry but I can't right now.

W: Why not? Do you have to work on your history homework?

M: No, I already ❷_____ _____ _____ Mr. Jackson.

W: Oh, then I guess you have to study for the science quiz, right?

M: I think I'm ready for it. Actually, I'm ❸_____ _____ _____ _____ _____ at the school library.

W: I see. Then, don't forget about our drama club meeting tomorrow.

M: Of course not. See you there.

B. Key Expressions

That's good to hear. 그렇다니 다행이네요.

A: Finally, I passed the driving license test! (드디어, 운전면허 시험을 통과했어요!)

B: **That's good to hear.** Good for you! (그렇다니 다행이네요. 잘 됐어요!)

on my way to ~로 가는 길[도중]인

A: Hi, where are you headed? (안녕, 어디 가니?)

B: I'm **on my way to** the grocery store. (식료품 가게에 가는 길이야.)

Dictation Answers ❶ be ready for ❷ submitted it to ❸ on my way to volunteer

1 대화를 듣고, 여자가 개집을 만들지 **못하는** 이유를 고르시오. ▶ 22663-0026

① 부품을 잃어버려서
② 제작 방법이 어려워서
③ 제작할 공간이 좁아서
④ 제작 설명서가 없어서
⑤ 일부 부품이 불량이어서

2 대화를 듣고, 남자가 빛 축제에 갈 수 <u>없는</u> 이유를 고르시오. ▶ 22663-0027

① 표 가격이 비싸서
② 건강 상태가 안 좋아서
③ 세미나에 참석해야 해서
④ 아르바이트를 해야 해서
⑤ 사촌을 데리러 공항에 가야 해서

3 대화를 듣고, 여자가 호텔 예약을 취소하려는 이유를 고르시오. ▶ 22663-0028

① 여행 날짜가 변경되어서
② 홈스테이를 할 예정이어서
③ 관광 명소와 거리가 멀어서
④ 더 저렴한 가격의 호텔을 찾아서
⑤ 원하던 시설 이용이 불가능해서

4 대화를 듣고, 남자가 ACT 디지털 봉사 프로그램에 지원하지 <u>못하는</u> 이유를 고르시오. ▶ 6663-0047

① 스페인어를 못해서
② 가르쳐 본 경험이 없어서
③ 컴퓨터를 잘 다루지 못해서
④ 봉사 활동 시간이 너무 길어서
⑤ 금요일에 아르바이트를 해야 해서

5 대화를 듣고, 여자가 개를 키울 수 <u>없는</u> 이유를 고르시오. ▶ 6663-0049

① 뒷마당이 좁아서
② 이웃이 반대해서
③ 어머니가 개를 싫어해서
④ 개에게 물린 경험이 있어서
⑤ 동생이 개털 알레르기가 있어서

6 대화를 듣고, 남자가 병원을 방문한 이유를 고르시오. ▶ 6663-0048

① 봉사 활동을 하기 위해서
② 다리 치료를 받기 위해서
③ 사촌 병문안을 하기 위해서
④ 어머니의 심부름을 하기 위해서
⑤ 건강검진 결과를 알아보기 위해서

PART I

08 언급 유무

정답과 해설 **30**쪽

📁 유형 소개

- 대화를 듣고, 중심 소재에 대해 두 사람이 언급하지 않은 것을 고르는 유형이다.

- 대화의 초반부에서 대화 전체의 소재나 중심 내용을 먼저 파악해야 한다.

- 대화를 들으면서 세부적으로 언급되는 내용을 선택지와 대조하면서 언급된 것은 지워 나간다.

 예제

2022학년도 수능 8번
▶ 22663-0029

대화를 듣고, Little Readers' Class에 관해 언급되지 <u>않은</u> 것을 고르시오.

① 장소   ② 시간   ③ 대상 연령
④ 모집 인원   ⑤ 등록 방법

Listening Tips

Clue 1 핵심 표현을 통해 대화 소재 및 내용 예측하기

reading / Little Readers' Class / reading activities

Clue 2 세부적인 언급 내용 파악하기

at the Stonefield Library / from 4 p.m. to 5 p.m. every Monday / for children ages seven to nine / send an email to the address on the flyer

Solution 대화에서 언급되지 않은 것 찾기

장소, 시간, 대상 연령, 등록 방법에 대해서는 언급되었으나, 모집 인원에 대해서는 언급되지 않음

A. Dictation

M: Christine, I heard your daughter Jennifer loves reading. Unfortunately, my daughter doesn't.

W: Actually, Jennifer didn't enjoy reading until she took the Little Readers' Class. It provides ❶ _____ _____ _____ _____.

M: Really? It might be good for my daughter, too. Where's it held?

W: It's held at the Stonefield Library. I have a picture of the flyer somewhere in my phone. *[Pause]* Here.

M: Oh. The class is from 4 p.m. to 5 p.m. every Monday.

W: Is that time okay for her?

M: Yeah, she's free on Monday afternoons.

W: Great. The class is for children ❷ _____ _____ _____ _____. Your daughter is eight years old, right?

M: Yes, she can take it. So, to register, I should send an email to the address ❸ _____ _____ _____.

W: That's right. I hope the class gets your daughter into reading.

B. Key Expressions

be held at ~에서 열리다

A: Do you know where the concert is held? (그 콘서트가 어디에서 열리는지 아세요?)

B: Yes. It's **held at** the National Concert Hall. (네. 국립 콘서트홀에서 열립니다.)

get A into B A가 B에 빠지게 하다

A: How can I **get** my son **into** reading? (어떻게 하면 제 아들이 독서에 빠지게 할 수 있을까요?)

B: Make his environment more reading friendly. (그의 환경을 더 독서 친화적이게 만드세요.)

Dictation Answers ❶ various fun reading activities ❷ ages seven to nine ❸ on the flyer

Exercises

1 대화를 듣고, Rising Super Star Singing Contest에 관해 언급되지 <u>않은</u> 것을 고르시오.　▶ 22663-0030

① 개최 일자
② 개최 장소
③ 신청 방법
④ 참가 자격 요건
⑤ 참가비

2 대화를 듣고, Floral Design Class에 관해 언급되지 <u>않은</u> 것을 고르시오.　▶ 22663-0031

① 장소
② 연령 제한
③ 강의 수준
④ 수강 제한 인원
⑤ 수강료

3 대화를 듣고, Caring Neighbors Youth Scholarship에 관해 언급되지 <u>않은</u> 것을 고르시오.　▶ 22663-0032

① 신청 자격
② 금액
③ 신청 방법
④ 신청 마감일
⑤ 수령 방법

4 대화를 듣고, Teen Book Festival에 관해 언급되지 <u>않은</u> 것을 고르시오. ▶ 6663-0054

① 날짜
② 장소
③ 참가 대상
④ 입장료
⑤ 강연자

5 대화를 듣고, 사진 강좌에 관해 언급되지 <u>않은</u> 것을 고르시오. ▶ 6663-0055

① 강사
② 수강료
③ 준비물
④ 강의 주제
⑤ 수강 제한 인원

6 대화를 듣고, Angel Guesthouse에 관해 언급되지 <u>않은</u> 것을 고르시오. ▶ 6663-0056

① 위치
② 객실 수
③ 운영자
④ 객실 요금
⑤ 인터넷 이용

정답과 해설 **34**쪽

📂 **유형 소개**

- 대화를 듣고, 문제에서 요구하는 수치 정보를 파악하는 유형이다.

- 대화에서 제시되는 여러 가지 숫자 정보들 중 필요한 정보만을 선별해야 한다.

- 필요한 정보는 메모하면서 듣고, 기본적인 사칙 연산을 통해 수치를 계산해야 한다.

- 대화 후반부에 주로 주어지는 조건(할인율, 할인 쿠폰, 추가 요금 등)에 유의해야 한다.

✏️ **예제**

2022학년도 수능 6번
▶ 22663-0033

대화를 듣고, 여자가 지불할 금액을 고르시오.

① $36　　　　　② $45　　　　　③ $50

④ $54　　　　　⑤ $60

Listening Tips

Clue 1 핵심 표현을 통해 대화 소재 및 내용 예측하기
to order some food to go

Clue 2 계산에 필요한 숫자 정보 파악하기
the shrimp pasta is $20, and the chicken salad is $10 / two shrimp pastas and one chicken salad / the mini cheese cake / $5 each / two of them / a birthday coupon / a 10% discount off the total

Solution 숫자 정보를 통해 금액 계산하기
20달러인 새우 파스타 2개, 10달러인 닭고기 샐러드 1개 → 5달러인 미니 치즈 케이크 2개 → 총액 60달러 → 생일 쿠폰으로 총액에서 10% 할인 → 6달러 할인 → 지불할 금액 54달러

A Dictation

M: Welcome to Daisy Valley Restaurant.

W: Hi. I'd like to order some food to go. How much is the shrimp pasta and the chicken salad?

M: The shrimp pasta is $20, and the chicken salad is $10.

W: I'll take ❶_____ _____ _____ and one chicken salad, please.

M: Sure. Would you like some dessert, too?

W: Yes. What do you recommend?

M: The mini cheese cake is one of the best sellers in our restaurant. It's $5 each.

W: Great! I'll order two of them.

M: Okay. Let me ❷_____ _____ _____. Two shrimp pastas, one chicken salad, and two mini cheese cakes. Is that correct?

W: Yes. And I have a birthday coupon here. Can I use it?

M: Let me see. *[Pause]* Yes. You can get a 10% discount ❸_____ _____ _____.

W: Terrific. I'll use this coupon. Here's my credit card.

B Key Expressions

order ~ to go 포장해 가져갈 ~을 주문하다
A: How may I help you? (어떻게 도와드릴까요?)
B: I'd like to **order** coffee **to go**. (포장해 가져갈 커피를 주문하고 싶습니다.)

Would you like ~? ~을 원하시나요?
A: **Would you like** something to drink? (마실 것을 원하시나요?)
B: Yes. Warm milk, please. (네. 따뜻한 우유로 부탁합니다.)

Dictation Answers ❶ two shrimp pastas ❷ confirm your order ❸ off the total

1 대화를 듣고, 여자가 지불할 금액을 고르시오.　　▶ 22663-0034

① $65　　② $80　　③ $100
④ $110　　⑤ $115

2 대화를 듣고, 남자가 지불할 금액을 고르시오.　　▶ 6663-0059

① $50　　② $65　　③ $70
④ $75　　⑤ $85

3 대화를 듣고, 여자가 지불할 금액을 고르시오.　　▶ 6663-0060

① $90　　② $100　　③ $110
④ $120　　⑤ $140

4 대화를 듣고, 남자가 지불할 금액을 고르시오.　　　▶ 22663-0035

① $48　　　　② $50　　　　③ $58
④ $60　　　　⑤ $61

5 대화를 듣고, 여자가 지불할 금액을 고르시오.　　　▶ 6663-0062

① $45　　　　② $50　　　　③ $90
④ $95　　　　⑤ $100

6 대화를 듣고, 남자가 지불할 금액을 고르시오.　　　▶ 22663-0036

① $50　　　　② $81　　　　③ $90
④ $99　　　　⑤ $110

10 내용 일치·불일치

 유형 소개

■ 담화를 듣고, 담화에서 언급된 대상에 관한 세부적인 내용과 선택지와의 일치 여부를 파악하는 유형이다.

■ 담화 내용의 순서에 따라 선택지가 구성되어 있으므로 선택지를 미리 읽어 두는 것이 도움이 된다.

■ 담화에서 선택지의 내용에 해당하는 정보에 유의하여 듣고 일치 여부를 파악한다.

예제

2022학년도 수능 9번
▶ 22663-0037

2021 Family Science Festival에 관한 다음 내용을 듣고, 일치하지 <u>않는</u> 것을 고르시오.

① 12월 7일부터 일주일 동안 진행된다.
② 8개의 프로그램이 제공될 것이다.
③ 어린이 과학 잡지를 판매할 것이다.
④ 11세 미만의 어린이들은 성인을 동반해야 한다.
⑤ 참가를 위해 미리 등록해야 한다.

Listening Tips

Clue 1 | 선택지를 통해 담화 내용 예측하기
12월 7일부터 일주일 / 8개의 프로그램 / 어린이 과학 잡지 / 11세 미만의 어린이는 성인 동반 / 사전 참가 등록

Clue 2 | 선택지의 정보와 관련된 내용 파악하기
starts on December 7th and runs for one week / eight programs / a children's science magazine for free / all children under age 11 must be accompanied by an adult / register in advance

Solution | 담화의 내용과 일치하지 않는 정보 확인하기
어린이 과학 잡지는 판매용이 아니라 무료로 나누어 줌

A Dictation

M: Hello, WBPR listeners. Are you looking for a chance to ❶_____ _____ _____ _____? Then, we invite you to the 2021 Family Science Festival. It starts on December 7th and ❷_____ _____ _____ _____ at the Bermont Science Museum located near City Hall. Eight programs will be offered for parents and children to enjoy together, including robot building and VR simulations. We'll also give out a children's science magazine for free. This event is open to anyone, but remember that all children under age 11 must be accompanied by an adult. There's ❸_____ _____ _____, but to participate, you must register in advance. Come and learn about the exciting world of science with your family. For more information, visit our website, www.wbpr.com.

B Key Expressions

give out ~을 나누어 주다
A: Why are you **giving out** doughnuts for free? (당신은 왜 도넛을 무료로 나누어 주고 있나요?)
B: I want to help people who are hungry. (저는 배고픈 사람들을 돕고 싶어요.)

in advance 미리, 사전에
A: Do I need to book a ticket **in advance**? (제가 미리 표를 예매해야 하나요?)
B: No, you can purchase it on the day. (아니오, 당일에 그것을 구매할 수 있어요.)

Dictation Answers ❶ enjoy quality family time ❷ runs for one week ❸ no admission fee

1 kakapo에 관한 다음 내용을 듣고, 일치하지 <u>않는</u> 것을 고르시오. ▶ 22663-0038

① 날지 못하는 유일한 앵무새이다.
② 주로 밤에 활동한다.
③ 몸무게가 10파운드를 넘는다.
④ 나무에 오르는 데 뛰어나다.
⑤ 90년까지 살 수 있다.

2 Harrington College의 학비 지원 제도에 관한 다음 내용을 듣고, 일치하지 <u>않는</u> 것을 고르시오.
▶ 6663-0066

① 학업 우수 장학금의 수혜자는 총 50명이다.
② 재정 지원은 정부가 정한 기준에 따른다.
③ 재정 지원은 수업료와 생활비를 충당한다.
④ 학업 우수 장학금은 졸업할 때까지 지급된다.
⑤ 학업 우수 장학금은 교수 추천서가 필요하다.

3 제11회 School Festival에 관한 다음 내용을 듣고, 일치하지 <u>않는</u> 것을 고르시오. ▶ 6663-0067

① 9월 1일부터 3일까지 열린다.
② 30개가 넘는 학교 동아리가 참가한다.
③ 예상 총 방문객 수는 약 3,000명이다.
④ 두 개의 임시 식당이 운영된다.
⑤ 교외 방문객을 위한 주차장이 마련된다.

4 Web Design Contest에 관한 다음 내용을 듣고, 일치하지 <u>않는</u> 것을 고르시오. ▶ 6663-0068

① 8월에 시작될 웹사이트를 위한 것이다.
② 참가 신청서는 우편으로 제출해야 한다.
③ 디자인 제출 마감일은 4월 30일이다.
④ 세 가지 기준에 의해 심사될 것이다.
⑤ 전문 웹 디자이너 세 명이 심사한다.

5 제10회 Highland Fall Festival에 관한 다음 내용을 듣고, 일치하지 <u>않는</u> 것을 고르시오. ▶ 22663-0039

① 열 번째 개최되는 연례 행사이다.
② 마을 주민만 참여할 수 있다.
③ 무료로 암벽 등반과 카약 타기 등을 할 수 있다.
④ 등록은 8월 1일에 시작된다.
⑤ 셔틀버스는 무료로 운행된다.

6 New York Poetry Contest에 관한 다음 내용을 듣고, 일치하지 <u>않는</u> 것을 고르시오. ▶ 22663-0040

① 최대 3편까지 출품할 수 있다.
② 우승작은 잡지에 게재된다.
③ 제목을 포함해서 40행까지만 허용된다.
④ 출품작의 개수에 따라 참가비가 다르다.
⑤ 18세보다 많으면 누구든 참가할 수 있다.

11 도표

정답과 해설 42쪽

유형 소개

- 표를 보면서 대화의 내용을 파악하여 문제에서 요구하는 대상을 고르는 유형이다.

- 해마다 한 문항씩 출제되며, 정답의 단서가 대화의 처음부터 끝까지 골고루 분포되어 있기 때문에 난이도가 높은 유형이다.

- 두 사람이 하는 대화의 내용에 해당되지 않는 항목들을 하나씩 삭제해 나가면서 문제에서 요구하는 것을 찾는다.

예제

2022학년도 수능 10번
▶ 22663-0041

다음 표를 보면서 대화를 듣고, 두 사람이 예약할 스터디 룸을 고르시오.

Study Rooms

	Room	Capacity (persons)	Available Times	Price (per hour)	Projector
①	A	2-3	9 a.m.–11 a.m.	$10	×
②	B	4-6	9 a.m.–11 a.m.	$16	○
③	C	4-6	2 p.m.– 4 p.m.	$14	×
④	D	6-8	2 p.m.– 4 p.m.	$19	○
⑤	E	6-9	4 p.m.– 6 p.m.	$21	×

Listening Tips

Clue 1 표에 제시된 항목 살펴보기

Capacity (persons) / Available Times / Price (per hour) / Projector

Clue 2 표에 제시된 항목과 관련된 내용 파악하기

big enough to accommodate six of us / meet after 1 p.m. / I don't think we can spend more than $20 per hour / need it to practice for our presentation

Solution 정확한 내용 파악을 근거로 선택하는 것 찾기

수용 인원 여섯 명 → 오후 1시 이후에 이용 가능 → 비용이 시간당 20달러를 넘지 않아야 함 → 프로젝터가 있어야 함

A Dictation

M: Megan, did you ❶_____ _____ _____ _____ for our group project meeting tomorrow?

W: I'm looking at a website to book a room. Let's book it together.

M: Sure. *[Pause]* Oh, only these rooms are available.

W: Yeah. Hmm, this one is too small for us.

M: Right. We need a room ❷_____ _____ _____ _____ six of us.

W: Okay. Now, let's look at the times. We all agreed to meet after 1 p.m., right?

M: Yes. Then let's skip this one.

W: How much can we spend on the study room?

M: Since we're meeting for two hours, I don't think we can spend more than $20 per hour. It's
❸_____ _____ _____.

W: Then, there are two options left. Should we choose a study room with a projector?

M: Absolutely. We'll ❹_____ _____ _____ _____ for our presentation.

W: Then let's reserve this one.

B Key Expressions

be beyond one's budget 예산을 초과하다, 예산을 넘다

A: Oh, this notebook computer is $1,200. (오, 이 노트북은 1,200달러야.)

B: It's **beyond our budget**. Let's find another one. (그것은 우리의 예산을 초과해. 다른 것을 찾아보자.)

let's reserve ~ ~을 예약합시다

A: I like the deluxe room with ocean view. (나는 바다 전망을 가진 이 디럭스 룸이 마음에 들어요.)

B: Then **let's reserve** this room. (그럼 이 방을 예약해요.)

Dictation Answers ❶ reserve a study room ❷ big enough to accommodate ❸ beyond our budget ❹ need it to practice

1 다음 표를 보면서 대화를 듣고, 두 사람이 선택한 달력을 고르시오.　　▶ 6663-0072

Personalized Calendars

	Model	Type	Size	Photo	Price
①	A	Desk	Standard	○	$30
②	B	Desk	Standard	○	$35
③	C	Desk	Large	×	$30
④	D	Wall	Standard	×	$50
⑤	E	Wall	Large	○	$60

2 다음 표를 보면서 대화를 듣고, 남자가 선택할 서핑 강습을 고르시오.　　▶ 22663-0042

Surfing Classes

	Class	Beach	Class Type	Price	Including
①	A	Sunshine	Individual	$135	surfboard
②	B	Sunshine	Group	$80	surfboard
③	C	White	Individual	$155	surfboard, wet suit
④	D	White	Individual	$140	surfboard, wet suit
⑤	E	Spring	Group	$80	surfboard

3 다음 표를 보면서 대화를 듣고, 여자가 선택한 사진 앨범을 고르시오.　　▶ 6663-0074

For Your Memory: Green Photo Albums

	Item	Size	Cover Style	Number of Pages	Price
①	Memories I	150 × 210mm	Hard cover	25	$25
②	Memories II	150 × 210mm	Soft cover	40	$25
③	Travel I	210 × 297mm (A4)	Hard cover	30	$35
④	Travel II	210 × 297mm (A4)	Hard cover	50	$55
⑤	Travel III	210 × 297mm (A4)	Soft cover	30	$25

4 다음 표를 보면서 대화를 듣고, 두 사람이 주문할 유모차를 고르시오. ▶ 22663-0043

Baby Strollers

	Brand	Wheel Type	Price	Color
①	Rainbow Kids	Three-wheel	$224	White
②	Happy Family	Four-wheel	$184	Pink
③	Happy Family	Three-wheel	$165	Blue
④	Green Life	Four-wheel	$143	Yellow
⑤	Rainbow Kids	Three-wheel	$167	Purple

5 다음 표를 보면서 대화를 듣고, 두 사람이 구매할 새장을 고르시오. ▶ 22663-0044

Bird Cages

	Model	Shape	Price	Material	Height (meter)
①	A	Rectangular	$58	Metal	0.8
②	B	Oval	$56	Metal	1.0
③	C	House	$66	Plastic	1.2
④	D	House	$74	Steel	1.4
⑤	E	Rectangular	$60	Plastic	0.7

6 다음 표를 보면서 대화를 듣고, 여자가 지원할 일자리를 고르시오. ▶ 6663-0077

Part-Time Job Openings

	Position	Working Hours	Hourly Wage	Notes
①	Delivery driver	5:00 p.m.– 8:00 p.m.	$13	Must have a driver's license
②	Server	5:00 p.m.– 9:00 p.m.	$13	
③	Salesperson	6:00 p.m.– 9:00 p.m.	$11	Must have sales experience
④	Cashier	6:00 p.m.–10:00 p.m.	$12	
⑤	Cleaner	5:00 p.m.– 8:00 p.m.	$12	

PART I

12 짧은 대화의 응답

정답과 해설 **46**쪽

 유형 소개

- 짧은 대화를 듣고, 여자[남자]의 마지막 말에 대한 적절한 응답을 고르는 유형이다.

- 의문사가 없는 의문문과 의문사가 있는 의문문에 상응하는 적절한 응답을 찾아야 한다.

- 대화의 흐름을 정확하게 파악하고, 그 내용에 비추어 부적절한 선택지를 가려낼 수 있어야 한다.

예제

2022학년도 수능 11번
▶ 22663-0045

대화를 듣고, 여자의 마지막 말에 대한 남자의 응답으로 가장 적절한 것을 고르시오.

① Just give me about ten minutes.
② It took an hour for us to get back home.
③ I think you need to focus on your work.
④ It was nice of you to invite my co-workers.
⑤ Call me when you finish sending the email.

Listening Tips

Clue 1 선택지를 통해 대화 내용 예측하기

ten minutes / an hour / co-workers / sending the email

Clue 2 대화의 흐름 파악하기

want to join me → have to send an email to one of my co-workers right now → how long

Solution 마지막 말의 의도에 대한 적절한 응답 찾기

(여자) 산책하러 나가려는데 같이 갈지 물음 → (남자) 동료에게 보내야 할 이메일이 있어 좀 기다려달라고 말함 → (여자) 얼마나 걸릴 것인지 물음 → (남자) 10분만 시간을 달라고 응답하는 것이 적절함

A Dictation

W: Honey, I'm going out for a walk. Do you want to ❶_____ _____?

M: Sure. But can you wait for a moment? I have to ❷_____ _____ _____ to one of my co-workers right now.

W: No problem. How long do you think it'll take?

B Key Expressions

for a walk 산책하러

A: Hi, Jenny. Long time no see. What are you doing here?

(안녕, Jenny. 오랜만이야. 여기서 무엇을 하고 있니?)

B: Hi, Dave. I went out **for a walk** with Tony.

(안녕, Dave. Tony와 산책하러 나왔어.)

right now 지금 당장

A: You look busy. What are you up to?

(바빠 보여요. 무슨 일을 하고 있어요?)

B: I have to go to the airport to meet my mother **right now**.

(지금 당장 어머니를 마중하러 공항에 가야 해요.)

Dictation Answers ❶ join me ❷ send an email

1 대화를 듣고, 여자의 마지막 말에 대한 남자의 응답으로 가장 적절한 것을 고르시오. ▶ 22663-0046

① Never mind. I can pick up the printer now.
② I know. I already changed the ink yesterday.
③ You're right. You should have printed it out.
④ I'm sorry. I forgot to print it out beforehand.
⑤ Don't worry. I have some extra ink here somewhere.

2 대화를 듣고, 남자의 마지막 말에 대한 여자의 응답으로 가장 적절한 것을 고르시오. ▶ 6663-0080

① No. This was the fifth time I took it.
② Actually, I haven't taken the test yet.
③ Yes. I signed up to take it next week.
④ Of course. I try to be careful while driving.
⑤ Not yet. I'm afraid of driving alone on the road.

3 대화를 듣고, 여자의 마지막 말에 대한 남자의 응답으로 가장 적절한 것을 고르시오. ▶ 22663-0047

① I'm almost there. Can you take my place?
② Yeah, I just did. It's basic manners to do that.
③ Don't worry. We can reserve tickets by phone.
④ No, I couldn't. The tickets are already sold out.
⑤ I'll be right back. Would you like to go in first?

4 대화를 듣고, 남자의 마지막 말에 대한 여자의 응답으로 가장 적절한 것을 고르시오. ▶ 22663-0048

① I'll teach you how to do Taekwondo later.
② Your black belt looks very impressive on you.
③ I've got to start practicing Taekwondo right now.
④ So I'm looking forward to the Taekwondo contest.
⑤ I really hope to wear a black belt around my waist.

5 대화를 듣고, 여자의 마지막 말에 대한 남자의 응답으로 가장 적절한 것을 고르시오. ▶ 6663-0083

① Sure. The department is on the second floor.
② Okay. Please let me know if you find the report.
③ Don't worry. I'm sure you'll begin to like Ms. Jones.
④ Really? I've worked for this company for a long time.
⑤ I'm sorry I can't help. I don't know who she is, either.

6 대화를 듣고, 남자의 마지막 말에 대한 여자의 응답으로 가장 적절한 것을 고르시오. ▶ 6663-0084

① I failed the P.E. test yesterday.
② Well, I stumbled when I was tackled.
③ We won the youth soccer tournament.
④ There were few students on the ground.
⑤ The teacher said that I should go to the hospital.

PART I

13 긴 대화의 응답

정답과 해설 **48**쪽

유형 소개

- 긴 대화를 듣고, 여자[남자]의 마지막 말에 대한 적절한 응답을 고르는 유형이다.

- 마지막 말도 중요하지만, 대화의 전체적인 흐름 또한 정확히 파악해야 한다.

- 마지막에 언급되는 여자[남자]의 말을 통해 남자[여자]의 응답을 추론해야 하므로, 특히 마지막 여자[남자]의 말을 집중해서 듣는다.

예제

2022학년도 수능 13번
▶ 22663-0049

대화를 듣고, 여자의 마지막 말에 대한 남자의 응답으로 가장 적절한 고르시오.

Man: _____

① No worries. Stress is not always as bad as you think.
② Don't forget to bring a charger whenever you go out.
③ Great. That'll be a good way to take time for yourself.
④ I think working out too much will burn all your energy.
⑤ Fantastic. Let's enjoy ourselves at the exhibition with the kids.

Listening Tips

Clue 1 선택지를 통해 대화 내용 예측하기

not always as bad as you think / whenever you go out / a good way to take time for yourself / burn all your energy / enjoy ourselves at the exhibition

Clue 2 대화의 흐름 파악하기

pretty burnt out → can't remember the last time that I really got to enjoy myself → need to recharge your batteries → need my own personal time → do whatever makes you feel happy → there's an exhibition that I've been interested in

Solution 마지막 말의 의도에 대한 적절한 응답 찾기

(여자) 녹초가 되어 퇴근함 → (여자) 마지막으로 정말로 마음껏 즐겼던 때가 언제인지 기억도 나지 않는다고 말함 → (남자) 여자에게 기력을 재충전할 필요가 있다고 조언함 → (여자) 자신만의 개인적인 시간이 필요하다고 말함 → (남자) 여자에게 당신을 행복하게 느끼게 하는 것은 무엇이든 할 수 있다고 말함 → (여자) 자신이 관심이 있었던 전시회가 하나 있다고 말함 → (남자) 그것이 자신을 위한 시간을 갖기에 좋은 방법일 것이라고 응답하는 것이 적절함

A. Dictation

W: Honey, I'm home.

M: Is everything all right? You seem ❶_____ _____ _____.

W: I am. I'm pretty burnt out.

M: It's no wonder. You've been so stressed out from work these days.

W: Yeah, I can't remember the last time that I really got to enjoy myself.

M: You need to recharge your batteries. Why don't you ❷_____ _____ _____ _____ this weekend?

W: Maybe you're right. I might need my own personal time.

M: Yes. And don't worry about the kids. I'll take care of them.

W: Sounds good. Then let me think about what I can do.

M: You can go to the theater, ride your bike along the river, or do whatever makes you feel happy.

W: Well, there's an exhibition that ❸_____ _____ _____ _____.

B. Key Expressions

be stressed out 스트레스를 받다

A: I'm so **stressed out** because of job searching. (구직 때문에 너무 스트레스 받아.)

B: Don't worry. Great things always take time. (걱정 마. 멋진 일은 언제나 시간이 걸리는 법이야.)

take care of ~을 돌보다, ~을 처리하다

My grandmother **took care of** me when I was young. (내가 어릴 때 할머니께서 나를 돌봐주셨다.)

Could you please **take care of** the customer's request? (그 고객의 요구를 처리해 주실 수 있나요?)

Dictation Answers ❶ low on energy ❷ spend some time alone ❸ I've been interested in

1 대화를 듣고, 여자의 마지막 말에 대한 남자의 응답으로 가장 적절한 것을 고르시오. ▶ 22663-0050

Man: _____

① You can save time by using the subway.
② It'd be better to leave home earlier next time.
③ We often see people running on the escalator.
④ You're supposed to stand still on the escalator.
⑤ Hopefully you won't be scolded for being late.

2 대화를 듣고, 남자의 마지막 말에 대한 여자의 응답으로 가장 적절한 것을 고르시오. ▶ 22663-0051

Woman: _____

① Every Monday. We're closed on Mondays.
② At 10 a.m. We're open from 10 a.m. to 3 p.m.
③ Sorry. One person is missing from the group.
④ Right. You should make a reservation in advance.
⑤ Yes. Teachers must be with the students at all times.

3 대화를 듣고, 여자의 마지막 말에 대한 남자의 응답으로 가장 적절한 것을 고르시오. ▶ 6663-0088

Man: _____

① In that case, I'll rush there right away.
② I'm sure you'll like it. Here's your change.
③ Sorry, but there isn't a travel agency here.
④ Well, you'd better reserve the seats in advance.
⑤ We'll begin the tour at 10 o'clock in the lobby.

4 대화를 듣고, 남자의 마지막 말에 대한 여자의 응답으로 가장 적절한 것을 고르시오. ▶ 6663-0089

Woman: _____

① That's okay. I'll watch the movie alone.
② Sure. I'll ask him to lend you the book.
③ Okay. I'll go and get something to read.
④ No. I'll go to the bookstore to buy the book.
⑤ Good idea. I can ask him to autograph my book.

5 대화를 듣고, 여자의 마지막 말에 대한 남자의 응답으로 가장 적절한 것을 고르시오. ▶ 6663-0090

Man: _____

① You look so tired from working.
② Routine desk work is very boring, too.
③ Vacation is too short to do the activity.
④ Watching extreme sports is interesting.
⑤ It seems scary at first, but it's worthwhile.

6 대화를 듣고, 남자의 마지막 말에 대한 여자의 응답으로 가장 적절한 것을 고르시오. ▶ 6663-0091

Woman: _____

① Sure. I can help you sign up there.
② Thanks. I really wanted to join you.
③ Good for you. I'm very proud of you.
④ Sorry. I'm not sure when the deadline is.
⑤ Don't worry. You'll do great like last year.

PART I **14** 상황에 적절한 말

정답과 해설 **53**쪽

유형 소개

■ 특정한 상황에 대해 구체적으로 설명하는 담화를 듣고, 그 상황에 처한 주인공이 해야 할 말을 추론하는 유형이다.

■ 해마다 한 문항씩 출제되며, 담화를 듣기 전에 영어로 쓰인 선택지를 미리 읽어 두는 것이 도움이 된다.

■ 담화의 후반부에 정답과 관련된 결정적인 단서가 언급되는 경우가 많으므로, 이 부분을 특히 집중해서 들어야 한다.

예제

2022학년도 수능 15번
▶ 22663-0052

다음 상황 설명을 듣고, Jason이 Sarah에게 할 말로 가장 적절한 것을 고르시오.

Jason: _____

① Good luck. I hope you finish your work in time.
② Okay. Let's meet to discuss the changes to the sculpture.
③ That's terrible. I'm sorry that the reopening was postponed.
④ Hurry up. You have to send the final design immediately.
⑤ Don't worry. I can get the job done before the deadline.

Listening Tips

Clue 1 담화의 첫 문장을 통해 담화 배경 예측하기

Jason is a sculptor and Sarah is the head of a local library.

Clue 2 전체적인 상황 파악하기

create a sculpture for the library's reopening → looks quite complicated → has enough time to make it → can finish it in time

Solution 구체적인 단서를 통해 할 말 추론하기

Jason으로부터 조각품의 최종 디자인을 받은 Sarah → 디자인이 복잡하다고 생각하는 Sarah → 디자인대로 조각품을 만들 수 있다고 생각하는 Jason → Sarah가 걱정할 필요가 없다고 생각하는 Jason

A. Dictation

W: Jason is a sculptor and Sarah is ❶_____ _____ _____ _____ _____ _____. A few days ago, Sarah hired Jason to create a sculpture for the library's reopening by the end of next month. This morning, Sarah received the final design of the sculpture from Jason. She likes his design, but it ❷_____ _____ _____ to her. She's worried whether he can finish in time, so she calls him to express her concern. However, Jason thinks that he has enough time to make it since he has worked on ❸_____ _____ _____ _____ _____. So Jason wants to tell Sarah that he can finish it in time and that she ❹_____ _____ _____ _____ _____. In this situation, what would Jason most likely say to Sarah?

B. Key Expressions

in time 제시간에, 제때에

A: If I don't finish the work **in time**, I'll be in trouble. (만약 제때에 내가 이 일을 끝내지 않으면, 나는 곤란해질 거야.)

B: Don't worry. Let me help you. (걱정 마. 내가 도와줄게.)

don't have to ~할 필요가 없다

A: You **don't have to** worry about Brian any more. He finally got a job.
(너는 더 이상 Brian에 대해 걱정할 필요가 없어. 그가 마침내 일자리를 구했어.)

B: Really? That's very good. (정말? 아주 잘 됐어.)

Dictation Answers
❶ the head of a local library ❷ looks quite complicated ❸ these types of sculptures before
❹ doesn't have to be concerned

1 다음 상황 설명을 듣고, Eileen이 Cindy에게 할 말로 가장 적절한 것을 고르시오. ▶ 6663-0093

Eileen: _____

① It's not a good idea to study at home.
② You'd better improve your concentration.
③ We have to share our worries with each other.
④ You should get some rest to concentrate better.
⑤ I'll be able to keep my promise to help you study.

2 다음 상황 설명을 듣고, Alice가 Steve에게 할 말로 가장 적절한 것을 고르시오. ▶ 6663-0094

Alice: _____

① You should have worked at the K Clothing Store.
② Don't worry. I'll get the T-shirt mended right away.
③ You can say that again. It really looks good on you.
④ I got it. I'll go to the store to exchange it tomorrow.
⑤ Good! I'll buy a striped T-shirt for your birthday present.

3 다음 상황 설명을 듣고, Rachel이 Martin에게 할 말로 가장 적절한 것을 고르시오. ▶ 6663-0095

Rachel: _____

① I look forward to our wedding anniversary.
② I'll help you with serving the dishes next time.
③ I think you'd better use less dishwashing liquid.
④ It's really hard to wash the dishes by myself every day.
⑤ It's difficult to decide which dishwasher would be good.

4 다음 상황 설명을 듣고, Andy가 Jenny에게 할 말로 가장 적절한 것을 고르시오.   ▶ 22663-0053

Andy: _____

① Good. I'll apply for the job right away.
② Thanks to you, I got a really good job.
③ No problem. Let me work instead of you.
④ Sure. All of the restaurant dishes are tasty.
⑤ Sorry. I can't go to the restaurant with you.

5 다음 상황 설명을 듣고, Stella가 Brian에게 할 말로 가장 적절한 것을 고르시오.   ▶ 22663-0054

Stella: _____

① I also wish the finals were held today.
② I'm sure you'll finish the race the fastest.
③ Don't worry about the tickets for the finals.
④ Let's focus on the freestyle and backstroke today.
⑤ I'd like to participate in the swimming competition.

6 다음 상황 설명을 듣고, Patrick이 Linda에게 할 말로 가장 적절한 것을 고르시오.   ▶ 22663-0055

Patrick: _____

① Absolutely! You're a really good cook.
② If I were you, I wouldn't go to the mart.
③ Right. The housewarming party was great.
④ No, my favorite food is not seafood spaghetti.
⑤ Okay. I'll buy the meat and then go to meet you.

15 세트 문항

📁 유형 소개

- 180여 개 이상의 단어로 구성된 긴 담화를 두 번 반복해서 듣고 두 개의 문항을 푸는 유형이다.

- 첫 번째 문항은 대의를 파악하는 유형의 문항으로, 주로 담화의 주제를 묻는다.

- 두 번째 문항은 언급 유무 또는 세부 정보를 묻는 문항이 자주 출제되고 있다.

 예제

2022학년도 6월 모의평가 16~17번

[1~2] 다음을 듣고, 물음에 답하시오.

1 여자가 하는 말의 주제로 가장 적절한 것은? ▶ 22663-0056

① decline in employment opportunities due to drones
② regulations for using drones in various fields
③ job skills necessary for drone development
④ workplace accidents caused by drone use
⑤ various uses of drones in different jobs

2 언급된 직업이 <u>아닌</u> 것은? ▶ 22663-0057

① farmers　　　　② photographers　　　　③ soldiers
④ police officers　　⑤ firefighters

Listening Tips

Clue 1 담화 초반부의 핵심 어구를 통해 담화 내용 예측하기
drones / how they're used in different jobs

Clue 2 담화의 세부 내용과 언급 대상 파악하기
how they're used in different jobs / help farmers grow crops more efficiently / photographers use drones to easily access areas that are hard to reach / useful for police officers when they control traffic / firefighters use drones that drop tanks of special chemicals

Solution 구체적인 단서를 통해 담화의 주제 및 언급된 방법 확인하기
여러 다른 직업에서 드론이 사용되는 방법 → 농부는 더 효율적으로 농작물을 재배하는 데 드론을 사용 → 사진작가는 도달하기 어려운 지역에 쉽게 접근하기 위해 드론을 사용 → 경찰관은 교통의 통제를 위해 드론을 유용하게 사용 → 소방관은 화재 확산을 막기 위해 특수한 화학물질 탱크를 떨어뜨리는 드론을 사용

A. Dictation

W: Hello, students. Last time, you learned about the people who invented drones. As technology develops, drones are being used more frequently around the world. So, today, we'll talk about how they're used in different jobs. First, drones help farmers ❶_____ _____ _____ _____. For example, drones are used to spread seeds that may be difficult to plant. They also spray chemicals to protect plants from harmful insects. Second, photographers use drones to ❷_____ _____ _____ that are hard to reach. Specifically, nature and wildlife photographers no longer need to go through dangerous jungles and rainforests. Next, drones are useful for police officers when ❸_____ _____ _____. Drones could provide updates on traffic flow and accidents, and even help identify anyone driving dangerously. Last, drones aid firefighters. Firefighters use drones that ❹_____ _____ _____ _____ _____ to prevent the spread of fire. Now, let's watch an incredible video of drones in action.

B. Key Expressions

be used to *do* ~하기 위해[하는 데] 사용되다
The tool **is used to** measure the length of a metal rod. (그 도구는 금속 막대의 길이를 측정하는 데 사용된다.)

prevent A from *-ing* A가 ~하는 것을 막다
All of us should **prevent** global warming **from** becoming worse.
(우리 모두는 지구 온난화가 더 악화되는 것을 막아야 한다.)

Dictation Answers	❶ grow crops more efficiently ❷ easily access areas ❸ they control traffic ❹ drop tanks of special chemicals

15강 | 세트 문항 **65**

[1~2] 다음을 듣고, 물음에 답하시오.

1 남자가 하는 말의 주제로 가장 적절한 것은?   ▶ 22663-0058

① health benefits of tomatoes
② health-related myths of tomatoes
③ unusual dishes made with tomatoes
④ reasons people don't like tomatoes
⑤ effects of eating tomatoes on aging

2 언급된 신체 부위가 <u>아닌</u> 것은?   ▶ 22663-0059

① skin   ② bones   ③ kidney
④ heart   ⑤ eyes

[3~4] 다음을 듣고, 물음에 답하시오.

3 여자가 하는 말의 주제로 가장 적절한 것은?   ▶ 22663-0060

① various uses of trees
② ways of saving paper
③ process of making paper
④ alternatives to tree-based paper
⑤ efforts by countries to protect trees

4 언급된 나라가 <u>아닌</u> 것은? ▶ 22663-0061

① Egypt ② China ③ Italy
④ France ⑤ Germany

[5~6] 다음을 듣고, 물음에 답하시오.

5 남자가 하는 말의 주제로 가장 적절한 것은? ▶ 6663-0105

① the causes of work-related stress
② the difficulty of time management
③ the importance of setting high goals
④ the effect of time management on success
⑤ ways to avoid having to finish work in a hurry

6 언급된 소셜 미디어가 <u>아닌</u> 것은? ▶ 6663-0106

① Facebook ② Twitter ③ Instagram
④ YouTube ⑤ Pinterest

PART

II

수능특강 Light 영어듣기 　소재편

16 일상생활

 소재 소개

일상생활에 관련된 내용은 수능에서 가장 자주 출제되는 소재에 속한다. 일상생활에 관한 소재는 대중교통, 컴퓨터·정보통신·방송·광고, 쇼핑, 주거나 식당, 우체국, 은행, 세탁소, 병원, 미용실 등에서 일어나는 일이며, 학교, 가정, 직장생활을 뒷받침하는 생활과 관련된다. 수능에서 대화는 문제 해결이나 개인 편의 도모와 관련된 것, 담화는 이용 안내, 홍보와 관련된 것이 자주 출제된다.

✏ Topic-related Words & Phrases

- **교통** crosswalk 횡단보도 intersection 교차로 public transportation 대중교통(= mass transit) traffic jam 교통 체증(= traffic congestion) vehicle 차량, 탈것

- **컴퓨터·정보통신·방송·광고** download (파일을) 내려받다 upload (파일을) 올리다 get access to the Internet 인터넷에 접속하다 surf the Internet 인터넷을 검색하다 / cell phone 휴대전화 text message (휴대전화로 보내는) 문자 메시지 phone bill 통신 요금 / ad 광고 commercial 광고 방송

- **쇼핑** bargain 싸게 산 물건 get a discount 할인을 받다 out of stock 재고가 없는 place an order 주문하다 sold out 매진된 wrap up 포장하다

- **우체국** deliver 배달하다 fragile 깨지기 쉬운 parcel 소포 postal charge 우편요금 scale 저울 express mail 속달우편 registered mail 등기우편 surface mail (항공우편이 아닌) 보통우편

- **은행** account number 계좌번호 business day 영업일 deposit 예금하다 open an account 계좌를 개설하다 teller 은행 창구 직원 withdraw (돈을) 인출하다

- **세탁소** dry-clean 드라이클리닝하다 fix 수선하다, 수리하다 iron 다림질하다 laundry 세탁물 remove stain 얼룩을 제거하다 shorten (길이 따위를) 줄이다 be done in an hour 한 시간이면 완성되다[처리되다]

- **건강·병원** cavity 충치(= decayed tooth) checkup 건강검진 dizzy 어지러운 diagnose 진단하다 operation 수술 prescribe 처방하다 sore 아픈 swollen 부어오른 symptom 증상

- **미용실** bangs 앞머리 get a haircut 이발하다 makeup 화장 perm 파마(= permanent wave) have one's hair dyed black 머리를 검게 염색하다

 Examples 2016학년도 9월 모의평가 1번

M: Hello, Ms. Johnson. Can you **fix** these pants? I want to **shorten** them two centimeters.
(안녕하세요, Johnson 씨. 이 바지를 수선할 수 있나요? 2센티미터를 줄이고 싶은데요.)

W: Sure, Kevin. I can **fix** them after I finish this work.
(물론이지, Kevin. 이 일을 끝내고 나서 그것을 수선해 줄게.)

M: Okay. When are they going to be ready? (알겠어요. 그것들은 언제 준비될까요?)

W: They'll **be done in an hour**. (그건 한 시간이면 될 거야.)

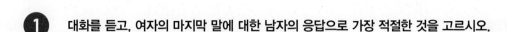

Exercises

정답과 해설 60쪽

1 대화를 듣고, 여자의 마지막 말에 대한 남자의 응답으로 가장 적절한 것을 고르시오. ▶ 22663-0062

① I'll treat you to lunch this time.
② Where did you eat pizza yesterday?
③ Anything other than pizza would be okay.
④ You'd better learn to make pizza by yourself.
⑤ Don't you think the pizza restaurant is too far?

2 다음을 듣고, 남자가 하는 말의 주제로 가장 적절한 것을 고르시오. ▶ 6663-0108

① 정리정돈의 중요성
② 뇌의 정보 처리 과정
③ 기억력 감퇴의 주요 원인
④ 기억력을 향상시키는 방법
⑤ 건망증이 일상생활에 미치는 영향

3 대화를 듣고, 여자가 한 일로 가장 적절한 것을 고르시오. ▶ 6663-0109

① 공원에서 자전거 타기
② 인터넷으로 자전거 주문하기
③ 어머니를 도와 집안 청소하기
④ 할머니 마중하러 공항에 가기
⑤ 여동생의 수학 공부 도와주기

4 대화를 듣고, 여자가 남자에게 부탁한 일로 가장 적절한 것을 고르시오.　　▶ 6663-0110

① to fix her computer
② to send a text message to her
③ to gather information about Thailand
④ to lend her money for a flight ticket to Australia
⑤ to let her know a website that sells cheap air tickets

5 대화를 듣고, 두 사람이 대화하고 있는 장소로 가장 적절한 곳을 고르시오.　　▶ 6663-0111

① 기차 안
② 버스 안
③ 항구 선착장
④ 지하철 승강장
⑤ 공원 미아보호소

6 대화를 듣고, 두 사람의 관계를 가장 잘 나타낸 것을 고르시오.　　▶ 6663-0112

① 손님 — 카페 주인
② 집 주인 — 정원 관리사
③ 고객 — 가전제품 판매원
④ 이사 의뢰인 — 이삿짐센터 직원
⑤ 자전거 소유자 — 자전거 수리기사

7 다음을 듣고, 여자가 하는 말의 주제로 가장 적절한 것을 고르시오.   ▶ 6663-0113

① 자동차 절도 예방법
② 자동차 도난 사고 증가 이유
③ 자동차 보험 가입의 필요성
④ 도로 상태가 운전에 미치는 영향
⑤ 도로 주행 안전 수칙 준수의 중요성

8 대화를 듣고, 남자가 지불할 금액을 고르시오.   ▶ 22663-0063

① $21   ② $31   ③ $33
④ $36   ⑤ $41

9 대화를 듣고, 여자가 내일 휴가를 신청하는 이유를 고르시오.   ▶ 6663-0115

① 여행을 가기 위해서
② 감기를 치료하기 위해서
③ 부모님을 만나기 위해서
④ 정기 건강검진을 받기 위해서
⑤ 여동생을 마중하러 나가기 위해서

PART II 17 문화·사회생활

📁 소재 소개

문화·사회생활에 관련된 내용은 수능에서 자주 출제되는 소재에 속한다. 문화·사회생활에 관한 주된 소재는 여행, 숙박·호텔, 영화 및 음악회 관람, 스포츠·요리 등의 취미, 봉사, 관공서 이용 등으로 개인 및 사회 복지와 관련된다. 수능에서 대화는 활동의 계획이나 신청, 또는 활동 후의 소감에 대한 것, 담화는 활동 안내에 대한 것이 자주 출제된다.

✏️ Topic-related Words & Phrases

- **여행** backpacking 배낭여행 baggage claim 수화물 찾는 곳 boarding pass 탑승권 brochure 안내 책자 cruise 유람선 여행 departure 출발 exchange booth 환전소 exchange rate 환율 insurance fee 보험료 overseas travel insurance 해외여행 보험 travel agency 여행사 tourist attraction 관광 명소

- **숙박·호텔** available 이용할 수 있는 fully booked 예약이 다 찬 check in 호텔에 투숙하다, (공항에서 짐을) 부치다 check out 퇴실하다 reservation 예약 vacant 비어 있는

- **관람** art gallery 미술관 box office 매표소 exhibition 전시회 make a reservation for tickets 표를 예매하다 running time 상영시간

- **취미** camping gear 야영 장비 fishing rod 낚싯대 mountain climbing 등산 recipe 요리법 rent a boat 보트를 빌리다 set up a tent 텐트를 치다 snorkeling set 스노클을 끼고 하는 잠수 장비 water sports activity 수상 스포츠 활동

- **봉사** bazaar 바자회 blood donation 헌혈 community service 지역 봉사 활동 orphanage 고아원 nursing home 요양원 raise funds for the homeless 노숙자를 위한 기금을 모으다 volunteer 자원봉사하다

- **관공서** district office 구청 fill in the registration form 등록 서식에 기입하다 notify the police 경찰에 신고하다 issue a passport 여권을 발급하다 register a marriage 혼인 신고를 하다 renew one's driver's license 운전 면허증을 갱신하다

💬 Examples 2016학년도 9월 모의평가 9번

M: I'd like to try some of your **water sports activities**.
(여기서 하는 수상 스포츠 활동을 몇 개 해보고 싶은데요.)

W: Which ones would you like to try? (어떤 것들을 해보고 싶으신가요?)

M: My family loves **boating**. How much is it to **rent a boat**?
(나의 가족은 보트 타는 것을 아주 좋아해요. 보트를 빌리는 데 얼마나 드나요?)

W: It's $20 per hour, and that includes the **insurance fee**.
(한 시간에 20달러이며, 거기에 보험료가 포함되어 있습니다.)

M: Okay. I'd like to **rent a boat** for two hours. And I heard that **snorkeling** is wonderful here. Do you have **snorkeling sets** as well?
(좋습니다. 보트를 두 시간 동안 빌리고 싶어요. 그리고 여기서 스노클링을 하는 것이 멋지다고 들었어요. 스노클링 세트도 있나요?)

W: Yes, they're $5 per set for one day. (네, 하루에 세트당 5달러입니다.)

1 대화를 듣고, 여자의 마지막 말에 대한 남자의 응답으로 가장 적절한 것을 고르시오. ▶ 22663-0064

① Me too. I really love Picasso's artwork.
② No. I didn't go to the center yesterday.
③ Right. The exhibition was really impressive.
④ Don't worry. I'll lend you money for your ticket.
⑤ Good. Let's go on the first day of the exhibition.

2 대화를 듣고, 두 사람의 관계를 가장 잘 나타낸 것을 고르시오. ▶ 6663-0117

① publisher — writer
② composer — singer
③ movie director — movie actor
④ musical fan — musical director
⑤ magazine journalist — musical actor

3 대화를 듣고, 록 페스티벌에 관해 언급되지 <u>않은</u> 것을 고르시오. ▶ 6663-0118

① 후원 단체
② 개최 장소
③ 공연 밴드 수
④ 입장권 가격
⑤ 예상 관람객 수

4 대화를 듣고, 여자가 남자에게 부탁한 일로 가장 적절한 것을 고르시오. ▶ 6663-0119

① 무대 설치하기
② 포스터 게시하기
③ 재봉틀 빌려주기
④ 무대 의상 수선하기
⑤ 연극배우 소개해 주기

5 대화를 듣고, 남자가 수영을 배우기 시작한 이유를 고르시오. ▶ 6663-0120

① 체중을 줄이려고
② 의사가 권유해서
③ 스트레스를 풀기 위해서
④ 친구가 함께 배우자고 해서
⑤ 집 근처에 스포츠 센터가 생겨서

6 대화를 듣고, 여자가 지불할 금액을 고르시오. ▶ 22663-0065

① $35 ② $40 ③ $45
④ $50 ⑤ $55

7 다음 상황 설명을 듣고, Eric이 Olivia에게 할 말로 가장 적절한 것을 고르시오. ▶ 6663-0122

Eric: _____

① Don't worry about the bike. I'll fix it tomorrow.
② Absolutely! Learning to ride a bike is really easy.
③ If you're short on travel costs, I'll lend you some.
④ Thanks to your help, I had a wonderful cycling trip.
⑤ Sounds good! Okay, let's cycle to San Diego together.

8 대화를 듣고, 남자의 마지막 말에 대한 여자의 응답으로 가장 적절한 것을 고르시오. ▶ 6663-0123

Woman: _____

① Really? That novel is my favorite, too.
② Don't worry. I'll return the book soon.
③ I used to read a lot of books, but not now.
④ You're right. It got so exciting toward the end.
⑤ Then I should keep reading to see what happens.

9 대화를 듣고, 여자의 마지막 말에 대한 남자의 응답으로 가장 적절한 것을 고르시오. ▶ 6663-0124

Man: _____

① No, I don't think they are very good actors.
② Sure. I do believe this movie is worth watching.
③ I think the book is more exciting than the movie.
④ We should have booked tickets to see the movie.
⑤ Absolutely! You should buy and read the book right away.

18 학교·가정생활

소재 소개

학교·가정생활에 관련된 내용은 수능에서 가장 자주 출제되는 소재에 속한다. 학교·가정생활에 관한 주된 소재는 수업 및 과제 등의 학습, 도서관 또는 보건실 같은 학교 시설, 학교 행사 등의 학교생활과 육아, 청소, 실내장식, 식사 등의 가정 및 파티 등의 가정생활과 관련된다. 수능에서 대화 및 담화는 학교 방송 또는 수업 상황에서의 안내나 설명에 대한 것이 자주 출제된다.

✏️ Topic-related Words & Phrases

■**학습** after-school program 방과 후 프로그램 be good at ~을 잘하다 concentration 집중력 creativity 창의성, 독창성 first draft 초고 general knowledge 일반 상식 mentor 멘토, 스승, 교사 problem-solving 문제 해결 vocabulary test 어휘 시험

■**학교 시설** auditorium 강당 bulletin board 게시판 conference room 회의실 club activity 동아리 활동 competition 경연대회 field trip 현장 학습 nurse room 보건실 school arts festival 학예회 school cafeteria 학교 식당 school gym 학교 체육관 student union (building) 학생 회관

■**학교 행사** campaign promise 선거 공약 deadline for submission 제출 마감일 debate contest 토론 대회 exchange student 교환 학생 parent-teacher conference 학부모 교사 회의 school event 학교 행사 be registered 등록되다 run 출마하다 sign up for ~에 신청하다

■**가정·파티** babysit 아이를 돌봐주다 chore 허드렛일 decorate 장식하다 family budget 가계 예산 family picture 가족 사진 give an allowance 용돈을 주다 leave a mess 어질러 놓다 secondhand household items 중고 가재도구 / farewell party 송별회 housewarming party 집들이

Examples   2016학년도 9월 모의평가 13번

M: Ms. Roberts, is the preparation for the **debate contest** going well?
(Roberts 선생님, 토론 대회 준비는 잘 되어 가고 있나요?)

W: Yes, Mr. Peterson. (네, Peterson 선생님.)

M: What's the topic this year? (올해의 주제는 무엇이죠?)

W: It's the reunification of Korea. (그것은 한국의 재통일이에요.)

M: That's an interesting topic. How many students **are registered**?
(흥미로운 주제군요. 얼마나 많은 학생들이 등록했나요?)

W: About 120 students have **signed up for** the contest.
(120명 정도의 학생들이 대회에 신청했어요.)

M: Amazing! It's getting more popular with students.
(놀랍네요! 그것은 학생들에게 더 많은 인기를 얻어가고 있군요.)

W: Yeah. As there are so many participants this year, we're going to have the contest in the **auditorium**, not a **conference room**.
(그래요. 올해 참가자가 너무 많아서 회의실에서가 아니라 강당에서 그 대회를 치를 예정이에요.)

1 대화를 듣고, 남자의 마지막 말에 대한 여자의 응답으로 가장 적절한 것을 고르시오. ▶ 22663-0066

① I'm really sorry that I lost your key again.
② Just try to be on time for your appointments.
③ Why don't you organize the things in your car?
④ How about keeping your things in the same spot?
⑤ You should remember where you parked your car.

2 대화를 듣고, 여자가 남자에게 부탁한 일로 가장 적절한 것을 고르시오. ▶ 6663-0126

① 집안 청소하기
② 식탁 장식하기
③ 와인 가져오기
④ 케이크 찾아오기
⑤ 쓰레기 내다 버리기

3 대화를 듣고, 남자가 할 일로 가장 적절한 것을 고르시오. ▶ 6663-0128

① 공책 빌리기
② 시험 준비하기
③ 우산 반납하기
④ 교무실 청소하기
⑤ 일기예보 확인하기

PART Ⅱ 소재편

4 다음을 듣고, 여자가 하는 말의 주제로 가장 적절한 것을 고르시오. ▶ 6663-0127

① 봉사 활동을 해야 하는 이유
② 청소년기 교우 관계의 중요성
③ 주변 환경과 학습과의 상관관계
④ 낯선 환경이 정서에 미치는 영향
⑤ 새로운 환경에서 친구를 사귀는 방법

5 Woodworking Workshop에 관한 다음 내용을 듣고, 일치하지 <u>않는</u> 것을 고르시오. ▶ 22663-0067

① 목공 초보자를 대상으로 한다.
② 한 달 동안 일주일에 두 번 모인다.
③ 각 수업은 3시간 동안 진행된다.
④ 나무로 숟가락과 젓가락을 직접 만들 것이다.
⑤ 학생과 학부모가 함께 등록해야 한다.

6 다음 표를 보면서 대화를 듣고, 두 사람이 구매할 공기 청정기를 고르시오. ▶ 6663-0130

Home Air Purifiers

	Model	Timer	Sensor	Price
①	G6001	✕	○	$109
②	G6002	✕	✕	$99
③	G6003	○	○	$129
④	G6004	○	✕	$119
⑤	G6005	○	○	$149

7 대화를 듣고, 여자의 마지막 말에 대한 남자의 응답으로 가장 적절한 것을 고르시오. ▶ 6663-0131

Man: _____

① Okay, I'll try to explain in detail.
② I see. I'll try to slow down from now on.
③ All right. I'll let you see the board clearly.
④ Well, I'll think about giving you less homework.
⑤ No problem. I'll use a microphone to speak louder.

[8~9] 다음을 듣고, 물음에 답하시오.

8 여자가 하는 말의 목적으로 가장 적절한 것은? ▶ 6663-0132

① 재능 기부 행사를 안내하려고
② 실업자 채용 정보를 공지하려고
③ 학부모 연수 참여를 권유하려고
④ 개인의 재능 발굴 방법을 설명하려고
⑤ 진로 상담사 양성 프로그램을 홍보하려고

9 언급된 직업이 <u>아닌</u> 것은? ▶ 6663-0133

① 공무원　　　② 의사　　　③ 교사　　　④ 경찰관　　　⑤ 사회복지사

19 직장생활

소재 소개

직장생활에 관련된 내용은 수능에서 자주 출제되는 소재에 속한다. 직장생활에 관한 주된 소재는 직장 업무, 경력 및 진로 등과 관련된다. 수능에서 대화는 제품 판매, 보고서 작성, 면접 및 회의와 관련된 것, 담화는 공지사항, 이력서 작성, 영업 실적 발표와 관련된 것이 자주 출제된다.

✏️ Topic-related Words & Phrases

- **직장·부서** customer service 고객 서비스 manager (부서의) 부장, 경영[운영]자 occupational disease 직업병 on leave 휴가 중인 personnel department 인사부 sales department 영업부 self-employed 자영업의

- **직장 업무** be in charge of ~을 담당하다 clearance sale 재고 정리 할인 판매 company vision 회사의 비전 financial contribution 재정적 기부 competent worker 유능한 직원 during work hours 근무 시간 중에 handle 다루다, 처리하다 launch 출간[출시]하다 market share 시장 점유율 marketing department 마케팅 부서 new product 신제품 night shift 야간 근무 off duty 비번의 quarterly report 분기 보고서 supplies 물품 work ethic 직업 윤리

- **경력·진로** applicant 응시자 blogger 블로그 운영자 career fair 취업 박람회 employee training program 직원 연수 프로그램 gardening experience 원예 경험 job interview 취업 면접 positive attitude 긍정적 태도 promotion 승진 qualified 자격을 갖춘 recruit 모집하다 transfer (직장·업무) 이동(하다)

💬 **Examples** 2016학년도 9월 모의평가 15번

M: Jessica and Brian are working in the **marketing department** of a company.
(Jessica와 Brian은 어느 회사의 마케팅 부서에서 근무하고 있습니다.)

Jessica is the **manager**, and Brian is her **team member**.
(Jessica는 부장이고, Brian은 그녀의 팀원입니다.)

Jessica knows Brian is a **competent worker** and has been doing his job very well.
(Jessica는 Brian이 유능한 직원이라는 것과 그가 자기의 일을 매우 잘 해왔다는 것을 알고 있습니다.)

She also knows that he is a popular **blogger** and takes care of his blog after work.
(그녀는 그가 인기 있는 블로거이며 일과 후에 자기의 블로그를 관리한다는 것 또한 알고 있습니다.)

But recently, she has noticed that Brian has been spending more and more time running his own blog.
(그러나 최근에, 그녀는 Brian이 점점 더 많은 시간을 자기의 블로그 관리에 쓰고 있음을 인지하게 되었습니다.)

What's more serious is that he posts things on his blog even **during work hours**, and he often cannot finish his work on time.
(더 심각한 것은 그가 심지어 근무 시간 중에도 자기의 블로그에 여러 가지 것들을 올리며, 자주 자기의 일을 정시에 끝낼 수 없다는 것입니다.)

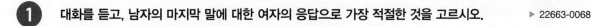

Exercises

정답과 해설 **74**쪽

1 대화를 듣고, 남자의 마지막 말에 대한 여자의 응답으로 가장 적절한 것을 고르시오. ▶ 22663-0068

① I don't think so. I didn't receive the news yet.
② Congratulations! I knew you would get promoted.
③ I did, too. I hope she receives good news this time.
④ Don't be sorry. Our boss will give you another chance.
⑤ Right. She finally got the position she wanted last year.

2 다음을 듣고, 여자가 하는 말의 목적으로 가장 적절한 것을 고르시오. ▶ 6663-0135

① 신입 사원 선발 절차를 공지하려고
② 회사의 인사 방침의 개선을 촉구하려고
③ 신입 사원 오리엔테이션을 안내하려고
④ 신규 모바일 게임 사업 계획을 홍보하려고
⑤ 개정된 직원 복지 혜택 규정을 공지하려고

3 대화를 듣고, 두 사람이 하는 말의 주제로 가장 적절한 것을 고르시오. ▶ 6663-0136

① 자신에게 맞는 회사 선택 요령
② 직장 내 다양한 스트레스 유발 요인
③ 직장 상사와의 효과적인 의사소통 방법
④ 직원들을 위한 휴식 공간 개선의 필요성
⑤ 장시간 앉아서 일하는 것이 건강에 미치는 영향

4 대화를 듣고, 두 사람의 관계를 가장 잘 나타낸 것을 고르시오.　　▶ 6663-0137

① 기자 — 회사원
② 사회자 — 수상자
③ 여행사 직원 — 고객
④ 제품 개발자 — 광고주
⑤ 의상 디자이너 — 모델

5 대화를 듣고, 여자가 할 일로 가장 적절한 것을 고르시오.　　▶ 6663-0138

① 기차표 예매하기
② 강사 마중 나가기
③ 발표 자료 확인하기
④ 식당 예약 확인하기
⑤ 직원들에게 메시지 보내기

6 대화를 듣고, 여자가 남자에게 부탁한 일로 가장 적절한 것을 고르시오.　　▶ 22663-0069

① 현수막 걸기
② 제품 진열하기
③ 안내 포스터 만들기
④ 할인 쿠폰 프린트하기
⑤ 무료 선물 상자 포장하기

7 대화를 듣고, 남자의 새 직장에 관해 언급되지 <u>않은</u> 것을 고르시오. ▶ 6663-0140

① 직위
② 업무 시작일
③ 급여
④ 의료 혜택
⑤ 휴가 일수

8 Next Big Idea Contest에 관한 다음 내용을 듣고, 일치하지 <u>않는</u> 것을 고르시오. ▶ 6663-0141

① IT 활용 방법에 관한 아이디어 공모 대회이다.
② 채택된 아이디어는 3등까지 시상한다.
③ 1등은 IT 전문가의 강좌를 무료로 들을 수 있다.
④ 직원이면 누구나 참가 가능하다.
⑤ 11월 15일까지 아이디어를 회사 웹사이트로 제출해야 한다.

9 다음 상황 설명을 듣고, Jason이 Kate에게 할 말로 가장 적절한 것을 고르시오. ▶ 6663-0142

Jason: _____

① I'd like to work at the branch office in Bangkok.
② Great! You're one of the most competent sales managers.
③ Sorry, but you should go to the branch office instead of me.
④ No problem. I'll book an airline ticket to Bangkok right now.
⑤ The reason why I applied for your company is for the high income.

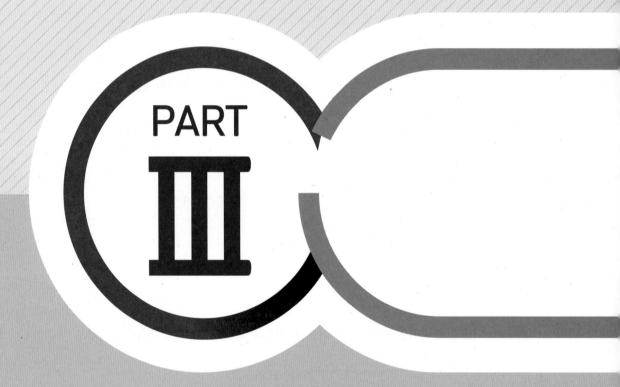

PART

III

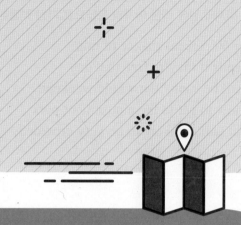

수능특강 Light 영어듣기 **실전편**

01 대화를 듣고, 남자의 마지막 말에 대한 여자의 응답으로 가장 적절한 것을 고르시오. ▶ 22663-0070

① There's an over 60 percent chance of rain.
② I'll ask my friends if they're free that day.
③ The weather will be sunny the whole weekend.
④ I don't know how to get to the amusement park.
⑤ The amusement park is likely to be very crowded.

02 대화를 듣고, 여자의 마지막 말에 대한 남자의 응답으로 가장 적절한 것을 고르시오. ▶ 22663-0071

① Good speakers can help you appreciate music more.
② It can be connected wirelessly to your smartphone.
③ You can upload your favorite music on your phone.
④ You can't focus on cooking while listening to music.
⑤ We don't need a speaker because we have smartphones.

03 다음을 듣고, 남자가 하는 말의 목적으로 가장 적절한 것을 고르시오. ▶ 22663-0072

① 어린이 전문 병원의 필요성을 강조하려고
② 병원 40주년 기념행사 일정을 안내하려고
③ 병원 확장을 위한 기금 지원을 요청하려고
④ 병원 이사를 도울 자원봉사자를 모집하려고
⑤ 이사로 인한 병원의 임시 폐쇄를 공지하려고

04 대화를 듣고, 남자가 하는 말의 요지로 가장 적절한 것을 고르시오. ▶ 22663-0073

① 학습의 효과는 집중력에 달려 있다.
② 에너지 음료에 의존해서는 안 된다.
③ 에너지 음료 섭취는 숙면을 방해한다.
④ 충분한 수면이 학습 능력을 향상시킨다.
⑤ 소량의 에너지 음료 섭취는 학습에 도움이 된다.

05 대화를 듣고, 두 사람의 관계를 가장 잘 나타낸 것을 고르시오. ▶ 6663-0147

① 조경사 — 집 주인
② 미술 강사 — 수강생
③ 박물관 직원 — 관람객
④ 건축 설계사 — 의뢰인
⑤ 골동품 가게 주인 — 손님

06 대화를 듣고, 그림에서 대화의 내용과 일치하지 <u>않는</u> 것을 고르시오. 6663-0148

PART Ⅲ — 실전편

07 대화를 듣고, 남자가 여자에게 부탁한 일로 가장 적절한 것을 고르시오. ▶ 6663-0149

① 커피 사 오기
② 명함 주문하기
③ 초대장 발송하기
④ 파티 날짜 정하기
⑤ 이메일 주소 알려주기

08 대화를 듣고, 여자가 지불할 금액을 고르시오. ▶ 22663-0074

① $24
② $30
③ $32
④ $35
⑤ $40

09 School Pond-naming Contest에 관한 다음 내용을 듣고, 일치하지 <u>않는</u> 것을 고르시오. ▶ 22663-0075

① 학교 운동장 옆에 있는 연못 이름을 정하기 위한 것이다.
② 연못의 이름과 그 의미를 종이에 적어 제출해야 한다.
③ 교무실 앞에 있는 상자에 제출물을 넣으면 된다.
④ 학생과 학부모의 투표로 수상자가 정해진다.
⑤ 수상자는 50달러 상품권을 받게 된다.

10 다음 표를 보면서 대화를 듣고, 두 사람이 신청할 강의를 고르시오. ▶ 6663-0152

Summer Classes at Harrisville College of Art

	Class	Time	Required Subject	Group Project
①	A	9:00 a.m. − 12:00 p.m.	○	○
②	B	1:00 p.m. − 4:00 p.m.	×	×
③	C	1:00 p.m. − 3:00 p.m.	○	×
④	D	9:00 a.m. − 12:00 p.m.	×	○
⑤	E	9:00 a.m. − 12:00 p.m.	○	×

11 대화를 듣고, 남자가 금요일에 수영하러 가지 <u>않는</u> 이유를 고르시오. ▶ 6663-0153

① 주차할 장소가 없어서
② 수영장이 공사 중이어서
③ 강사가 몸이 좋지 않아서
④ 생일 선물을 사러 가야 해서
⑤ 퇴근 후 엄마와 약속이 있어서

12 대화를 듣고, Chicago Food Bank에서의 봉사 활동에 관해 언급되지 <u>않은</u> 것을 고르시오. ▶ 22663-0076

① 활동 내용
② 경력 유무
③ 신청 방법
④ 소감문 작성
⑤ 활동 일자

13 대화를 듣고, 남자의 마지막 말에 대한 여자의 응답으로 가장 적절한 것을 고르시오. ▶ 6663-0155

Woman: _____

① Okay. I'd search for a more practical major for me.
② Right. Deciding a career in a short time is not good.
③ Good. You know there are limits to majoring in economics.
④ Sure. A company needs people who have economic knowledge.
⑤ You're right. I need to think more about what I'm good at and enjoy.

14 대화를 듣고, 여자의 마지막 말에 대한 남자의 응답으로 가장 적절한 것을 고르시오. ▶ 6663-0156

Man: _____

① Fortunately, there aren't many difficult words.
② I'm sorry. Using flash cards didn't help me at all.
③ Thank you. What you said gives me more confidence.
④ Oh, no! I thought the spelling bee contest was next week.
⑤ Really? But I'm not satisfied with the results of the contest.

15 다음 상황 설명을 듣고, Julia가 Peter에게 할 말로 가장 적절한 것을 고르시오. ▶ 22663-0077

Julia: _____

① We can be better friends if we talk to each other more.
② It's not easy to become close friends in such a short time.
③ Please talk a little slower so I can hear what you're saying.
④ I'll understand you better if you stop using shortened words.
⑤ I don't know what you have in mind because you're so quiet.

[16~17] 다음을 듣고, 물음에 답하시오.

16 여자가 하는 말의 주제로 가장 적절한 것은?　　　　　　　　▶ 6663-0158

① benefits of eating organic food
② negative effects of air pollution
③ the necessity of a medical checkup
④ the importance of exercising regularly
⑤ advantages of living in the countryside

17 언급된 질병이 <u>아닌</u> 것은?　　　　　　　　▶ 6663-0159

① 당뇨병
② 피부병
③ 눈 통증
④ 비만
⑤ 불면증

21 실전 모의고사 2회

01 대화를 듣고, 남자의 마지막 말에 대한 여자의 응답으로 가장 적절한 것을 고르시오. ▶ 22663-0078

① Okay. I'd like to send the package by registered mail.
② Don't worry. You can track online where the package is.
③ Well, international packages have a size and weight limit.
④ I think the package I sent to my brother must've gotten lost.
⑤ Oops! The delivery was delayed because the zip code was wrong.

02 대화를 듣고, 여자의 마지막 말에 대한 남자의 응답으로 가장 적절한 것을 고르시오. ▶ 22663-0079

① Of course. Let's go on a trip together.
② That's right. I don't like traveling by train.
③ Really? I didn't know you liked traveling by train.
④ Yes. I'm looking forward to the summer vacation.
⑤ Not really. Traveling by train had a lot of advantages.

03 다음을 듣고, 여자가 하는 말의 목적으로 가장 적절한 것을 고르시오. ▶ 6663-0162

① 일자리 제안을 거절하려고
② 직장 상사에게 추천서를 부탁하려고
③ 구직자에게 면접 결과를 통보하려고
④ 디자인 프로젝트에 참여를 권유하려고
⑤ 구인 광고에 대한 자세한 정보를 문의하려고

04 대화를 듣고, 두 사람이 하는 말의 주제로 가장 적절한 것을 고르시오. ▶ 6663-0163

① 옥상 정원의 이점
② 텃밭 가꾸기의 즐거움
③ 난방비가 증가하는 이유
④ 건물 안전 관리의 중요성
⑤ 옥상 정원 설치 시 주의 사항

05 대화를 듣고, 두 사람의 관계를 가장 잘 나타낸 것을 고르시오. ▶ 6663-0164

① 요가 강사 — 수강생
② 헤어 디자이너 — 고객
③ 관광 가이드 — 관광객
④ 기념품점 주인 — 손님
⑤ 자동차 정비사 — 자동차 주인

06 대화를 듣고, 그림에서 대화의 내용과 일치하지 <u>않는</u> 것을 고르시오. ▶ 6663-0165

07 대화를 듣고, 남자가 할 일로 가장 적절한 것을 고르시오. ▶ 22663-0080

① 미술품 만들기
② 할머니께 전화하기
③ 합창 대회 연습하기
④ 과학 발표 준비하기
⑤ 할머니 댁 방문하기

08 대화를 듣고, 남자가 지불할 금액을 고르시오. ▶ 22663-0081

① $36
② $40
③ $50
④ $54
⑤ $60

09 Concord Gardens Tour에 관한 다음 내용을 듣고, 일치하지 <u>않는</u> 것을 고르시오. ▶ 6663-0168

① 이틀 동안 진행되는 행사이다.
② 오전 9시에 시작해서 오후 4시까지 계속된다.
③ 자원봉사 안내원이 정원을 안내한다.
④ 온라인으로 표를 구매할 수 있다.
⑤ 단체 할인을 받으려면 적어도 하루 전에 신청해야 한다.

10 다음 표를 보면서 대화를 듣고, 두 사람이 선택한 강좌를 고르시오. ▶ 22663-0082

Community Center Craft-Making Classes

	Course	Day	Time	Monthly Fee
①	Beginner	Monday	6:00 p.m. − 7:00 p.m.	$23
②	Beginner	Wednesday	6:30 p.m. − 7:30 p.m.	$33
③	Intermediate	Wednesday	8:00 p.m. − 9:00 p.m.	$23
④	Intermediate	Thursday	7:30 p.m. − 8:30 p.m.	$33
⑤	Advanced	Tuesday	6:00 p.m. − 7:00 p.m.	$25

11 대화를 듣고, 여자가 프랑스에 온 이유를 고르시오. ▶ 22663-0083

① 출장을 위해서
② 친구를 만나기 위해서
③ 그림 공부를 하기 위해서
④ 관광 여행을 하기 위해서
⑤ 패션쇼에 참석하기 위해서

12 대화를 듣고, Young Leaders' Global Internship Program에 관해 언급되지 <u>않은</u> 것을 고르시오. ▶ 22663-0084

① 근무 지역 　　② 지원 자격 요건 　　③ 근무 기간
④ 제출 서류 　　⑤ 모집 인원

13 대화를 듣고, 여자의 마지막 말에 대한 남자의 응답으로 가장 적절한 것을 고르시오.　▶ 6663-0172

Man: _____

① Then, how do you want me to help you prepare the booth?
② Well, I can't remember what we prepared for the charity bazaar.
③ Sorry. I'm too busy to spend some time looking around the booths.
④ Of course. Do you need to set up a snack bar booth for the students?
⑤ I want to make the festival a joyful event for both students and parents.

14 대화를 듣고, 남자의 마지막 말에 대한 여자의 응답으로 가장 적절한 것을 고르시오.　▶ 6663-0173

Woman: _____

① No way! They're unnecessary tests.
② Okay. I'll arrange a doctor's appointment.
③ Don't worry. I can take a day off for you.
④ Right. It's not easy to take care of patients.
⑤ Never mind. I'll find out where the hospital is.

15 다음 상황 설명을 듣고, Linda가 Eric에게 할 말로 가장 적절한 것을 고르시오.　▶ 22663-0085

Linda: _____

① Why don't you try to lose weight to reduce your knee pain?
② How about eating healthier food since you eat late at night?
③ If you're having knee problems, it's better to use the elevator.
④ Well, try changing your work schedule to avoid working overtime.
⑤ Be careful. Taking stairs with bad posture can damage your knees.

[16~17] 다음을 듣고, 물음에 답하시오.

16 남자가 하는 말의 주제로 가장 적절한 것은?　　　▶ 6663-0175

① 집중력을 높이는 방법
② 시선 마주치기의 중요성
③ 단기 집중을 방해하는 요소
④ 운동 전 준비 운동의 필요성
⑤ 근육 강화 프로그램의 문제점

17 언급된 동작이 **아닌** 것은?　　　▶ 6663-0176

① 머리 들기
② 턱 내밀기
③ 어깨 뒤로 젖히기
④ 양팔을 머리 위로 올리기
⑤ 손가락 끝에 시선 고정하기

PART Ⅲ 실전편

한눈에 보는 정답

PART I 유형편

01 목적
본문 8~11쪽

예제 정답 ⑤

Exercises

1 ④ 2 ④ 3 ③ 4 ② 5 ② 6 ②

02 의견
본문 12~15쪽

예제 정답 ②

Exercises

1 ③ 2 ① 3 ② 4 ⑤ 5 ⑤ 6 ②

03 주제·요지
본문 16~19쪽

예제 정답 ②

Exercises

1 ④ 2 ④ 3 ③ 4 ④ 5 ② 6 ⑤

04 관계·심정·장소
본문 20~23쪽

예제 정답 ①

Exercises

1 ① 2 ③ 3 ③ 4 ② 5 ③ 6 ④

05 그림
본문 24~27쪽

예제 정답 ④

Exercises

1 ④ 2 ④ 3 ④ 4 ④ 5 ④ 6 ④

06 할 일·부탁한 일
본문 28~31쪽

예제 정답 ②

Exercises

1 ② 2 ② 3 ④ 4 ② 5 ⑤ 6 ⑤

07 이유　　　　　　　　　　　본문 32~35쪽

| 예제 | 정답 ① |

Exercises

　1 ⑤　　2 ⑤　　3 ③　　4 ⑤　　5 ⑤　　6 ⑤

10 내용 일치·불일치　　　　본문 44~47쪽

| 예제 | 정답 ③ |

Exercises

　1 ③　　2 ④　　3 ③　　4 ②　　5 ⑤　　6 ③

08 언급 유무　　　　　　　　본문 36~39쪽

| 예제 | 정답 ④ |

Exercises

　1 ③　　2 ⑤　　3 ⑤　　4 ③　　5 ④　　6 ③

11 도표　　　　　　　　　　　본문 48~51쪽

| 예제 | 정답 ④ |

Exercises

　1 ①　　2 ④　　3 ③　　4 ⑤　　5 ③　　6 ⑤

09 숫자　　　　　　　　　　　본문 40~43쪽

| 예제 | 정답 ④ |

Exercises

　1 ②　　2 ③　　3 ①　　4 ③　　5 ③　　6 ②

12 짧은 대화의 응답　　　　본문 52~55쪽

| 예제 | 정답 ① |

Exercises

　1 ⑤　　2 ①　　3 ②　　4 ⑤　　5 ①　　6 ②

한눈에 보는 정답

PART II 소재편

13 긴 대화의 응답
본문 56~59쪽

예제　정답 ③

Exercises

1 ④　2 ⑤　3 ⑤　4 ⑤　5 ⑤　6 ①

14 상황에 적절한 말
본문 60~63쪽

예제　정답 ⑤

Exercises

1 ④　2 ④　3 ③　4 ①　5 ②　6 ⑤

15 세트 문항
본문 64~67쪽

예제　정답 1 ⑤ 2 ③

Exercises

1 ①　2 ③　3 ④　4 ④　5 ⑤　6 ④

16 일상생활
본문 71~73쪽

Exercises

1 ③　2 ④　3 ②　4 ⑤　5 ④　6 ④

7 ①　8 ④　9 ⑤

17 문화·사회생활
본문 75~77쪽

Exercises

1 ⑤　2 ⑤　3 ⑤　4 ③　5 ②　6 ③

7 ⑤　8 ⑤　9 ②

18 학교·가정생활
본문 79~81쪽

Exercises

1 ④　2 ④　3 ③　4 ⑤　5 ⑤　6 ③

7 ②　8 ①　9 ④

19 직장생활
본문 83~85쪽

Exercises

1 ③	2 ③	3 ④	4 ①	5 ⑤	6 ④
7 ④	8 ⑤	9 ①			

20 실전 모의고사 1회
본문 88~93쪽

01 ①	02 ②	03 ⑤	04 ②	05 ②	06 ⑤
07 ⑤	08 ③	09 ④	10 ⑤	11 ②	12 ④
13 ⑤	14 ③	15 ④	16 ⑤	17 ④	

21 실전 모의고사 2회
본문 94~99쪽

01 ②	02 ⑤	03 ①	04 ①	05 ②	06 ③
07 ②	08 ④	09 ⑤	10 ①	11 ⑤	12 ⑤
13 ①	14 ③	15 ①	16 ①	17 ④	

memo

올림포스

[국어, 영어, 수학의 EBS 대표 교재, 올림포스]

2015 개정 교육과정에 따른 모든 교과서의 기본 개념 정리
내신과 수능을 대비하는 다양한 평가 문항
수행평가 대비 코너 제공

국어, 영어, 수학은 EBS 올림포스로 끝낸다.

[올림포스 16책]

국어 영역 : 국어, 현대문학, 고전문학, 독서, 언어와 매체, 화법과 작문
영어 영역 : 독해의 기본1, 독해의 기본2, 구문 연습 300
수학 영역 : 수학(상), 수학(하), 수학Ⅰ, 수학Ⅱ, 미적분, 확률과 통계, 기하

EBS

정답과 해설

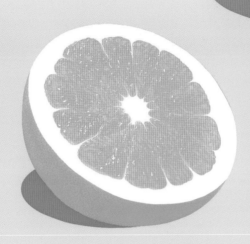

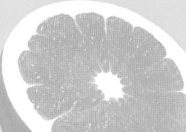

수능특강 Light

영어듣기

인터넷·모바일·TV
무료 강의 제공

수능특강Light
영어듣기

정답과
해설

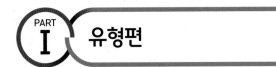

PART I 유형편

01 목적

본문 8~9쪽

예제

정답 ⑤

| 소재 | 개 훈련 센터 홍보

| Script |

W: Hello, dog lovers. Does your dog chew up your shoes or bark for no reason at times? Is it hard to control your dog during walks? You no longer have to worry. We'll help you solve these problems. At the Chester Dog Training Center, we have five professional certified trainers who will improve your dog's behavior. We also teach you how to understand your dog and what to do when it misbehaves. Leave it to the Chester Dog Training Center. We'll train your dog to become a well-behaved pet. Call us at 234-555-3647 or visit our website at www.chesterdogs.com.

| 해석 |

여: 안녕하세요, 개를 사랑하는 여러분. 여러분의 개가 여러분의 신발을 씹거나 가끔 아무런 이유 없이 짖습니까? 산책 동안에 여러분의 개를 통제하기가 힘든가요? 더 이상 걱정하실 필요가 없습니다. 여러분이 이 문제를 해결하도록 저희가 도와드리겠습니다. 저희 Chester Dog Training Center에, 여러분의 개의 행동을 개선해 줄 전문 자격증을 갖춘 다섯 명의 조련사가 있습니다. 저희는 또한 여러분께 여러분의 개를 이해하는 방법과 개가 잘못된 행동을 할 때 무엇을 해야 할지를 가르쳐 드립니다. Chester Dog Training Center에 맡겨 주십시오. 저희는 여러분의 개가 얌전한 반려동물이 되도록 훈련해 드릴 것입니다. 234-555-3647로 저희에게 전화를 주시거나 저희 웹사이트 www.chesterdogs.com을 방문해 주십시오.

| 문제해설 |

여자는 개의 행동을 개선해 줄 전문 조련사를 갖춘 개 훈련 센터에 행동에 문제가 있는 개를 맡겨 달라고 홍보하고 있으므로, 여자가 하는 말의 목적으로 가장 적절한 것은 ⑤ '개 훈련 센터를 홍보하려고'이다.

| 어휘 및 어구 |

chew up ~을 씹다   professional 전문적인
certified 자격증을 갖춘   improve 개선하다

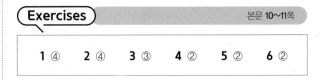

본문 10~11쪽

| 1 ④ | 2 ④ | 3 ③ | 4 ② | 5 ② | 6 ② |

1

정답 ④

| 소재 | 피부 가려움을 예방하는 방법

| Script |

M: Hello, everyone. I'm Dr. Stevens from Plus Clinic. As the cold and dry season starts, many people are expected to suffer from itchy skin. So I'd like to give some tips today. First of all, to help prevent itching, avoid extreme temperature changes and maintain a relatively cold, humid environment. Also, wear loose-fitting, cotton clothes. Wool and other rough-feeling fabrics can irritate your skin, causing intense itching. Lastly, always use "fragrance-free" lotion, soaps, and detergents to minimize irritation. However, be wary of products labeled "unscented," as they might still have chemicals that can cause itching. I hope my advice helps a lot of you get through this time of the year without any skin troubles.

| 해석 |

남: 안녕하세요, 여러분. 저는 Plus Clinic의 Stevens 박사입니다. 춥고 건조한 계절이 시작되면서, 많은 분들이 가려운 피부 때문에 시달릴 것으로 예상됩니다. 그래서 제가 오늘 몇 가지 조언을 드리려고 합니다. 우선 가려움을 예방하는 데 도움이 되기 위해서 급격한 온도 변화를 피하고 비교적 춥고 습한 환경을 유지하세요. 또한, 몸에 딱 붙지 않는 면 소재의 옷을 입으세요. 양털이나 다른 감촉이 꺼칠꺼칠한 천은 여러분의 피부를 자극하여 심한 가려움을 유발할 수 있습니다. 끝으로, 자극을 최소화하기 위해 항상 '무향' 로션과 비누 그리고 세제를 사용하시기 바랍니다. 그러나, '무향'이라고 표시된 제품들은 여전히 가려움을 유발할 수 있는 화학물질이 있을 수 있으므로 그것들을 조심하시기 바랍니다. 제 조언이 많은 분들이 일 년 중 이 시기를 어떤 피부 문제도 없이 지나가는 데 도움이 되기를 바랍니다.

| 문제해설 |

남자는 춥고 건조한 계절에 피부 가려움을 예방하는 데 도움

이 되는 몇 가지 조언을 하고 있으므로, 남자가 하는 말의 목적으로 가장 적절한 것은 ④ '피부 가려움을 막아주는 방법을 소개하려고'이다.

| 어휘 및 어구 |

itchy 가려운
extreme 급격한, 극심한
loose-fitting 몸에 딱 붙지 않는
fabric 천, 직물
irritate (피부 등을) 자극하다
intense 심한
fragrance 향, 향기
detergent 세제
wary 조심하는, 경계하는

2
정답 ④

| 소재 | 안전한 가스레인지 사용

| Script |

W: Hello. Welcome to Safe Worlds. Today, I'd like to talk about gas range safety. First, when using your gas range, don't allow food in your pot to boil over. This could put out the flame while the gas is still on, which could lead to a fire or explosion. Second, don't leave flammable items such as dish towels, paper, or plastic items near your gas range. And turn your range completely off after using it to prevent a fire. Lastly, if you suddenly begin getting headaches or feeling dizzy, you may be breathing in gas that your range is leaking. In that case, contact the gas company immediately. Thank you for listening.

| 해석 |

여: 안녕하세요. Safe Worlds에 오신 것을 환영합니다. 오늘 저는 가스레인지 안전에 관해 이야기하고자 합니다. 첫째로, 가스레인지를 사용할 때 냄비 안에 있는 음식이 끓어 넘치게 하지 마십시오. 이것은 가스가 아직 켜있는 동안 불꽃을 꺼지게 할 수 있는데, 그것은 화재나 폭발로 이어질 수 있습니다. 둘째, 행주나 종이 또는 플라스틱으로 된 물건과 같은 불에 잘 타는 물건들을 가스레인지 근처에 두지 마십시오. 그리고 화재를 막기 위해 그것을 사용한 후 가스레인지를 완전히 끄시기 바랍니다. 마지막으로, 갑자기 두통이 생기고 어지러움을 느끼기 시작한다면 여러분은 가스레인지가 누출하고 있는 가스를 들이마시고 있는 것일지도 모릅니다. 그러한 경우에, 가스 회사에 즉시 연락하시기 바랍니다. 경청해 주셔서 감사합니다.

| 문제해설 |

여자는 안전한 가스레인지 사용을 위한 구체적인 조언을 하고 있으므로, 여자가 하는 말의 목적으로 가장 적절한 것은 ④ '안전한 가스레인지 사용법을 알려주려고'이다.

| 어휘 및 어구 |

boil over 끓어 넘치다
put out (불 등을) 끄다
explosion 폭발
flammable 불에 잘 타는, 가연성의
dish towel 행주
breathe in ~을 들이마시다
leak 누출하다

3
정답 ③

| 소재 | Visit Day

| Script |

M: Hello, everyone. I'm James Brown from the Greenwich School Office of Admissions. I'd like to tell you about our program called Visit Day. For future students and their parents, this is a chance to get valuable information about Greenwich School. There are going to be small group information sessions to provide detailed answers to any questions or concerns about our school that attendees have. Also, there'll be opportunities to visit classrooms and talk with current students over coffee in an informal, relaxed setting. For more information, please visit www.greenwichschool.org. Thank you.

| 해석 |

남: 안녕하세요, 여러분. 저는 Greenwich 학교 입학처의 James Brown입니다. 저는 방문의 날이라고 하는 우리 학교 프로그램에 대해 여러분께 말씀드리고자 합니다. 이 프로그램은 미래의 학생들과 그들의 학부모님에게 Greenwich 학교에 대한 소중한 정보를 얻을 기회입니다. 참석자들이 우리 학교에 관해 가지는 어떤 질문이나 관심사에 대해서든 상세한 답변을 해드릴 소집단 설명회가 있을 예정입니다. 또한, 교실을 방문하여 격식에 얽매이지 않는 편안한 환경에서 커피를 마시며 재학생들과 이야기를 나눌 기회들도 있을 예정입니다. 더 많은 정보가 필요하시면, www.greenwichschool.org를 방문해 주시기 바랍니다. 감사합니다.

| 문제해설 |

학교 입학처에서 일하는 남자가 미래의 학생들과 학부모를 위해 학교에 관한 정보를 제공하는 학교 프로그램인 방문의 날 행사를 소개하고 있으므로, 남자가 하는 말의 목적으로 가장 적절한 것은 ③ '학교 방문 프로그램을 소개하려고'이다.

| 어휘 및 어구 |

office of admissions 입학처
valuable 소중한, 귀중한

information session 설명회
detailed 상세한
attendee 참석자, 출석자
informal 격식을 차리지 않은, 비공식의

4
정답 ②

| 소재 | Say Sorry Day

| Script |

W: Attention, everyone! This is Wendy, president of the student council. Do you have anyone you want to apologize to, but you don't know how to do it? If so, then you'll like Say Sorry Day, a student council event happening right now. If there's a friend you want to express your apology to, write a letter expressing your feelings and put it in the box in front of the student council room on the 2nd floor by this Thursday. Then we'll deliver the letter to the recipient on Friday. I'm sure this will be a good opportunity for you to express yourself to your friend. Thank you.

| 해석 |

여: 주목해 주세요, 여러분! 저는 학생회장 Wendy입니다. 여러분은 사과하고 싶은 누군가가 있지만, 어떻게 해야 할지 모르겠나요? 그렇다면 지금 진행 중인 학생회 행사인 사과 편지 쓰기의 날을 좋아할 것입니다. 여러분의 사과를 표현하고 싶은 친구가 있다면, 여러분의 감정을 표현하는 편지를 써서 그것을 이번 주 목요일까지 2층 학생회실 앞에 있는 상자에 넣어주세요. 그러면 저희가 그 편지를 금요일에 받을 사람에게 전달하겠습니다. 이것이 여러분이 친구에게 자신의 감정을 보여줄 좋은 기회가 될 것이라고 확신합니다. 감사합니다.

| 문제해설 |

학생회장인 여자는 사과하고 싶은 친구에게 편지를 써서 학생회실 앞에 있는 상자에 넣으면 그것을 대신 전달해 주는 학생회 행사인 사과 편지 쓰기의 날을 소개하면서 참여를 권유하고 있으므로, 여자가 하는 말의 목적으로 가장 적절한 것은 ② '사과 편지 쓰기의 날 행사를 홍보하려고'이다.

| 어휘 및 어구 |

student council 학생회
apologize 사과하다
apology 사과
recipient 받는 사람, 수령[수취]인

5
정답 ②

| 소재 | 정원 조경 업체 광고

| Script |

M: Hello, listeners! Are you interested in changing your old garden into a beautiful new one? Then B&G Scapes can help you out. In business for over 50 years, we've been working on all kinds of gardens. So we have a lot of expertise and practical experience to meet all your requests. Also, we'll take special care of your garden as if it were our own. So let us put our special touch on your garden and transform it into the delightful place you imagine. Give us a call or send us an email for a free estimate. Thank you.

| 해석 |

남: 안녕하세요, 청취자 여러분! 여러분의 오래된 정원을 아름답고 새로운 것으로 변화시키는 데 관심이 있으신가요? 그러면 B&G Scapes는 여러분을 도와드릴 수 있습니다. 50년 넘게 사업을 해오면서, 저희는 모든 종류의 정원을 개선하기 위해 일해 왔습니다. 따라서 저희는 여러분의 모든 요구를 만족시킬 많은 전문 지식과 실질적인 경험을 가지고 있습니다. 또한, 저희는 우리 자신의 것인 것처럼 여러분의 정원을 특별하게 다룰 것입니다. 그러므로 저희가 여러분의 정원을 특별히 손질하고 그것을 여러분이 상상하는 즐거운 곳으로 변화시키게 해주십시오. 무료 견적서를 위해 저희에게 전화를 주시거나 이메일을 보내주십시오. 감사합니다.

| 문제해설 |

남자는 오래된 정원을 새것으로 바꿔 줄 조경 업체를 소개하면서 무료 견적서를 위해 연락을 달라고 말하고 있으므로, 남자가 하는 말의 목적으로 가장 적절한 것은 ② '정원 조경 업체를 광고하려고'이다.

| 어휘 및 어구 |

expertise 전문 지식   practical 실질적인
request 요구   transform 변화시키다
estimate 견적서

6
정답 ②

| 소재 | 도서관 여름 방학 프로그램 안내

| Script |

W: Hi, I'm Susan Tiffin, head of the Grand State Library. During the summer vacation, our library has various programs that you may be interested in. Here's a brief description of them. There are about 20 different programs offered. Thanks to the generous support of our city, all of them are free and run for two weeks from August 1st to the 12th. Check the list of programs on the library's website and sign up for the one that interests you the most. Online registration, which will begin at 9 p.m. this Sunday, will be on a first-come, first-served basis. Check the library website for more information. Thank you.

| 해석 |

여: 안녕하세요, 저는 Grand State 도서관장인 Susan Tiffin입니다. 여름 방학 동안에 우리 도서관에 여러분이 관심을 가질 만한 다양한 프로그램들이 있습니다. 여기 그것들에 대한 간략한 설명이 있습니다. 약 20개의 다양한 프로그램들이 제공됩니다. 우리 시의 아낌없는 지원 덕분에, 모든 프로그램은 무료이며 8월 1일부터 12일까지 2주간 운영됩니다. 도서관 웹사이트에서 프로그램 목록을 확인하고 가장 관심이 있는 것에 등록하세요. 이번 주 일요일 오후 9시에 시작될 온라인 등록은 선착순으로 진행될 것입니다. 더 많은 정보를 위해서는 도서관 웹사이트를 확인하세요. 감사합니다.

| 문제해설 |

여자는 방학 기간에 도서관에서 진행될 다양한 여름 방학 프로그램들에 대해 설명하면서 관심이 있는 프로그램에 등록하라고 말하고 있으므로, 여자가 하는 말의 목적으로 가장 적절한 것은 ② '도서관 여름 방학 프로그램을 안내하려고' 이다.

| 어휘 및 어구 |

various 다양한   description 설명, 서술
generous 아낌없는, 후한   support 지원, 지지
sign up for ~에 등록하다   registration 등록
on a first-come, first-served basis 선착순으로

예제   정답 ②

| 소재 | 여행 계획에 대한 조언

| Script |

M: Monica. Have you made plans for your trip to Busan?

W: Yes, Dad. I'm going to the beach and visiting an aquarium in the morning. Then I'll eat lunch at a fish market and go hiking.

M: Hold on! That sounds quite demanding.

W: You know, it's my first trip after starting college.

M: I understand, but I think you shouldn't plan too many things to do for a trip.

W: Well, I only have one day, and I want to experience as much as possible.

M: You'll be worn out if you stick to your plan. Also, consider the time it takes to move to each place.

W: I guess you're right. And there could be a long waiting line at some places.

M: Right. That's why you shouldn't fill your trip plan with too many things.

W: Okay. I'll revise my plan.

| 해석 |

남: Monica. 부산으로의 네 여행 계획을 세웠니?

여: 네, 아빠. 오전에는 해변에 가고 수족관을 방문할 거예요. 그런 다음 어시장에서 점심을 먹고 하이킹을 하러 갈 거예요.

남: 잠깐! 그거 상당히 벅찬 것처럼 들리는데.

여: 아시다시피, 대학에 입학한 후에 저의 첫 번째 여행이에요.

남: 이해하지만, 여행 가서 너무 많은 것을 할 계획을 세워서는 안 된다고 생각해.

여: 음, 제게는 단 하루뿐이고, 저는 가능한 한 많은 것을 경험하고 싶어요.

남: 네가 네 계획을 고수한다면 매우 지치게 될 거야. 또한, 각 장소로 이동하는 데 걸리는 시간을 고려해 봐.

여: 아빠가 옳으신 것 같아요. 그리고 일부 장소는 기다리는 줄이 길 수도 있어요.

남: 맞아. 그게 바로 네가 네 여행 계획을 너무 많은 것으로 채우지 말아야 하는 이유야.

여: 알겠어요. 제 계획을 수정할게요.

| 문제해설 |

남자는 여자의 부산 여행 계획을 듣고 상당히 벅찬 것처럼 들린다고 하면서 여행 계획을 너무 많은 것으로 채우지 말아야 한다고 거듭 강조하고 있으므로, 남자의 의견으로 가장 적절한 것은 ② '여행 가서 할 것을 너무 많이 계획하면 안 된다.'이다.

| 어휘 및 어구 |

aquarium 수족관   demanding 벅찬, 지나친
worn out 매우 지친   revise 수정하다

Exercises   본문 14~15쪽

| 1 ③ | 2 ① | 3 ② | 4 ⑤ | 5 ⑤ | 6 ② |

1

정답 ③

| 소재 | 슬리퍼 착용

| Script |

M: Honey, why don't we buy some house slippers?

W: Do you think that's necessary?

M: Well, I think they'd be nice because the floor is so slippery. I almost fell down in the living room yesterday.

W: Oh, so you think slippers can prevent us from slipping?

M: Definitely. But that's not the only reason I think we should get some.

W: What's the other reason?

M: To be thoughtful of our downstairs neighbors. Walking barefoot is pretty noisy, which can annoy them.

W: Good point. Slippers should be able to help reduce the noise we make when we walk.

M: Exactly. In many ways, wearing slippers is better than going barefoot.

W: I agree. Then let's look for some online.

| 해석 |

남: 여보, 집에서 신을 슬리퍼를 좀 사는 게 어때요?

여: 그것이 필요하다고 생각해요?

남: 음, 바닥이 너무 미끄러워서 그것들이 좋을 것 같아요. 내가 어제 거실에서 거의 넘어질 뻔했어요.

여: 아, 그래서 당신은 슬리퍼가 우리가 넘어지는 것을 막아줄 수 있다

고 생각해요?

남: 당연하죠. 하지만 그것이 우리가 슬리퍼를 사야 한다고 생각하는 유일한 이유는 아니에요.

여: 다른 이유는 뭐예요?

남: 아래층에 사는 이웃들을 배려하기 위해서예요. 맨발로 걸어 다니는 것은 꽤 시끄럽고, 이것이 그들을 짜증이 나게 할 수 있어요.

여: 좋은 지적이네요. 슬리퍼는 우리가 걸을 때 내는 소음을 줄이는 데 도움이 될 수 있을 거예요.

남: 맞아요. 여러 면에서, 슬리퍼를 착용하는 것이 맨발로 다니는 것보다 나아요.

여: 동의해요. 그러면 온라인으로 좀 찾아봐요.

| 문제해설 |

남자는 여자에게 집에서 신을 슬리퍼를 사자고 하면서 슬리퍼가 미끄러운 바닥에서 넘어지는 것을 막아주고, 맨발로 걸을 때 나는 소음을 줄이는 데 도움이 된다고 설명하고 있으므로, 남자의 의견으로 가장 적절한 것은 ③ '집에서는 맨발보다는 슬리퍼를 착용하는 것이 더 좋다.'이다.

| 어휘 및 어구 |

slippery 미끄러운   thoughtful 배려심 있는
neighbor 이웃   barefoot 맨발로
reduce 줄이다

2

정답 ①

| 소재 | 아침식사의 중요성

| Script |

M: Good morning, Judy.

W: Good morning, Jonathan. I have an extra bagel. Do you want it?

M: No, thanks. I usually skip breakfast and just have a big lunch.

W: Hmm, I think it's really important to have breakfast.

M: Why's that?

W: I heard that having breakfast reduces the risk of some kinds of diseases such as diabetes or obesity.

M: Yeah, but I think I don't really have to worry about them.

W: You never know. Besides, eating breakfast is also mentally beneficial.

M: Really? How is that?

W: It helps you concentrate better throughout the day and improves your memory.

M: I didn't know that. I should try eating breakfast more regularly then.

W: That's a good idea.

| 해석 |

남: 안녕, Judy.

여: 안녕, Jonathan. 나한테 여분의 베이글이 있어. 먹겠니?

남: 아니, 괜찮아. 나는 보통 아침을 거르고 그냥 점심을 많이 먹어.

여: 음, 내 생각에는 아침을 먹는 것은 정말 중요해.

남: 그건 왜?

여: 아침을 먹는 것이 당뇨병이나 비만 같은 몇몇 종류의 질병에 걸릴 위험성을 낮춘다고 들었어.

남: 응, 하지만 나는 그것들에 대해서는 정말로 걱정할 필요가 없다고 생각해.

여: 누가 알겠니. 게다가, 아침을 먹는 것은 정신적으로도 이로워.

남: 정말? 어떻게 그렇지?

여: 그것은 하루 내내 네가 더 잘 집중하도록 도와주고 기억력을 향상시켜 주거든.

남: 그건 몰랐어. 그러면 나는 더 규칙적으로 아침을 먹어야 할 것 같네.

여: 좋은 생각이야.

| 문제해설 |

아침을 보통 거른다는 남자에게 여자는 아침을 먹는 것의 긍정적인 면들을 소개하고 있으므로, 여자의 의견으로 가장 적절한 것은 ① '아침식사를 반드시 하는 것이 좋다.'이다.

| 어휘 및 어구 |

skip 거르다, 빼먹다

diabetes 당뇨병

obesity 비만

mentally 정신적으로

beneficial 이로운

throughout the day 하루 내내, 온종일

3

정답 ②

| 소재 | 운동 직전 식사로 인한 복통

| Script |

M: Jane, do you want to stop playing badminton? It seems like you're not feeling well.

W: I suddenly have a stomachache. I need a break.

M: Okay. *[Pause]* So your stomach just started hurting?

W: Well, I was okay before we started playing badminton, but then I started feeling a little pain after a while. Now it's pretty bad.

M: Did you eat before you came here?

W: Yeah, I had a late lunch right before coming.

M: Hmm, it's not good to eat right before doing intense exercises like badminton.

W: Really?

M: Yes. It can lead to a stomachache because the food hasn't fully digested yet.

W: That makes sense. I shouldn't have done that.

M: That's why professional athletes eat about 3 hours before a game.

W: I understand. I'll remember that for next time.

| 해석 |

남: Jane, 배드민턴 그만 칠래? 네가 몸이 좋지 않은 것 같네.

여: 갑자기 배가 아파. 쉬어야겠어.

남: 그래. *[잠시 후]* 그런데 네 배가 방금 아프기 시작했니?

여: 음, 우리가 배드민턴을 치기 시작하기 전에는 괜찮았는데, 그러고 나서 얼마 후에 통증을 조금 느끼기 시작했어. 지금은 꽤 안 좋아.

남: 네가 여기 오기 전에 식사를 했니?

여: 응, 오기 직전에 늦은 점심을 먹었어.

남: 음, 배드민턴과 같은 격렬한 운동을 하기 직전에 식사를 하는 것은 좋지 않아.

여: 정말?

남: 응. 음식이 아직 완전히 소화되지 않았기 때문에 그것은 복통을 유발할 수가 있어.

여: 말이 되네. 내가 그러지 말았어야 했는데.

남: 그런 이유로 프로 운동선수들이 시합 약 3시간 전에 식사를 하는 거야.

여: 이해가 돼. 다음번을 위해 그것을 기억할게.

| 문제해설 |

남자는 함께 배드민턴을 치던 여자가 복통을 느끼자 식사를 하고 왔는지 물으면서 음식이 완전히 소화되지 않은 채로 격렬한 운동을 하는 것이 복통을 유발할 수 있다고 설명하고 있으므로, 남자의 의견으로 가장 적절한 것은 ② '격렬한 운동 직전에는 식사를 하지 않는 것이 좋다.'이다.

| 어휘 및 어구 |

stomachache 복통

pain 통증, 고통

intense 격렬한, 극심한

lead to ~을 유발하다

digest 소화되다, 소화하다

athlete 운동선수

4

| 소재 | 입지 않는 옷 기부

| Script |

W: Dad, I need another dresser.

M: Isn't your dresser big enough?

W: No. I can't fit all of my clothes in it because I recently bought a lot of new clothes.

M: Then maybe rather than getting a new dresser, you should get rid of clothes you no longer wear.

W: I thought about doing that, but won't it be a waste to just throw them away?

M: Well, you don't have to just throw them in the trash.

W: What can I do with them?

M: I believe donating them to a place that helps out people in need, like a homeless shelter, will be great.

W: Great idea. That way, I'll be able to help people in need as well as make more space in my dresser.

M: Right. Let's look for somewhere you can donate your clothes.

W: Thanks, Dad.

| 해석 |

여: 아빠, 제가 옷장이 하나 더 필요해요.

남: 네 옷장이 충분히 크지 않니?

여: 아니오. 최근에 새 옷을 많이 사서 제 옷을 모두 그 안에 넣을 수가 없어요.

남: 그러면 아마도 새 옷장을 사는 것보다는 네가 더 이상 입지 않는 옷을 없애야 해.

여: 그렇게 할까 생각했는데, 그것들을 그냥 버리는 것은 낭비가 아닐까요?

남: 음, 그냥 그것들을 쓰레기통에 버릴 필요는 없어.

여: 그것들로 제가 무엇을 할 수 있을까요?

남: 내 생각에는 노숙자 보호소와 같은 도움이 필요한 사람들을 돕는 곳에 그것들을 기부하는 것이 좋을 것 같구나.

여: 좋은 생각이네요. 그렇게 하면 제 옷장에 더 많은 공간도 생기고 도움이 필요한 사람들도 도울 수 있을 거예요.

남: 맞아. 네 옷 기부할 수 있는 곳을 찾아보자.

여: 고마워요, 아빠.

| 문제해설 |

남자는 옷장 공간이 부족하다는 여자에게 더 이상 입지 않는 옷을 도움이 필요한 사람들을 돕는 곳에 기부하라고 조언하고 있으므로, 남자의 의견으로 가장 적절한 것은 ⑤ '입지 않는 옷은 도움이 필요한 사람들에게 기부하는 것이 좋다.'이다.

| 어휘 및 어구 |

dresser 옷장   fit ~에 넣다

get rid of ~을 없애다   waste 낭비

donate 기부하다

homeless shelter 노숙자 보호소

5

| 소재 | 환경을 위한 비닐봉지 사용 자제

| Script |

W: Honey, I put everything on my shopping list in the cart. Do you need anything else?

M: No. Let's go check out.

W: Okay. Put our stuff in my bag.

M: Oh, you brought your own bag.

W: Yeah. They don't offer plastic bags here.

M: That's a good policy. It's not good for the environment to use so many plastic bags.

W: Right. According to an Internet article I read a few days ago, people use more than one trillion plastic bags every year.

M: That's unbelievable.

W: And I'm sure most of them will end up in a landfill or the ocean, staying there virtually forever.

M: Right. That's why more people should use their own bags instead of getting a new plastic bag every time they shop.

W: I completely agree.

| 해석 |

여: 여보, 카트에 제 구입 목록에 있는 모든 것을 담았어요. 다른 거 필요해요?

남: 아니오. 가서 계산해요.

여: 네. 우리 물건을 내 가방에 담아요.

남: 아, 당신이 직접 가방을 가져왔군요.

여: 네. 여기는 비닐봉지를 제공하지 않거든요.

남: 그것은 좋은 방침이네요. 비닐봉지를 너무 많이 사용하는 것은 환경에 좋지 않아요.

여: 맞아요. 내가 며칠 전에 읽었던 인터넷 기사에 따르면 사람들이 매년 1조 개가 넘는 비닐봉지를 사용하고 있어요.

남: 그것을 믿기가 어렵네요.

여: 그리고 분명히 그것들의 대부분은 결국 쓰레기 매립지나 바닷속으로 가게 될 것이고, 그곳에 거의 영원히 머무르게 될 거예요.

남: 맞아요. 그것이 쇼핑할 때마다 새 비닐봉지를 받는 대신 더 많은 사람들이 그들의 가방을 사용해야 하는 이유예요.

여: 전적으로 동의해요.

| 문제해설 |

남자가 지나친 비닐봉지 사용이 환경에 좋지 않다고 하자 여자는 버려진 비닐봉지가 결국 쓰레기 매립지나 바닷속으로 가서 사라지지 않을 것이라고 말하고 있으므로, 두 사람의 의견으로 가장 적절한 것은 ⑤ '환경보호를 위해 비닐봉지 사용을 자제하는 것이 좋다.'이다.

| 어휘 및 어구 |

check out 계산하다   policy 방침, 정책
article 기사   trillion 1조(兆)
end up 결국 (어떤 처지에) 처하게 되다
landfill 쓰레기 매립지   virtually 거의

6   정답 ②

| 소재 | 지역 공동 텃밭

| Script |

W: Julian, what's that big plastic box for?

M: I'm going to use it for growing vegetables on the rooftop.

W: Oh, really? I want to garden too, but it's hard to find some space to do it in the city.

M: Right, that's an obvious disadvantage of city life.

W: I know our city has made some new parks recently, but I think it should also try to provide citizens with more green space they can personally use.

M: What do you mean?

W: I think our city should change some vacant and abandoned properties into community gardens.

M: Community gardens?

W: Yes, so citizens can rent some plots of land to grow vegetables.

M: That sounds great! Then my children can experience nature while growing their own vegetables.

| 해석 |

여: Julian, 저 큰 플라스틱 상자는 뭐에 쓰는 거니?

남: 옥상에서 채소를 기르는 데 그것을 쓸 거야.

여: 아, 정말? 나도 정원을 가꾸고 싶은데, 도시에서는 그것을 할 약간의 공간을 찾기가 어려워.

남: 맞아, 그건 도시 생활에서 분명한 불리한 점이지.

여: 난 우리 시가 최근에 새로운 공원들을 몇 개 만든 것은 알고 있지만, 시민들이 개인적으로 사용할 수 있는 더 많은 녹색 공간을 제공하기 위한 노력도 해야 할 것 같아.

남: 무슨 말이야?

여: 나는 우리 시가 비어 있는 버려진 땅을 지역 공동 텃밭으로 바꾸어야 한다고 생각해.

남: 지역 공동 텃밭이라고?

여: 응, 시민들이 작은 구획의 땅을 약간 빌려서 채소를 기를 수 있도록 말이야.

남: 그것 괜찮은 것 같은데! 그러면 우리 아이들이 직접 채소를 기르면서 자연을 경험할 수 있겠네.

| 문제해설 |

여자가 정원을 가꾸고 싶지만 도시에서는 그럴 수 있는 공간을 찾기가 쉽지 않다고 말하면서, 시가 시민들에게 비어 있는 버려진 땅을 지역 공동 텃밭으로 만들어 제공해야 한다고 말하고 있으므로, 여자의 의견으로 가장 적절한 것은 ② '시는 시민들에게 지역 공동 텃밭을 제공해 주어야 한다.'이다.

| 어휘 및 어구 |

rooftop 옥상   garden 정원 가꾸기를 하다
obvious 분명한   disadvantage 불리한 점, 불이익
citizen 시민   personally 개인적으로
vacant 비어 있는   abandoned 버려진
property 대지, 소유지   plot 작은 구획의 땅, 부지

03   주제 · 요지   본문 16~17쪽

예제   정답 ②

| 소재 | 장난감 대여 서비스

| Script |

M: Honey, Jonathan looks bored with his toys. I

think he needs some new ones.

W: I agree. He's five, but his toys are for younger children.

M: Why don't we try a toy rental service instead of buying toys?

W: How does it work?

M: You pay a small monthly fee and take any toys you want. Then, you return them later.

W: Sounds good. That way, we could get Jonathan various new toys without paying much.

M: Besides, renting toys saves space in our house since we won't store his old toys anymore.

W: Wonderful. I guess it's also good for the environment.

M: What do you mean?

W: We could reduce waste by sharing one toy with other families instead of every family buying the same one.

M: Good point.

W: Using this service seems like a good option. Let's try it.

| 해석 |

남: 여보, Jonathan이 자기 장난감에 싫증이 난 것처럼 보여요. 아이에게 새 장난감이 좀 필요할 것 같아요.

여: 같은 생각이에요. 아이는 다섯 살인데 그 애의 장난감은 더 어린아이에게 맞는 거예요.

남: 장난감을 사는 대신 장난감 대여 서비스를 이용해 보면 어때요?

여: 그것은 어떻게 운영되나요?

남: 월간 요금을 조금씩 내고 원하는 장난감을 어느 것이나 고를 수 있어요. 그런 다음, 나중에 돌려주는 거예요.

여: 좋아요. 그렇게 하면 돈을 많이 내지 않고도 Jonathan에게 다양한 새 장난감을 구해 줄 수 있겠군요.

남: 그 밖에도 장난감을 대여하면, 오래된 장난감을 더 이상 보관하지 않을 테니까 우리 집의 공간을 절약해 주지요.

여: 멋지군요. 그것은 환경에도 좋을 것 같군요.

남: 무슨 뜻이에요?

여: 모든 가정이 똑같은 장난감을 사는 대신 장난감 하나를 다른 가정과 공동으로 씀으로써 쓰레기를 줄일 수 있을 거예요.

남: 좋은 지적이에요.

여: 이 서비스를 이용하는 것은 좋은 선택처럼 보여요. 그렇게 한번 해봐요.

| 문제해설 |

부부가 아이에게 새 장난감을 사 주지 말고 대여 서비스를 이용하는 데 합의하면서 장난감 대여 서비스의 여러 가지 장

점을 이야기하고 있으므로, 두 사람이 하는 말의 주제로 가장 적절한 것은 ② '장난감 대여 서비스 이용의 장점'이다.

| 어휘 및 어구 |

toy rental service 장난감 대여 서비스

work 운영되다   monthly fee 월간 요금

store 보관하다   environment 환경

option 선택

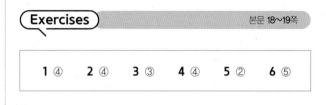

Exercises

본문 18~19쪽

| 1 ④ 2 ④ 3 ③ 4 ④ 5 ② 6 ⑤ |

1

정답 ④

| 소재 | 운동이 학업 성취에 미치는 긍정적 영향

| Script |

W: Hello. I'm Dr. Martha Jenkins. I think most of you know that being physically active prevents or slows the development of many diseases. But do you know that exercise can benefit children's academic performance? Researchers found that motor ability helped boost two brain regions essential for language processing and reading. They said exercise is an effective approach to stimulate academic performance in kids. So why not have your kids go outside and do something physical rather than play games on their smartphone or computer during study breaks? It can help them focus and do better in school.

| 해석 |

여: 안녕하세요. 저는 Martha Jenkins 박사입니다. 여러분 대부분이 신체적으로 활동적인 것이 많은 질병의 발생을 막거나 지연시킨다는 것을 알고 있을 것입니다. 하지만 운동이 어린이들의 학업 성취에 이로울 수 있다는 것을 알고 계십니까? 연구원들은 운동 능력이 언어 처리와 독해에 필수적인 두 개의 뇌 영역을 향상시키는 데 도움을 준다는 것을 발견했습니다. 그들은 운동이 아이들의 학업 성취를 자극하는 효과적인 접근법이라고 말했습니다. 그렇다면 자녀가 공부하다가 쉬는 시간에 스마트폰이나 컴퓨터로 게임을 하는 것보다 밖에 나가서 무언가 신체적인 활동을 하도록 하는 것이 어떨까요? 그것은 그들이 집중하고 학교에서 더 잘하도록 도움이 될 수 있습니다.

| 문제해설 |

운동이 학업 성취에 이로울 수 있다면서 그것을 뒷받침하는 연구 결과에 대해 말하고 있으므로, 여자가 하는 말의 요지로 가장 적절한 것은 ④ '운동이 학업 성취에 긍정적인 영향을 미칠 수 있다.'이다.

| 어휘 및 어구 |

benefit 이롭다, 유익하다
academic performance 학업 성취(도)
boost 향상시키다, 끌어올리다
region 영역, (신체의) 부위　　　approach 접근법
stimulate 자극하다

2

정답 ④

| 소재 |　의료 분야에서의 인공지능의 활용

| Script |

M: Alice, what are you reading?

W: It's a news article about artificial intelligence.

M: That's such a popular topic nowadays. What does it say?

W: It says AI is being actively used in medical science.

M: I'm not surprised. Does it give examples of that in the medical field?

W: Yes. It says AI is used to help analyze symptoms, suggest personalized treatments, and predict risk.

M: Wow, that's impressive. That's a huge benefit to both physicians and patients.

W: Yeah. It also says that AI can assist nurses by automating routine tasks like paper work.

M: That's great! That'll allow nurses to focus more on caring for their patients.

W: Right. The possibilities of AI in health care seem limitless.

| 해석 |

남: Alice, 무엇을 읽고 있니?

여: 인공지능에 관한 뉴스 기사야.

남: 그것은 요즘 아주 인기 있는 주제지. 뭐라고 쓰여 있니?

여: AI가 의학에서 활발히 활용되고 있다고 해.

남: 놀라운 얘기도 아니지. 의료 분야에서의 그러한 예가 제시되어 있니?

여: 응. AI가 증상을 분석하고, 개인 맞춤형 치료를 제안하며, 위험을 예측하는 데 사용된다고 해.

남: 와, 그거 인상적이구나. 그것은 의사와 환자 모두에게 큰 혜택이네.

여: 응. 그것에는 또한 AI가 서류 작업과 같은 일상적인 업무를 자동화함으로써 간호사를 지원할 수 있다고 쓰여 있어.

남: 그거 멋지다! 그것이 간호사들이 환자들을 돌보는 데 더 집중할 수 있도록 해줄 거야.

여: 맞아. 의료에서 AI의 가능성은 무한해 보여.

| 문제해설 |

인공지능에 관한 뉴스 기사 내용과 관련하여 의료 분야에서 인공지능이 어떻게 활용되고 있는지 구체적인 사례들을 들며 이야기를 나누고 있으므로, 두 사람이 하는 말의 주제로 가장 적절한 것은 ④ '의료 분야에서의 인공지능의 활용'이다.

| 어휘 및 어구 |

artificial intelligence 인공지능(＝AI)
medical science 의학
analyze 분석하다　　　　　　symptom 증상
personalized 개인 맞춤형의
treatment 치료　　　　　　　predict 예측하다
physician 의사　　　　　　　heath care 의료, 의료 서비스

3

정답 ③

| 소재 |　광고 매체의 종류에 따른 장단점

| Script |

M: Hello, I'm Joe Brown from the Small Business Bureau. You're attending this lecture series today because you're planning to start your own business and need to select the right advertising media. So, I'm going to talk about different types of advertising media and their advantages and disadvantages. First, print media, like newspapers and magazines, is effective to reach a particular group. However, if you are targeting global consumers, electronic media is better since it has a much wider reach. But one downside of electronic advertising is that viewers cannot easily re-watch your ads to catch the message, like they can with print media.

| 해석 |

남: 안녕하세요, 저는 소규모 사업부서의 Joe Brown입니다. 여러분은 자영업을 시작할 계획이고, 적절한 광고 매체를 선택해야 하기 때문에 오늘 이 연속 강연에 참석하고 계십니다. 그럼, 여러 가지 종류의 광고 매체와 그 장단점에 대해 말씀드리겠습니다. 먼저, 신문

과 잡지와 같은 인쇄 매체는 특정한 집단의 관심을 끌기 위해 효과적입니다. 그러나 만약 여러분이 전 세계의 소비자들을 목표로 삼고 있다면, 전자 매체가 범위가 훨씬 더 넓기 때문에 더 좋습니다. 하지만 전자 광고의 한 가지 불리한 면은 시청자들이 인쇄 매체로 그들이 할 수 있는 것처럼 메시지를 이해하기 위해 여러분의 광고를 쉽게 다시 볼 수 없다는 것입니다.

| 문제해설 |

인쇄 매체와 전자 매체로 나누어 광고 매체의 종류를 설명하고 각 매체의 장단점을 설명하고 있으므로, 남자가 하는 말의 주제로 가장 적절한 것은 ③ '광고 매체의 종류에 따른 장단점'이다.

| 어휘 및 어구 |

bureau 부서, 국   lecture 강연, 강의
medium 매체(*pl.* media)
advantage and disadvantage 장단점
particular 특정한   target 목표로 삼다
global 전 세계의, 세계적인   consumer 소비자
downside 불리한 면

4
정답 ④

| 소재 | 노인 대상 인터넷 교육의 필요성

| Script |

M: Hi, Sylvia. Do you have any plans for this weekend?

W: Hi, Randy. I'm going to visit my grandparents. I'm going to teach them how to use the Internet.

M: That's nice of you! Older people didn't grow up using today's technology, so it's hard for them to use it.

W: Right. And there are few chances for them to learn how to use it.

M: That's too bad because just knowing how to use the Internet can help them out a lot.

W: Yeah. Being able to shop online could be especially helpful for older people.

M: Definitely. I think there should be programs for older people to learn how to use the Internet.

W: Right. It'd be nice if the community center offered them.

M: Should we suggest that to them?

W: Good idea. Let's do it.

| 해석 |

남: 안녕, Sylvia. 이번 주말에 무슨 계획이 있니?

여: 안녕, Randy. 나는 조부모님 댁에 갈 거야. 그분들에게 인터넷 사용법을 가르쳐 드릴 예정이야.

남: 너 훌륭하구나! 노인분들은 오늘날의 기술을 사용하며 성장하지 않으셨기 때문에, 그분들이 그것을 사용하시는 것은 어렵지.

여: 맞아. 그리고 그분들은 그것을 사용하는 방법을 배우실 기회가 거의 없어서.

남: 인터넷 사용법을 아는 것만으로도 그분들에게 많은 도움이 될 수 있는데, 그게 너무 안타깝다.

여: 그래. 온라인으로 쇼핑을 하실 수 있는 것은 특히 노인분들에게 도움이 될 수 있지.

남: 물론이야. 나는 노인분들이 인터넷을 사용하는 방법을 배우실 수 있는 프로그램들이 있어야 한다고 생각해.

여: 맞아. 커뮤니티 센터에서 그것들을 제공해 주면 좋을 텐데.

남: 우리가 그들에게 그것을 제안해야 할까?

여: 좋은 생각이야. 그렇게 하자.

| 문제해설 |

여자가 주말에 조부모님께 인터넷 사용법을 가르쳐 드릴 예정이라고 말하며 노인분들이 인터넷 사용법을 배울 기회가 거의 없다고 말하고 있고, 남자는 노인분들이 인터넷을 사용하는 방법을 배울 수 있는 프로그램들이 있어야 한다며 커뮤니티 센터에 제안해 보자고 말하고 있다. 따라서 두 사람이 하는 말의 주제로 가장 적절한 것은 ④ '노인 대상 인터넷 교육의 필요성'이다.

| 어휘 및 어구 |

technology 기술   Definitely. 물론이지.
offer 제공하다   suggest 제안하다

5
정답 ②

| 소재 | 블로그 활동의 교육적 효과

| Script |

W: Hello, everyone. As the Internet has become essential to our everyday lives, blogging has become increasingly important. One of its most effective uses is for learning. As a teacher, I've seen how blogging can benefit students. Instead of teachers simply dumping information into students' brains, by blogging, students take time to think about what they are learning and make meaningful connections with what they already know. By openly reflecting, students do not only see what they learn, but they can also see what their classmates learn, which helps them expand their understanding.

| 해석 |
여: 안녕하세요, 여러분. 인터넷이 우리의 일상생활에 있어 필수가 됨에 따라서 블로그 활동이 점점 더 중요해졌습니다. 그것의 가장 효과적인 용도 중 하나는 학습을 위한 것입니다. 교사로서, 저는 블로그 활동이 어떻게 학생들에게 유익할 수 있는지 보아왔습니다. 교사들이 단순히 정보를 학생들의 머릿속에 쏟아 버리는 대신에, 블로그 활동을 통해, 학생들은 시간을 내어 자신이 배우고 있는 것에 관해 생각할 수 있고 이미 알고 있는 것과 의미 있는 연관을 지을 수 있습니다. 드러내 놓고 성찰함으로써, 학생들은 자신이 배우는 것을 알 뿐만 아니라, 다른 급우들이 배우는 것도 알 수 있는데, 그것은 학생들이 자신의 이해를 넓히도록 도와줍니다.

| 문제해설 |
블로그 활동이 학생들의 학습에 미치는 긍정적인 영향을 구체적으로 설명하고 있으므로, 여자가 하는 말의 주제로 가장 적절한 것은 ② '블로그 활동의 교육적 효과'이다.

| 어휘 및 어구 |
essential 필수적인
benefit ~에게 유익하다
take time to 시간을 내서 ~하다
meaningful 의미 있는
openly 드러내 놓고
expand 넓히다, 확장하다
effective 효과적인
dump 쏟아 버리다, 버리다
connection 연관, 연결
reflect 성찰하다, 깊이 생각하다

6
정답 ⑤

| 소재 | 기업 차원의 봉사 활동 참여

| Script |
M: Good morning. The personal benefits of volunteering are fairly obvious. It makes you happier, healthier, and gives you a sense of greater purpose. But volunteering can be beneficial at the corporate level as well. These days, many companies participate in corporate volunteer programs. Research shows that corporate volunteering helps staff develop leadership and problem-solving skills. And while volunteering, employees who work for a common goal to help those in need can build a valuable, strong bond as a team. Volunteering can also enhance corporate reputation and increase trust among consumers.

| 해석 |
남: 안녕하세요. 자원봉사 활동의 개인적인 혜택은 매우 분명합니다. 그것은 여러분을 더 행복하고 더 건강하게 만들어 주고, 여러분에게 더 위대한 목적의식을 줍니다. 하지만 자원봉사 활동은 기업 차원에서도 역시 유익할 수 있습니다. 요즘, 많은 회사들이 기업 자원봉사 프로그램에 참여하고 있습니다. 연구 결과에 따르면 기업의 봉사 활동은 직원들이 리더십과 문제 해결 기술을 개발하도록 도와줍니다. 그리고 자원봉사 활동을 하면서, 어려움에 처한 사람들을 도우려는 공동의 목적을 위해 일하는 직원들은 팀으로서 가치 있고 강력한 결속을 다질 수 있습니다. 자원봉사 활동은 또한 기업의 명성을 높이고 소비자들 사이에 신뢰를 높여 줄 수 있습니다.

| 문제해설 |
기업 차원에서 하는 자원봉사 활동이 직원들의 리더십과 문제 해결 기술을 개발하는 데 도움이 되고, 팀워크를 다질 수 있게 해주며, 기업의 명성을 높이고, 소비자들에게 신뢰를 높여 줄 수 있다는 장점에 대해 말하고 있으므로, 남자가 하는 말의 주제로 가장 적절한 것은 ⑤ '기업 차원의 봉사 활동 참여의 장점'이다.

| 어휘 및 어구 |
obvious 분명한
beneficial 유익한
participate in ~에 참여하다
common 공동의
valuable 가치 있는
enhance 높이다
sense of purpose 목적의식
corporate 기업의, 회사의
staff 직원
in need 어려움에 처한
bond 결속, 유대
reputation 명성

04 관계·심정·장소
본문 20~21쪽

예제
정답 ①

| 소재 | 작가 인터뷰

| Script |
M: Hello, Ms. Lee. It's an honor to meet you in person.
W: Oh, thank you for interviewing me, Mr. Wilson.

I'm a big fan of your magazine.

M: Thanks. People love your movie *Short Days*. I was wondering who picked out the title.

W: Well, it was basically my idea and the movie director agreed.

M: It really catches the theme of the movie. Why do you think people love your stories?

W: When writing film scripts, I always try to make the characters as realistic as possible.

M: Maybe that's why people feel stronger connections to them. What inspires you when you write your scripts?

W: Often, my own life experiences help create many of the scenes in my scripts.

M: I see. Thank you. The readers of our magazine will appreciate you sharing your time with us.

W: My pleasure. Could you please email me the article?

M: No problem.

| 해석 |

남: Lee 선생님, 안녕하세요. 직접 만나 뵙게 되어 영광입니다.

여: 오, Wilson 선생님. 인터뷰해 주셔서 고맙습니다. 저는 선생님 잡지의 열렬한 팬입니다.

남: 고맙습니다. 사람들은 선생님의 영화 Short Days를 매우 좋아합니다. 제목은 누가 선택했는지 궁금했습니다.

여: 음, 그것은 기본적으로 제 생각이었고, 영화감독님이 동의해 주었어요.

남: 그것이 정말 영화의 주제를 포착하고 있어요. 사람들이 왜 선생님의 이야기를 매우 좋아한다고 생각하나요?

여: 영화 대본을 쓸 때, 저는 늘 등장인물들을 최대한 현실감 있게 만들려고 해요.

남: 어쩌면 그것이 사람들이 그들에게 더 강한 연관성을 느끼는 이유겠네요. 대본을 쓸 때 무엇이 선생님께 영감을 주나요?

여: 흔히, 저 자신의 인생 경험이 제 대본 속의 많은 장면들을 창작하는 데 도움이 돼요.

남: 그렇군요. 고맙습니다. 우리 잡지 독자들이 선생님이 저희와 시간을 함께해 주신 것에 대해 고마워할 겁니다.

여: 천만의 말씀입니다. 제게 그 기사를 이메일로 보내주실 수 있나요?

남: 그럼요.

| 문제해설 |

남자는 인터뷰를 하고, 그 인터뷰에 관한 기사를 작성하며, 잡지 독자들을 대신해서 인터뷰 대상에게 고마움을 표현하고 있는 것으로 보아 잡지 기자임을 알 수 있다. 여자는 영

화의 등장인물들을 현실감 있게 만들려고 노력하면서 영화 대본을 쓰고, 인생 경험으로부터 대본 속 많은 장면을 창작한다고 한 것으로 보아 시나리오 작가임을 알 수 있다. 따라서 두 사람의 관계를 가장 잘 나타낸 것은 ① '잡지 기자 — 시나리오 작가'이다.

| 어휘 및 어구 |

in person 직접   basically 기본적으로
script 대본   connection 연관성
inspire 영감을 주다

Exercises
본문 22~23쪽

| 1 ① | 2 ③ | 3 ③ | 4 ② | 5 ③ | 6 ④ |

1
정답 ①

| 소재 | 우편함 열쇠 분실

| Script |

[Telephone rings.]

W: Hello! This is Jackie from apartment 7B. May I speak to Andy, please?

M: Hi, Jackie. This is Andy.

W: Hi, Andy. I'm calling because I lost my mailbox key.

M: Okay. Do you have a duplicate key?

W: Yes, but I can't find it.

M: All right. No problem. Just stop by the management office, and I'll loan you a key.

W: Okay. But it's not urgent.

M: Well, if you can wait till Wednesday, I'll have time to get a couple new keys made for you.

W: Perfect. Thanks. And one more thing. My toilet is making an unusual noise.

M: Okay, I can come by in about 30 minutes. Will you be home?

W: Yes. Thanks.

| 해석 |

[전화벨이 울린다.]

여: 안녕하세요! 저는 7B에 거주하는 Jackie입니다. Andy와 통화할 수 있을까요?

남: 안녕하세요, Jackie. 저 Andy예요.

여: 안녕하세요, Andy. 우편함 열쇠를 분실하여 전화드렸습니다.

남: 그렇군요. 여벌 열쇠가 있으신가요?

여: 네, 하지만 찾을 수가 없어요.

남: 알았습니다. 괜찮습니다. 관리사무소에 잠깐 들르기만 하시면 열쇠를 빌려드릴게요.

여: 알겠습니다. 하지만 급하지 않습니다.

남: 음, 수요일까지 기다리실 수 있다면 당신에게 새로운 열쇠 두 개를 만들어 드릴 시간이 있습니다.

여: 아주 좋아요. 감사합니다. 그리고 한 가지 더요. 저의 화장실에 이상한 소리가 나고 있어요.

남: 알겠습니다. 약 30분 이내에 잠시 들르겠습니다. 집에 계실 거죠?

여: 네. 감사합니다.

| 문제해설 |

여자는 전화를 걸어 우편함 열쇠 분실과 화장실 소음에 관해서 남자에게 해결해 달라고 요청하고 있으므로, 두 사람의 관계를 가장 잘 나타낸 것은 ① '거주민 — 아파트 관리인' 이다.

| 어휘 및 어구 |

mailbox 우편함
stop by ~에 잠시 들르다
loan 빌려주다
toilet 화장실, 변기
duplicate 여벌의, 복제의
management office 관리사무소
urgent 급한
come by 잠시 들르다

2
정답 ③

| 소재 | 뮤지컬 오디션 합격

| Script |

[Cell phone rings.]

M: Hey, Jane. What's up?

W: Hi, Matt. I have some good news. Guess what?

M: What is it? Did you finally get a part-time job?

W: No. It's much better than that!

M: Calm down, Jane. What happened?

W: I passed the final audition for the musical *The Queen Elizabeth*!

M: Really? Congratulations! That's the one you've really wanted to act in, right?

W: That's right. I just can't believe it.

M: You deserve it, Jane. I know how much effort you put in for the audition.

W: Thanks. I'll do my best for the role I get.

| 해석 |

[휴대전화가 울린다.]

남: 이봐, Jane. 무슨 일이야?

여: 안녕, Matt. 좋은 소식이 좀 있어. 뭔지 짐작해 볼래?

남: 그게 뭔데? 마침내 아르바이트를 구한 거야?

여: 아니. 그것보다 훨씬 더 좋은 거야!

남: 진정해, Jane. 무슨 일인데?

여: The Queen Elizabeth 뮤지컬 최종 오디션에 합격했어!

남: 정말? 축하해! 그거 네가 정말로 연기하고 싶어 했던 거지, 맞지?

여: 맞아. 믿어지지 않아.

남: 넌 그럴 자격이 있어, Jane. 네가 그 오디션을 위해 얼마나 많은 노력을 기울였는지 난 알아.

여: 고마워. 내가 얻는 배역을 위해 최선을 다할 거야.

| 문제해설 |

여자는 자신이 정말로 연기하고 싶었던 뮤지컬 최종 오디션에 합격했으므로, 여자의 심정으로 가장 적절한 것은 ③ '신이 난'이다.

① 속상한, 마음이 상한
② 지루해하는
④ 안도하는
⑤ 실망한

| 어휘 및 어구 |

part-time job 아르바이트
Congratulations! 축하해!
deserve ~을 받을 만하다
effort 노력

3
정답 ③

| 소재 | 강아지 입양

| Script |

M: Mom, look at this. It's so cute.

W: Yes, it is, honey. Oh, please don't touch it.

M: Mom. Can we get it? I'll take care of it.

W: Really? You'll feed and wash it by yourself?

M: I can do it, Mom.

W: David, don't you remember when you didn't feed your goldfish during the midterm exam period and all of them died?

M: Please, Mom. This will be different. Please trust me.

W: Okay, all right. But this time you need to be more responsible. This is a much larger commitment.

M: Of course. Thanks, Mom! Then we need to get dog food.

W: Yeah. And choose a dog bowl, too.

M: Okay, Mom.

| 해석 |

남: 엄마, 이것 보세요. 너무 귀여워요.

여: 그래, 그렇구나. 얘야. 아휴, 만지지는 말아야 해.

남: 엄마, 우리 그것을 살 수 있나요? 제가 돌볼게요.

여: 정말? 네가 스스로 그것에게 먹이를 주고 씻겨 줄 거니?

남: 제가 할 수 있어요, 엄마.

여: David, 중간고사 기간 동안 네가 금붕어에게 먹이를 주지 않았을 때 모두 죽었던 거 기억 안 나니?

남: 제발요, 엄마. 이번에는 다를 거예요. 저를 믿어 주세요.

여: 그래, 좋아. 그렇지만 이번에는 더 책임감이 있어야 할 거야. 이건 훨씬 더 큰 책무이니까.

남: 당연하죠. 감사합니다. 엄마! 그럼 강아지 먹이를 사야겠네요.

여: 그래. 그리고 개 밥그릇도 고르렴.

남: 알겠어요, 엄마.

| 문제해설 |

대화에서 두 화자가 반려동물을 키우는 일에 대해 이야기하면서 개 먹이와 개 밥그릇을 사야겠다고 말했다. 따라서 두 사람이 대화하고 있는 장소로 가장 적절한 곳은 ③ '애완동물 가게'이다.

① 동물원

② 미용실

④ 수족관

⑤ 주방용품 가게

| 어휘 및 어구 |

take care of ~을 돌보다

by oneself 스스로, 혼자 힘으로

goldfish 금붕어

midterm exam 중간고사

commitment 책임, 책무

4

정답 ②

| 소재 | 머리카락이 나온 음식 문제 해결

| Script |

W: Hey, Ben.

M: What's up?

W: Do you see the man sitting at that table?

M: The man in the blue T-shirt?

W: Yeah. He found a hair in this pasta.

M: Really?

W: Yes. Were you wearing your hairnet while you were cooking it?

M: Well, actually, no.

W: Make sure you always wear it when you're cooking. Anyway, we need to cook a new dish of pasta for the man.

M: I see. I'll cook it right away.

W: Great. Thanks, Ben. And after finishing with that, prepare a piece of cheese cake. I told him we'd give him a piece for the inconvenience.

M: Okay, I'll do that.

W: Thanks. Customer service has been my main focus since I opened this restaurant.

M: I understand. And I'm sorry for the trouble, Ms. Murphy.

| 해석 |

여: 이봐요, Ben.

남: 무슨 일이에요?

여: 저 테이블에 앉아 있는 남자분 보여요?

남: 파란색 티셔츠 입은 남자분 말입니까?

여: 네. 그분이 이 파스타에서 머리카락을 발견했어요.

남: 정말요?

여: 네. 그것을 요리할 때 헤어네트를 착용하고 있었나요?

남: 음, 실은 착용하지 않았어요.

여: 요리할 때는 반드시 늘 착용하세요. 아무튼, 저 남자분을 위해 새로운 파스타 한 접시를 요리해야 해요.

남: 알겠습니다. 즉시 요리를 하겠습니다.

여: 좋아요. 고마워요, Ben. 그리고 그것이 끝나면 치즈 케이크 한 조각을 준비해요. 불편을 끼친 데 대하여 그분에게 한 조각을 제공하겠다고 말했어요.

남: 알았어요, 준비할게요.

여: 고마워요. 고객 서비스는 이 레스토랑을 개점한 이래로 나의 주된 주안점이었어요.

남: 알겠습니다. 그리고 문제를 일으켜 죄송해요, Murphy 씨.

| 문제해설 |

손님이 먹던 파스타에서 머리카락이 나온 상황으로, 여자가 남자에게 다시 요리해 주기를 부탁하고 여자가 레스토랑을 개점한 이래로 고객 서비스가 그녀의 주안점이라고 말하는 것으로 보아, 두 사람의 관계를 가장 잘 나타낸 것은 ② '식당 주인 — 요리사'이다.

| 어휘 및 어구 |

hairnet 헤어네트(머리에 쓰는 그물망)

make sure 반드시 (~하도록) 하다, (~을) 확실히 하다

right away 즉시

inconvenience 불편함

focus 주안점, 중점

5

| 소재 | 음악회 관람

| Script |

W: Hi, Jack. You're home early.

M: Hi, Mom. The concert ended sooner than we expected.

W: I see. How was it?

M: Well, the seats were great. We were really close to the stage.

W: That was good.

M: But, unfortunately, some people around us wouldn't stop talking. I thought it was so rude, especially since it was an orchestra concert.

W: That's so inconsiderate. They need to think of people around them.

M: And the theater was freezing. I was really cold.

W: Sorry to hear that. It must've been hard to enjoy the concert.

| 해석 |

여: 안녕, Jack. 집에 일찍 돌아왔구나.

남: 네, 엄마. 음악회가 예상했던 것보다 더 일찍 끝났어요.

여: 그렇구나. 음악회는 어땠어?

남: 글쎄요. 좌석은 매우 좋았어요. 무대에서 정말로 가까웠어요.

여: 좋았겠구나.

남: 하지만, 유감스럽게도 우리 주변에 일부 사람들이 이야기를 멈추려 하지 않았어요. 특히 오케스트라 음악회였기 때문에 매우 무례하다고 생각했어요.

여: 너무 배려심이 없구나. 그들은 주변 사람들을 고려할 필요가 있어.

남: 그리고 극장이 몹시 추웠어요. 나는 정말로 추웠어요.

여: 듣고 보니 참 유감이네. 틀림없이 음악회를 즐기기가 힘들었겠구나.

| 문제해설 |

음악회에 갔다 온 남자는 주변 사람들이 계속 이야기하고 있었고 극장이 매우 추웠다고 했으므로, 남자의 심정으로 가장 적절한 것은 ③ '짜증이 난'이다.

① 궁금한

② 즐거운

④ 걱정하는

⑤ 만족하는

| 어휘 및 어구 |

unfortunately 유감스럽게도, 불행히도

rude 무례한   inconsiderate 배려하지 않는

freezing 몹시 추운

6

| 소재 | 공연 대기

| Script |

W: Hello, David. Do you feel ready for the performance?

M: Hi, Jenny. Yeah, we practiced a lot. How about you?

W: Me, too. But I'm still really nervous. You look great in your outfit.

M: You, too. And your makeup is perfect.

W: The stylist is super talented. Do you know how big the audience is?

M: I'm not sure. It sounds big based on how loud the applause is.

W: Yeah, it's pretty loud.

M: Well, our turn is next, isn't it?

W: Yeah, the singer before us just started. Now we need to get out of this room.

M: I'll be right by your side like we rehearsed.

W: Okay. Let's do our best.

| 해석 |

여: 안녕, David. 너 공연 준비가 되었니?

남: 안녕, Jenny. 응, 우리는 연습을 많이 했잖아. 너는 어때?

여: 나도 그래. 하지만 여전히 몹시 초조해. 그 의상을 입으니 네가 멋져 보여.

남: 너도 그래. 그리고 너의 화장이 완벽하구나.

여: 그 스타일리스트는 무척 재능이 있어. 관중이 얼마나 많은지 아니?

남: 확실히는 모르겠어. 박수 소리가 큰 것을 보니 많은 것처럼 들려.

여: 그래, 몹시 소리가 크구나.

남: 음, 우리 순서가 다음이지, 그렇지 않니?

여: 응, 우리 앞 가수가 막 시작했어. 이제 우리가 이 방을 나가야 해.

남: 예행연습을 한 대로 내가 바로 너 옆에 있을 거야.

여: 알겠어. 최선을 다하자.

| 문제해설 |

여자와 남자는 공연 순서를 초조하게 기다리며 대기하고 있고 박수 소리로 관객의 숫자를 예상하고 있는 것으로 보아 관객이 보이지 않는 곳임을 알 수 있다. 따라서 두 사람이 대화하고 있는 장소로 가장 적절한 곳은 ④ '공연 대기실'이다.

| 어휘 및 어구 |

performance 공연   practice 연습하다

nervous 초조한   outfit 의상

makeup 화장   talented 재능이 있는

audience 관중   applause 박수갈채

rehearse 예행연습을 하다, 시연하다

05 그림

본문 24~25쪽

예제

정답 ④

| 소재 | 교환 학생 환영식 준비

| Script |

M: Wow, Ms. Peters! It looks like everything is ready for the exchange student welcoming ceremony.

W: Almost, Mr. Smith. What do you think?

M: It looks great. There's a basket beside the stairs. What is it for?

W: We're going to put flowers in it for the exchange students.

M: That'll be nice. I like the striped tablecloth on the table. It makes the table look fancy.

W: Yeah, I'm going to put water bottles there. What do you think about the balloons next to the welcome banner?

M: They really brighten up the stage. Oh, look at the bear on the flag. It's cute.

W: Yes. It's the symbol of the exchange students' school.

M: I see. And you set up two microphones.

W: It's because there'll be two MCs.

M: Good idea. Everything looks perfect.

| 해석 |

남: 와, Peters 선생님! 교환 학생 환영식 준비는 다 된 것 같네요.

여: 거의 다 됐어요, Smith 선생님. 어떻게 생각하세요?

남: 멋져 보이네요. 계단 옆에 바구니가 있네요. 무슨 용도이죠?

여: 교환 학생들을 위해 거기에 꽃을 담아둘 거예요.

남: 그거 좋겠네요. 전 탁자 위 줄무늬 테이블보가 마음에 들어요. 탁자가 멋져 보이도록 하네요.

여: 네. 거기에 물병을 놓을 거예요. 환영 현수막 옆에 있는 풍선들은 어떻게 생각하세요?

남: 무대를 정말 밝게 만들어 주네요. 오, 깃발에 있는 곰을 보세요. 귀엽네요.

여: 네. 그것은 교환 학생들 학교의 상징이에요.

남: 그렇군요. 그리고 마이크를 두 개 설치했군요.

여: 사회자가 두 명일 거라서요.

남: 좋은 생각이네요. 모든 것이 완벽해 보이네요.

| 문제해설 |

남자는 깃발에 있는 곰이 귀엽다고 했는데 그림에는 깃발에 돌고래가 있으므로, 대화의 내용과 일치하지 않는 것은 ④이다.

| 어휘 및 어구 |

exchange student 교환 학생
welcoming ceremony 환영식
striped 줄무늬의   fancy 멋진, 고급의
MC 사회자(= Master of Ceremonies)
banner 현수막   flag 깃발, 국기
symbol 상징

Exercises

본문 26~27쪽

| 1 ④ | 2 ④ | 3 ④ | 4 ④ | 5 ④ | 6 ④ |

1

정답 ④

| 소재 | 생일 초대장

| Script |

M: Jennifer, have you finished making your birthday invitation card?

W: Yes. Here it is. I titled it You Are Invited.

M: That's nice. Is the lady on the left, holding a bunch of flowers, supposed to be you?

W: Yes. And she's sitting on the number 15 to represent how old I'm going to be.

M: Good idea. And I like how you wrote *when*, *where*, and the *RSVP* number inside the heart in the middle.

W: I thought a heart would be meaningful.

M: I see. And is this Leo, our cat, standing behind the curtain?

W: Yes. He's celebrating my birthday with a two-layer cake.

M: Great drawing.

W: Thanks. I can't wait for my birthday party.

| 해석 |

남: Jennifer, 생일 초대장 만드는 것은 다 끝났니?

여: 네. 여기 있습니다. 초대장에 You Are Invited라는 제목을 붙였어요.

남: 그거 멋지구나. 꽃다발을 들고 왼쪽에 있는 아가씨는 너인 거니?

여: 네. 그리고 그녀는 제가 몇 살이 되는지를 나타내기 위해 숫자 15 위에 앉아 있어요.

남: 좋은 생각이구나. 그리고 가운데 있는 하트 안에 '언제', '어디서' 그리고 '회답 요망' 전화번호를 써넣은 것이 마음에 드는구나.

여: 하트가 의미 있을 거라고 생각했어요.

남: 그렇구나. 그리고 커튼 뒤에 서 있는 것이 우리 고양이 Leo니?

여: 네. 2단 케이크를 가지고 제 생일을 축하해 주고 있어요.
남: 잘 그렸구나.
여: 감사합니다. 어서 제 생일파티를 했으면 좋겠어요.

| 문제해설 |
남자는 가운데 있는 하트 안에 '언제', '어디서', '회답 요망' 전화번호를 써넣은 방식이 마음에 든다고 했는데 그림에는 음표 안에 있으므로, 대화의 내용과 일치하지 않는 것은 ④이다.

| 어휘 및 어구 |
invitation card 초대장   title 제목을 붙이다
a bunch of flowers 꽃 한 다발
be supposed to ~인 것으로 여겨지다
represent 나타내다, 표현하다
RSVP 회답 요망(= Répondez S'il Vous Plaît)
celebrate 축하하다, 기념하다   two-layer 2단의, 2층의

2
정답 ④

| 소재 | 차고

| Script |

W: This must be the garage you always talk about.
M: Yes. This is my favorite place to spend my free time.
W: The chimney on the roof looks great. What is this big metal box for?
M: This is where I keep my tools. You know, things like hammers and screwdrivers.
W: I see. Is this hose for washing your car?
M: Yes. I also use it to water the garden.
W: What about this ladder leaning against the wall?
M: As you know, it snows a lot during the winter, so I need it to clear snow off the roof.
W: I understand. By the way, why did you leave your lawn mower outside the garage? I heard it will rain tonight.
M: Actually, it's broken. I'm about to take it to the repair shop.
W: Oh, I see. But it looks as good as new.

| 해석 |
여: 이곳이 네가 항상 이야기하는 차고구나.
남: 응. 이곳이 내가 자유 시간을 보내기 좋아하는 장소야.
여: 지붕 위에 굴뚝이 멋지구나. 이 커다란 철제 상자는 뭐에 쓰는 거니?

남: 이것은 내 도구들을 보관하는 곳이야. 너도 알다시피, 망치나 스크루 드라이버 같은 것들 말이야.
여: 그렇구나. 이 호스는 너의 차를 세차하는 데 쓰는 거니?
남: 응. 정원에 물을 주는 데에도 그것을 사용해.
여: 벽에 기대어 있는 이 사다리는 뭐 하는 데 쓰니?
남: 네가 알다시피, 겨울에는 눈이 많이 와서 지붕에 눈을 치울 때 나는 그것이 필요해.
여: 알겠어. 그런데 잔디 깎는 기계는 왜 차고 밖에다 두었니? 오늘 밤에 비가 올 거라고 들었어.
남: 실은, 고장이 났어. 수리점으로 그것을 막 가져가려는 중이야.
여: 아, 그렇구나. 그런데 새것이나 다름없어 보이네.

| 문제해설 |
그림에서 사다리는 바닥에 놓여 있는데 여자가 남자에게 벽에 기대어 있는 사다리의 용도에 대해 물었으므로, 대화의 내용과 일치하지 않는 것은 ④이다.

| 어휘 및 어구 |
garage 차고   chimney 굴뚝
ladder 사다리   lean 기대다
lawn mower 잔디 깎는 기계
as good as ~나 다름없는, ~나 마찬가지인

3
정답 ④

| 소재 | 공원에서의 야외 활동

| Script |

M: Dorothea, take a look at this picture of my family at James Lemon Park. We went there last weekend.
W: Oh, cool. This is your mother reading a book on the bench, isn't it?
M: Yes. She's into reading mystery novels these days. And this girl standing between the swings is my sister.
W: She's so cute. Did she go down this elephant slide next to the swings?
M: Yeah. She thought it was so funny to slide down the elephant's nose.
W: Then, who's this guy with the badminton racket down about to serve?
M: It's my uncle and he's good at every sport.
W: You must have been very busy hitting his shuttlecock.
M: Yes, I was.
W: How do you like the park facilities?

M: I think that there're good facilities for people with disabilities throughout the park.

W: So, the boy in the wheelchair and the woman pushing him look really comfortable too.

M: I'm sure many people will use this park in the future.

| 해석 |

남: Dorothea, James Lemon Park에서 찍은 우리 가족 사진 좀 봐. 우리는 지난 주말에 그곳에 갔어.

여: 오, 멋지구나. 벤치에 앉아 책을 읽고 계신 이분이 어머니시지?

남: 응. 요즘 엄마는 추리 소설 읽기에 푹 빠져 계셔. 그리고 그네 사이에 서 있는 이 소녀는 내 여동생이야.

여: 그 애는 정말 귀엽구나. 그 애가 그네 옆에 있는 이 코끼리 미끄럼틀을 타고 내려갔니?

남: 응, 그 애는 코끼리의 코를 타고 미끄러져 내려가는 것이 너무 재미있다고 생각했어.

여: 그럼. 배드민턴 라켓을 아래로 향한 채 막 서브를 넣으려는 이 남자분은 누구셔?

남: 우리 삼촌이신데, 그분은 모든 운동을 잘하셔.

여: 너는 삼촌의 셔틀콕을 치느라 무척 바빴겠구나.

남: 응, 그랬어.

여: 공원 시설은 어때?

남: 공원 곳곳에 장애인을 위한 좋은 시설이 있다고 생각해.

여: 그래서, 휠체어를 탄 소년과 그를 밀고 있는 여자분도 정말 편안해 보이는구나.

남: 나는 미래에 많은 사람이 이 공원을 이용할 것이라고 확신해.

| 문제해설 |

여자는 배드민턴 라켓을 아래로 향한 채 막 서브를 넣으려는 남자가 누구인지 물었는데 그림에는 라켓을 위로 향한 채 서브를 넣으려는 남자가 있으므로, 대화의 내용과 일치하지 않는 것은 ④이다.

| 어휘 및 어구 |

mystery novel 추리 소설   swing 그네

slide down 미끄러져 내려가다

facilities 시설, 설비   disability 장애

comfortable 편안한, 편한

4

정답 ④

| 소재 | Family Movie Night 포스터

| Script |

M: Jenny, is that the poster for Family Movie Night?

W: Yes. It's almost finished, Mr. Watson. Take a look, please.

M: Wow! I like how you added stars under the title to fit the theme of the night.

W: I'm glad you noticed. And the camera on the far left clarifies that the event is related to movies.

M: Got it. How you put the date and time inside the light from the camera is cool.

W: Thanks.

M: And did you want to express that this event is for the families through these people wearing 3D glasses?

W: Yes. That's what I'm hoping for.

M: I see. And putting a picture of cola and popcorn on the right is a perfect touch.

W: Thanks. It's hard to watch a movie without snacks.

M: I agree. You've done such an excellent job on the poster.

W: Thanks.

| 해석 |

남: Jenny, 그거 Family Movie Night의 포스터니?

여: 네. 거의 끝났어요, Watson 선생님. 한번 보세요.

남: 와! 밤의 주제에 맞게 제목 아래에 별을 추가한 것이 마음에 드는구나.

여: 알아보셔서 기쁩니다. 그리고 맨 왼쪽에 있는 카메라는 그 행사가 영화와 관련이 있음을 분명히 해요.

남: 이해했어. 카메라에서 나오는 불빛 안에 날짜와 시간을 넣은 방법이 멋지구나.

여: 감사합니다.

남: 그리고 너는 3D 안경을 쓰고 있는 이 사람들을 통해 이 행사가 가족들을 위한 것임을 표현하고 싶었던 거니?

여: 네. 그것이 제가 바라는 거예요.

남: 알겠어. 그리고 오른쪽에 콜라와 팝콘의 사진을 넣은 건 완벽한 마무리 손질이구나.

여: 감사합니다. 간식 없이는 영화를 보기가 힘드니까요.

남: 나도 동의해. 포스터를 정말 잘 만들었구나.

여: 감사합니다.

| 문제해설 |

남자는 3D 안경을 쓰고 있는 사람들을 통해 이 행사가 가족들을 위한 것임을 표현하고 싶었는지 여자에게 물었는데 그림에는 남자와 여자는 맨눈이고 가운데에 있는 여자아이만 쌍안경을 눈에 대고 있으므로, 대화의 내용과 일치하지 않는

것은 ④이다.

5
정답 ④

| 소재 | 학교 사물함 정리

| Script |

M: Amanda, what are you doing?

W: I'm organizing my locker.

M: It looks neat. You put the teddy bear I gave you on the top shelf.

W: Yeah, I put it there so that I can think of you whenever I see it.

M: What's that French dictionary on the bottom shelf for? Are you interested in French?

W: Yeah, I'm taking French this semester. Look! I decorated the inside of the locker door with these star-shaped stickers. Aren't they cool?

M: Really cool! Did you attach those hooks on the middle of the inside of the door?

W: Yeah, so I can hang a towel or a little cup on them.

M: That's a good idea. What's in the box next to the teddy bear?

W: Just some small school supplies.

M: I see. I think I'll organize mine now, too.

| 해석 |

남: Amanda, 뭐 하고 있니?

여: 사물함을 정리하고 있어.

남: 깔끔해 보이네. 내가 준 곰 인형을 위쪽 선반에 놓았구나.

여: 응, 내가 그것을 볼 때마다 너를 생각할 수 있도록 그것을 거기에 두었어.

남: 저 아래 선반에 있는 프랑스어 사전은 무엇에 쓰는 거야? 프랑스어에 관심이 있니?

여: 응, 이번 학기에 프랑스어 수업을 듣고 있어. 봐! 내가 사물함 문의 안쪽을 이 별 모양의 스티커들로 장식했어. 멋지지 않니?

남: 정말 근사하네! 문 안쪽 중간에 저 고리들은 네가 붙인 거니?

여: 응, 수건이나 작은 컵을 그것들에 걸 수 있게 말이야.

남: 그것 좋은 생각이네. 곰 인형 옆에 있는 상자엔 뭐가 들어 있니?

여: 그냥 작은 몇 가지 학용품들이야.

남: 그렇구나. 나도 지금 내 것을 정리해야겠다.

| 문제해설 |

남자가 여자에게 사물함의 문 안쪽 중간에 고리들을 직접 붙였느냐고 물었고 여자는 그렇다고 대답했는데, 그림에서는 고리가 사물함의 문 안쪽 윗부분에 붙여져 있으므로, 대화의 내용과 일치하지 않는 것은 ④이다.

6
정답 ④

| 소재 | 방 사진

| Script |

M: Grace, what are you looking at?

W: It's a picture of my room. I just cleaned it yesterday.

M: It looks really neat. You use dual monitors, too.

W: Yes. It's really convenient to do many things at once.

M: For sure. Are the plants by the window real?

W: Yeah. They're easy to take care of.

M: Cool. I really like the world map on the wall above the bed.

W: Me, too. I always look at it, thinking about where I want to go on vacation.

M: Daydreaming is a good way to relieve stress. Then, you put two alarm clocks on the bedside table.

W: I kept turning off my alarm clock in my sleep, so I bought two. It's so hard to wake up in the morning without them.

M: Same with me! Oh, the heart-shaped rug is really nice. It makes the atmosphere really cozy.

W: I think so too. I'm glad you like my room.

| 해석 |

남: Grace, 뭘 보고 있어요?

여: 내 방 사진이에요. 어제 방 청소를 좀 했거든요.

남: 정말 깔끔해 보이네요. 당신도 이중 모니터를 사용하는군요.

여: 네. 한 번에 여러 가지 일을 하기에 정말 편리해요.

남: 확실히 그래요. 창가에 있는 식물들은 진짜인가요?

여: 네, 그것들은 관리하기가 쉬워요.

남: 멋지네요. 나는 침대 위쪽의 벽에 걸린 세계지도가 정말 마음에 들어요.

여: 나도 그래요. 나는 어디로 휴가를 가고 싶은지 생각하면서, 항상 그것을 바라봐요.

남: 백일몽은 스트레스를 푸는 좋은 방법이지요. 그런데, 당신은 침대 옆 탁자 위에 두 개의 알람시계를 놓았네요.

여: 잠결에 알람시계를 계속 꺼버려서 두 개를 샀어요. 그것들이 없으면 아침에 일어나기가 너무 힘들어요.

남: 나도 마찬가지예요! 아, 하트 모양의 깔개가 정말 근사해요. 그것은 분위기를 정말 아늑하게 만드네요.

여: 나도 그렇게 생각해요. 당신이 내 방을 좋아해서 기쁘네요.

| 문제해설 |

남자가 침대 옆 탁자 위에 두 개의 알람시계를 놓았다고 말했는데 그림에는 두 개의 알람시계가 침대 옆 탁자 아래에 있으므로, 대화의 내용과 일치하지 않는 것은 ④이다.

| 어휘 및 어구 |

dual monitor 이중 모니터
at once 한 번에, 동시에
daydreaming 백일몽
bedside table 침대 옆 탁자
atmosphere 분위기, 대기

convenient 편리한, 간편한
go on vacation 휴가를 가다
relieve 풀다, 완화시키다

cozy 아늑한

06 할 일·부탁한 일

예제 　　　　　　　　　　　　　　　　정답 ②

| 소재 | 자원봉사 신청

| Script |

W: Hey, Brandon. Have you seen this poster?

M: What's this? Oh, it's the Earth Hour Marathon.

W: Yeah, it's to raise students' awareness about protecting the environment.

M: That sounds like a great campaign. Are you participating in it?

W: Actually, I'm a staff member of the event and I'm looking for volunteers.

M: Oh, is that so? Then, what's the role of a volunteer?

W: A volunteer hands out water to the runners during the race.

M: That sounds good. When does it take place?

W: It's next Saturday at City Hall. Are you interested?

M: Sure. How do I apply to be a volunteer?

W: Here. You must submit this application form to the student center by 5 o'clock today.

M: Oh! I have economics class in 10 minutes, and it finishes at 6 o'clock.

W: Just write your name and phone number. I'll submit your application form for you.

M: Thanks. [Writing sound] Here you go.

| 해석 |

여: 안녕, Brandon. 이 포스터 본 적 있어?

남: 이게 뭐야? 오, Earth Hour Marathon이네.

여: 응, 그것은 환경을 보호하는 것에 대한 학생들의 인식을 높이기 위해서 하는 거야.

남: 멋진 캠페인처럼 들리네. 너 거기에 참가하니?

여: 사실, 나는 행사 요원인데 자원봉사자를 찾고 있어.

남: 오, 그래? 그러면 자원봉사자의 역할은 뭐야?

여: 자원봉사자는 경주 중에 선수들에게 물을 나눠 주지.

남: 좋아 보이네. 언제 열려?

여: 시청에서 다음 주 토요일에. 관심 있니?

남: 물론이지. 자원봉사자가 되려면 어떻게 신청해?

여: 여기 있어. 이 신청서를 오늘 5시까지 학생회관에 제출해야 해.

남: 외 나는 10분 후에 경제학 수업이 있는데, 6시에 끝나.

여: 네 이름과 전화번호만 적어. 내가 너 대신에 신청서를 제출할게.

남: 고마워. [적는 소리] 여기 있어.

| 문제해설 |

여자는 Earth Hour Marathon 행사 요원으로 경기 중에 선수들에게 물을 나눠 주는 일을 할 자원봉사자를 찾고 있는데, 남자가 경제학 수업이 6시에 끝나므로 5시까지 신청서를 제출할 수 없다고 말하자 여자가 이름과 전화번호만 적어서 자신에게 주면 신청서를 대신 제출해 주겠다고 했으므로, 여자가 남자를 위해 할 일로 가장 적절한 것은 ② '자원봉사 신청서 제출하기'이다.

| 어휘 및 어구 |

awareness 인식, 의식
application form 신청서

submit 제출하다
economics 경제학

걸기'이다.

| 어휘 및 어구 |
botanical 식물의   wildflower 야생화
biology 생물학   assignment 과제, 숙제
assume (당연한 것으로) 생각하다
be the case 사실이다

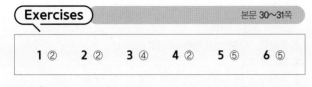

Exercises
본문 30~31쪽

1 ②	2 ②	3 ④	4 ②	5 ⑤	6 ⑤

1
정답 ②

| 소재 | 야생화 사진 촬영

| Script |

M: Rachel, what are you going to do this Sunday?
W: Well, I'm going to Green Botanical Gardens to take pictures of wildflowers.
M: I didn't know you like taking pictures of flowers.
W: Actually, it's not that I really enjoy it. It's for my biology assignment.
M: Oh. So how many pictures do you need to take?
W: The assignment is to turn in 20 wildflower pictures.
M: I see. Are there a lot of wildflowers at the garden?
W: I'm not sure, but I assume there are, as most gardens have wildflowers.
M: That might not be the case at the garden. You should find out first. Why don't you call them?
W: Okay, I'll do it right now.

| 해석 |

남: Rachel, 이번 일요일에 뭐 할 거니?
여: 음, 야생화 사진을 찍으러 Green 식물원에 갈 거야.
남: 네가 꽃 사진 찍기를 좋아하는 줄은 몰랐어.
여: 사실, 그것은 내가 정말로 그것을 즐기기 때문이 아니야. 생물 과제 때문이야.
남: 아. 그럼 사진은 몇 장을 찍어야 하니?
여: 과제는 20장의 야생화 사진을 제출하는 거야.
남: 그렇구나. 그 식물원에는 야생화가 많이 있니?
여: 잘 모르겠지만, 대부분의 식물원에는 야생화가 있듯이, (거기에도) 있을 거라고 생각해.
남: 그 식물원에서는 그것이 사실이 아닐 수도 있어. 먼저 알아봐야 해. 그쪽에 전화해 보는 게 어때?
여: 좋아, 지금 바로 할게.

| 문제해설 |
생물 과제 때문에 식물원에 간다는 여자에게 남자가 그쪽에 전화해 볼 것을 제안하자 여자가 그러겠다고 했으므로, 여자가 대화 직후에 할 일로 가장 적절한 것은 ② '식물원에 전화

2
정답 ②

| 소재 | 신입생 오리엔테이션 준비

| Script |

W: Hi, Mr. Smith. Can you believe freshman orientation is tomorrow?
M: Hi, Ms. Baker. It seems like we're almost ready for it.
W: Yeah. Have you finished putting together the handouts?
M: Almost. I just have a few more to put together.
W: Great. I'll go to check the sound system in the auditorium.
M: Okay. I'll put up direction signs to the auditorium.
W: Oh, I already did that. I also asked the office staff to set up a table in front of the auditorium.
M: Great! Where is the laptop for the presentation, then?
W: Oh, it's in the computer lab. Could you get it for me? I'm going to the auditorium now.
M: Sure. I'll take care of it when I finish up with the handouts.
W: Thanks. Then I'll go check the sound system.

| 해석 |

여: 안녕하세요, Smith 선생님. 신입생 오리엔테이션이 내일이라는 것을 믿을 수 있나요?
남: 안녕하세요, Baker 선생님. 오리엔테이션 준비가 거의 다 된 것 같아요.
여: 네. 유인물 묶는 것을 마쳤어요?
남: 거의요. 묶을 게 몇 개 더 있을 뿐이에요.
여: 완벽하네요. 저는 가서 강당의 음향 시스템을 점검할게요.
남: 좋아요. 저는 강당으로 가는 길 안내 표지판을 세울게요.
여: 오, 내가 그것은 이미 했어요. 사무실 직원들에게 강당 앞에 테이블을 설치해 달라고도 부탁했어요.
남: 아주 좋아요! 그런데 발표용 노트북은 어디에 있나요?

여: 오, 컴퓨터 실습실에 있어요. 그것을 저 대신에 가져올 수 있나요? 저는 지금 강당으로 갈 거예요.

남: 그럼요. 유인물 작업을 끝내면 제가 처리할게요.

여: 감사합니다. 그러면 저는 음향 시스템을 점검하러 갈게요.

| 문제해설 |

신입생 오리엔테이션을 준비하면서 컴퓨터 실습실에 있는 발표용 노트북을 가져올 수 있는지 묻는 여자의 말에 남자는 유인물 작업을 끝내면 자신이 처리하겠다고 했으므로, 남자가 여자를 위해 할 일로 가장 적절한 것은 ② '노트북 가져오기'이다.

| 어휘 및 어구 |

put together 묶다, 합치다　　　　handout 유인물
auditorium 강당　　　　　　　　office staff 사무실 직원
set up ~을 설치하다　　　　　　laptop 노트북, 휴대용 컴퓨터
take care of ~을 처리하다　　　finish up with ~을 끝내다

3　　　　　　　　　　　　　　　　정답 ④

| 소재 | 회사 조퇴

| Script |

W: Mr. Baker, could I leave a bit early today?

M: Sure, Mrs. Lynn. Is there something wrong?

W: Not really. I just need to submit some documents to my apartment management office. They're about the remodeling of my apartment.

M: Oh, I see.

W: So I have to first go to the community center and get the documents issued. They close at 5 p.m.

M: Okay. You can leave now then.

W: Thank you.

M: You're welcome. Oh, I'm sorry, but please do one thing before you leave.

W: Sure. What is it?

M: Please review the graphs in the monthly sales report you sent. It won't take long.

W: Okay. I'll do it right now.

| 해석 |

여: Baker 씨, 오늘 조금 일찍 퇴근해도 될까요?

남: 그럼요, Lynn 씨. 무슨 일이 있나요?

여: 사실 그렇지는 않아요. 아파트 관리사무소에 서류 몇 개만 제출하면 돼요. 저의 아파트 리모델링에 관한 것이에요.

남: 오, 그렇군요.

여: 그래서 먼저 커뮤니티 센터에 가서 서류를 발급받아야 해요. 오후 5시에 문을 닫아요.

남: 좋아요. 그러면 지금 퇴근해도 됩니다.

여: 감사합니다.

남: 천만에요. 오, 죄송하지만, 가기 전에 한 가지만 해주세요.

여: 그럼요. 무엇인가요?

남: 보내주신 월별 매출 보고서의 그래프 검토를 부탁드립니다. 오래 걸리지 않을 거예요.

여: 좋아요. 지금 바로 할게요.

| 문제해설 |

보내준 월별 매출 보고서의 그래프 검토를 부탁한다는 남자의 말에 여자는 지금 바로 하겠다고 했으므로, 여자가 남자를 위해 할 일로 가장 적절한 것은 ④ '보고서의 그래프 검토하기'이다.

| 어휘 및 어구 |

document 서류　　　　　　　management office 관리사무소
community center 커뮤니티 센터, 지역 문화 회관
issue 발급하다　　　　　　　review 검토하다

4　　　　　　　　　　　　　　　　정답 ②

| 소재 | 자원봉사 활동으로서의 도시락 배달

| Script |

W: Mike, it seems that there's something troubling you.

M: You're right. Actually, there is.

W: What is it?

M: You know I've been volunteering for a welfare organization, right?

W: Yes. Every Saturday you deliver lunch boxes to elderly people living alone.

M: Right. But the problem is that my cousin is getting married this Saturday.

W: So you mean you need someone who can deliver the lunches instead of you.

M: Exactly. But I haven't found anyone so far.

W: Don't worry about it. I think I can do it for you.

M: Really? Thanks a million.

| 해석 |

여: Mike, 고민거리가 있는 것처럼 보여.

남: 맞아. 사실, 있어.

여: 그게 뭔데?

남: 내가 복지 단체에서 자원봉사 활동을 해오고 있다는 것을 알지, 그렇지?

여: 그래. 토요일마다 독거노인분들께 점심 도시락을 배달하잖아.

남: 그래. 그런데 문제는 내 사촌이 이번 토요일에 결혼한다는 거야.

여: 너 대신에 점심(도시락)을 배달할 누군가가 필요하다는 말이구나.

남: 바로 그거야. 하지만 지금까지 아무도 찾을 수가 없었어.

여: 걱정 마. 내가 너 대신에 그것을 할 수 있을 것 같아.

남: 정말? 너무 고마워.

| 문제해설 |

토요일마다 복지 단체에서 독거노인을 위해 점심 도시락을 배달하는 남자가 이번 토요일에 사촌 결혼식이라 대신 도시락을 배달해 줄 사람을 찾아야 하는데 그러지 못해 걱정하고 있는 상황에서 여자가 대신 그 일을 해줄 수 있다고 했으므로, 여자가 남자를 위해 할 일로 가장 적절한 것은 ② '도시락 배달하기'이다.

| 어휘 및 어구 |

trouble 괴롭히다	welfare 복지
organization 단체	elderly 나이가 지긋한

5
정답 ⑤

| 소재 | 임신한 딸 도와주기

| Script |

[Cell phone rings.]

W: Hello, Dad. What's up?

M: Hello, Susan. I just wanted to see how you're doing.

W: I'm fine, Dad. Just a little tired. My due date is getting so close now!

M: I understand. That's normal for a pregnant woman. Have you had any regular checkups recently?

W: Yes. I had one yesterday. Everything's good.

M: Great. Is there anything I can buy you at the store?

W: No. Actually, I'm going there soon with my husband.

M: Okay. Then, is there anything else I can help you with?

W: Ah! It'd be really nice if you could help me with the dog.

M: All right. Do you need me to bathe her like I did last time?

W: No, this time I was hoping you could take her to the vet for her shots.

M: Sure, I'll do it.

| 해석 |

[휴대전화가 울린다.]

여: 여보세요, 아빠. 무슨 일이세요?

남: 안녕, Susan. 그냥 어떻게 지내나 궁금했단다.

여: 잘 지내요, 아빠. 단지 약간 피곤해요. 이제 저의 출산 예정일이 매우 가까워지고 있어요!

남: 이해해. 그것은 임산부에게 정상적인 일이야. 최근에 정기검진을 받은 적이 있니?

여: 네. 어제 받았어요. 전부 다 좋아요.

남: 잘됐구나. 가게에서 내가 뭐 사 줄 거 있니?

여: 없어요. 실은, 남편과 거기에 곧 갈 거예요.

남: 좋아. 그럼, 내가 다른 거 도와줄 일이 있니?

여: 아! 개를 돌보는 것을 도와주시면 정말 좋을 것 같아요.

남: 알았어. 내가 지난번에 했던 것처럼 개 목욕을 시켜줄까?

여: 아니오, 이번에는 아빠가 개를 수의사에게 데려가서 주사를 맞혀 주실 수 있다면 좋겠다고 생각했어요.

남: 그럼, 그렇게 할게.

| 문제해설 |

임신한 딸에게 도와줄 일이 있는지 묻는 남자의 말에 여자는 개 돌보는 것을 도와달라고 하자 남자는 지난번처럼 개 목욕을 시켜줄지를 묻는다. 이에 여자는 수의사에게 개를 데려가서 주사를 맞혀줄 것을 요청하고 남자가 그러겠다고 했으므로, 여자가 남자에게 부탁한 일로 가장 적절한 것은 ⑤ '수의사에게 개 데려가기'이다.

| 어휘 및 어구 |

due date (출산) 예정일	normal 정상적인
pregnant 임신한	regular checkup 정기검진
bathe 목욕시키다	
vet 수의사(= veterinarian)	shot 주사

6
정답 ⑤

| 소재 | 크리스마스 트리 검색

| Script |

M: Honey, I'm home.

W: You're a little late today.

M: Yeah, I started my cooking class today.

W: Oh, I forgot you had signed up for a cooking class. So, how was it?

M: It was fun. I think I have a talent for cooking.

W: Really? I'd love to try your food sometime.

M: Just wait for a couple of weeks. I'll make a cake this Christmas.

W: Thank you very much! And honey, we have to buy a Christmas tree, don't we?

M: Right. How about going to the store tomorrow?

W: Well, we can buy one at home on the Internet.

M: That sounds easier. Then can you search the Internet and find a good one? I have to finish my report for the presentation tomorrow.

W: Okay. I'll do it after dinner.

| 해석 |

남: 여보, 나 왔어요.

여: 오늘 좀 늦었네요.

남: 그래요, 오늘 요리 수업을 시작했거든요.

여: 아, 당신이 요리 수업에 등록한 것을 잊어버렸어요. 그래서 수업은 어땠나요?

남: 재밌었어요. 내가 요리에 재능이 있는 것 같아요.

여: 정말요? 언젠가 당신의 요리를 먹어보고 싶군요.

남: 몇 주만 기다리면 돼요. 이번 크리스마스에 케이크를 만들 거예요.

여: 정말 고마워요! 그리고 여보, 크리스마스 트리를 사야 하지 않을까요?

남: 맞아요. 내일 가게에 가는 것이 어떨까요?

여: 음, 집에서 인터넷으로 살 수 있어요.

남: 그게 더 쉽겠네요. 그럼 당신이 인터넷 검색을 해서 좋은 것을 찾아볼래요? 나는 내일 발표를 위한 보고서를 마무리해야 하거든요.

여: 알겠어요. 저녁식사 후에 할게요.

| 문제해설 |

크리스마스 트리를 가게에 가서 사자는 남자의 제안에 여자는 인터넷으로 살 수 있다고 했고 이에 남자는 인터넷 검색으로 좋은 것을 찾아봐 달라고 했으므로, 남자가 여자에게 부탁한 일로 가장 적절한 것은 ⑤ '인터넷에서 크리스마스 트리 검색하기'이다.

| 어휘 및 어구 |

sign up for ~에 등록하다   talent 재능
presentation 발표

07 이유

본문 32~33쪽

예제   정답 ①

| 소재 | 탁구 연습

| Script |

W: Hey, Mike. How's your shoulder? Are you still in pain?

M: No, I feel totally fine, Emily. I should be ready for the table tennis tournament.

W: That's good to hear. Then do you want to practice with me now?

M: I'm sorry but I can't right now.

W: Why not? Do you have to work on your history homework?

M: No, I already submitted it to Mr. Jackson.

W: Oh, then I guess you have to study for the science quiz, right?

M: I think I'm ready for it. Actually, I'm on my way to volunteer at the school library.

W: I see. Then, don't forget about our drama club meeting tomorrow.

M: Of course not. See you there.

| 해석 |

여: 이봐, Mike. 어깨는 어때? 아직도 아파?

남: 아니, 완전히 건강해, Emily. 탁구 대회 준비를 해야겠지.

여: 그렇다니 다행이네. 그럼 지금 나와 연습하고 싶어?

남: 미안하지만 지금 당장은 안 돼.

여: 왜 안 되는 거야? 역사 숙제를 해야 해?

남: 아니, 나는 이미 그것을 Jackson 선생님께 제출했어.

여: 오, 그럼 과학 퀴즈를 위해서 공부해야 하는가 보다. 맞아?

남: 그것은 준비가 된 것 같아. 사실, 나는 학교 도서관에 자원봉사를 하러 가는 길이야.

여: 그렇구나. 그럼, 내일 우리 연극 동아리 모임 잊지 마.

남: 물론 잊지 않을게. 거기서 보자.

| 문제해설 |

남자는 학교 도서관에 자원봉사를 하러 가는 길이어서 지금 당장은 여자와 탁구 연습을 할 수 없다고 했으므로, 남자가 탁구 연습을 할 수 없는 이유는 ① '학교 도서관에 자원봉사를 하러 가야 해서'이다.

| 어휘 및 어구 |

tournament 대회, 경기   submit 제출하다
volunteer 자원봉사하다

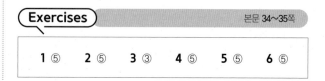

Exercises   본문 34~35쪽

| 1 ⑤ | 2 ⑤ | 3 ③ | 4 ⑤ | 5 ⑤ | 6 ⑤ |

DIY 자가 조립하는, (수리 · 제작 등을) 손수 하는(= do-it-yourself)
instructions 사용 설명서   missing 없어진, 분실된
piece 부품, 조각

1

정답 ⑤

| 소재 | 개집 키트 조립

| Script |

M: Hi, Martha. Wow, your garage is so spacious.

W: Come on in, Tim. You should see all of my father's tools.

M: Cool! These must be the tools you'll use to create the dog house you told me about.

W: Yes. The DIY dog house kit is over there, but I'm not able to make it.

M: Why? Is it too difficult to build?

W: No. It seems really easy because the kit provides step-by-step instructions.

M: Then why can't you make it?

W: There's a problem with the kit, so I need to return it.

M: Oh. Are there parts missing?

W: No. There's something wrong with some of the pieces. There are little holes in the wooden boards.

M: Oh, no! Your dog will have to wait a little longer to get a new house.

| 해석 |

남: 안녕, Martha. 와, 차고가 정말 넓구나.

여: 자 들어와, Tim. 너는 우리 아버지의 도구들을 다 봐야 해.

남: 멋지다! 이것들이 네가 말했던 개집을 만드는 데 사용할 도구들이겠네.

여: 응. 저쪽에 자가 조립 개집 키트가 있지만, 나는 그것을 만들 수가 없어.

남: 왜? 너무 어려워서 만들 수 없는 거니?

여: 아니. 키트가 단계별 사용 설명서를 제공하기 때문에 정말 쉬워 보여.

남: 그럼 왜 못 해?

여: 키트에 문제가 있어서 반품해야 해.

남: 오. 누락된 부품이 있니?

여: 아니. 일부 부품에 문제가 있어. 나무판자에 작은 구멍들이 있어.

남: 오, 이런! 네 개는 새집을 얻으려면 조금 더 기다려야겠네.

| 문제해설 |

여자는 개집을 만들기 위한 조립 키트가 있지만 나무판자에 작은 구멍들이 있는 등 일부 부품에 문제가 있어 만들 수 없다고 했으므로, 여자가 개집을 만들지 못하는 이유는 ⑤ '일부 부품이 불량이어서'이다.

| 어휘 및 어구 |

garage 차고   spacious 넓은

2

정답 ⑤

| 소재 | Festival of Lights

| Script |

W: Ken, do you know what these are?

M: Wow, they're tickets for the Festival of Lights tomorrow night. I heard they're expensive.

W: I think they were. My older sister got these tickets as a graduation gift, but she can't make it to the festival.

M: Why not? Is she sick or something?

W: No. She has to attend an important seminar for her new job tomorrow.

M: Oh, your sister must be really disappointed.

W: Yeah, she is, but she gave me the tickets. Do you want to go with me?

M: I'd really love to, but I'm afraid I can't.

W: But you quit your part-time job, didn't you?

M: Yes, but I need to go to the airport to pick up my cousin tomorrow night.

W: I see. Then I'll ask someone else.

| 해석 |

여: Ken, 너 이게 뭔지 알아?

남: 와, 내일 밤에 열리는 빛 축제의 표네. 그것이 비싸다고 들었어.

여: 비쌌을 거야. 언니가 졸업선물로 이 표들을 받았는데, 그 축제에 못 가.

남: 왜 못 가? 그녀가 아프거나 뭐 그런 거야?

여: 아니. 언니는 내일 새 직장을 위해 중요한 세미나에 참석해야 해.

남: 오, 네 언니가 정말 실망하겠네.

여: 응, 그래. 하지만 언니가 나에게 표를 줬어. 너 나와 같이 갈래?

남: 정말 그러고 싶지만, 유감스럽게도 그럴 수가 없어.

여: 하지만 너 아르바이트를 그만뒀잖아, 그렇지 않니?

남: 응. 그런데 내일 밤에 사촌을 데리러 공항에 가야 해.

여: 그렇구나. 그러면 다른 사람에게 물어볼게.

| 문제해설 |

여자는 언니로부터 빛 축제의 표를 받았다며 남자에게 같이 가겠느냐고 묻자 남자가 사촌을 데리러 공항에 가야 해서 함께 갈 수 없다고 했으므로, 남자가 빛 축제에 갈 수 없는 이유는 ⑤ '사촌을 데리러 공항에 가야 해서'이다.

| 어휘 및 어구 |

graduation 졸업   attend 참석하다
seminar 세미나   disappointed 실망한

3

정답 ③

| 소재 | 호텔 예약 취소

| Script |

M: Hi, Karen. How are your trip preparations going?

W: I'm almost done. But I may cancel my accommodation reservation and stay somewhere else.

M: You booked a room at a homestay, didn't you?

W: No. I booked at a pretty nice hotel at a low price.

M: Then, why might you cancel it? Have you had to change your travel schedule?

W: No. I'm still going at the same time.

M: You don't like the facilities of the hotel?

W: Actually, it has nice facilities. The hotel even has a pool.

M: So then why do you want to cancel the reservation?

W: It's quite far from the tourist attractions I'm going to visit. I think it'd be very inconvenient to move around.

M: I see. I think it'd be better to change then.

| 해석 |

남: 안녕, Karen. 여행 준비는 잘 되어가고 있나요?

여: 거의 다 했어요. 하지만 숙박 시설 예약을 취소하고 다른 곳에서 묵을지도 몰라요.

남: 홈스테이 방을 예약하셨죠, 그렇지 않아요?

여: 아니오. 저렴한 가격에 꽤 괜찮은 호텔을 예약했어요.

남: 그럼, 왜 취소할지도 모른다는 거죠? 여행 일정을 변경해야 했나요?

여: 아니오. 여전히 같은 때에 갈 거예요.

남: 호텔 시설이 마음에 안 들어요?

여: 사실, 그곳은 시설이 좋아요. 그 호텔에는 수영장도 있어요.

남: 그럼 왜 예약을 취소하고 싶은 거죠?

여: 제가 가려고 하는 관광 명소에서 꽤 멀어요. 돌아다니기 너무 불편할 것 같아요.

남: 그렇군요. 그럼 바꾸는 것이 좋을 것 같네요.

| 문제해설 |

여자는 저렴한 가격에 꽤 괜찮은 호텔을 예약했으나 가려고 하는 관광 명소에서 꽤 멀어 이동이 불편할 것 같아 호텔 예약을 취소하고 싶다고 했으므로, 여자가 호텔 예약을 취소하려는 이유는 ③ '관광 명소와 거리가 멀어서'이다.

| 어휘 및 어구 |

preparation 준비
accommodation 숙박 시설   reservation 예약
homestay 홈스테이(유학생 등이 체제국의 가정에 살면서 가족과 생활을 함께하기)
facilities 시설
tourist attraction 관광 명소
inconvenient 불편한

4

정답 ⑤

| 소재 | 봉사 활동 지원

| Script |

W: Jack, you said you were going to apply for some volunteering opportunity last week, didn't you?

M: Yeah, I applied for a Spanish teaching position, but I didn't get accepted.

W: What? How come? You're really good at Spanish.

M: They said they needed someone with teaching experience.

W: Oh, too bad. How about checking the ACT Digital Volunteering Program?

M: Digital volunteering program?

W: Yeah, they're looking for volunteers to teach local senior citizens how to use computers.

M: Cool! I think I can do it. When would I teach?

W: On Friday evenings.

M: Oh, no! I have a part-time job on Fridays.

W: Well, I guess you have to find something else, then.

| 해석 |

여: Jack, 너 지난주에 어떤 봉사 활동 기회에 지원할 거라고 하지 않았니?

남: 응. 스페인어를 가르치는 자리에 지원했는데, 받아들여지지 않았어.

여: 뭐? 왜? 너 스페인어를 정말 잘하잖아.

남: 가르쳐 본 경험이 있는 사람이 필요했대.

여: 아, 너무 안됐다. ACT 디지털 봉사 프로그램을 알아보는 건 어때?
남: 디지털 봉사 프로그램이라고?
여: 응. 지역의 노인분들께 컴퓨터를 사용하는 법을 가르쳐 드리는 자원봉사자들을 구하고 있어.
남: 좋아! 내가 할 수 있을 것 같은데. 언제 가르쳐 드리는 거야?
여: 매주 금요일 저녁이야.
남: 아, 이런! 금요일에는 아르바이트가 있어.
여: 음, 그럼 너는 다른 뭔가를 찾아봐야 할 것 같구나.

| 문제해설 |
남자는 지역의 노인분들에게 컴퓨터 사용법을 가르치는 자원봉사 활동에 대해 관심을 보였으나 봉사 활동이 금요일 저녁이라는 여자의 말에 금요일에는 아르바이트가 있다고 했으므로, 남자가 ACT 디지털 봉사 프로그램에 지원하지 못하는 이유는 ⑤ '금요일에 아르바이트를 해야 해서'이다.

| 어휘 및 어구 |
apply for ~에 지원하다   volunteer 봉사하다. 자원하다
opportunity 기회   position 자리. 지위
accept (기관 등에서) 받아 주다
local 지역의   senior citizen 노인

5
정답 ⑤

| 소재 | 개를 키우지 못하는 이유

| Script |
W: Robin, where have you been?
M: I had to take my dog to the vet.
W: Oh, is she okay?
M: Yeah. She got a little hurt while playing with the neighbor's dog but it's not serious.
W: Good. Your dog is so cute! I wish I had a dog.
M: You have a perfect backyard for a dog. It's so spacious. Why don't you get one?
W: Well, my mother won't allow me to.
M: Why? Doesn't she like dogs?
W: No, she likes. She had one when she was young.
M: Then why won't she let you get one?
W: It's because of my younger brother. He's allergic to dog fur.
M: Oh, that's too bad. Then you have no choice.

| 해석 |
여: Robin, 어디 갔었니?
남: 우리 개를 수의사에게 데려가야 했어.
여: 어, 개는 괜찮니?

남: 응. 이웃의 개와 놀다가 조금 다쳤는데 심각하진 않아.
여: 다행이네. 네 개는 너무 귀여워! 나도 개가 있으면 좋겠어.
남: 넌 개를 키울 만한 완벽한 뒷마당이 있잖아. 굉장히 넓지. 개를 키우지 그러니?
여: 음, 우리 엄마가 허락하지 않으실 거야.
남: 왜? 어머니께서 개를 좋아하지 않으시니?
여: 아니, 좋아하셔. 엄마가 어렸을 때 한 마리를 키우셨어.
남: 그럼 왜 네가 개를 키우지 못하게 하시는 거야?
여: 그건 남동생 때문이야. 개털 알레르기가 있거든.
남: 아, 그렇다니 너무 안됐다. 그럼 넌 선택의 여지가 없겠구나.

| 문제해설 |
남자는 개를 키우고 싶다고 말하는 여자에게 왜 개를 키우지 않는지 묻자 남동생이 개털 알레르기가 있기 때문이라고 했으므로, 여자가 개를 키울 수 없는 이유는 ⑤ '동생이 개털 알레르기가 있어서'이다.

| 어휘 및 어구 |
vet 수의사   serious 심각한
backyard 뒷마당   spacious 넓은
allow 허락하다
be allergic to ~에 알레르기가 있다
fur 털

6
정답 ⑤

| 소재 | 친구와의 우연한 만남

| Script |
W: Chris, long time no see!
M: Hi, Gwen. It's funny to run into you here.
W: Yeah. The last time we saw each other was about three months ago, when we volunteered together at the nursing home.
M: Right. What are you doing here at the hospital? Are you still getting physical therapy for your leg?
W: No. My cousin is hospitalized here. What about you?
M: I'm getting the results of a checkup I took last week. Do you have some time to talk now?
W: Sorry, I don't. My mother is waiting outside for me.
M: Then, let's get together some other time.
W: Sounds good. I'll call you later.
M: Okay. Talk to you soon.

| 해석 |

여: Chris, 오랜만이야!

남: 안녕, Gwen. 이곳에서 너와 마주치다니 이상하네.

여: 그러게. 우리가 서로를 마지막으로 본 것이 3개월 전쯤. 우리가 양로원에서 함께 자원봉사 활동을 했던 때였지.

남: 맞아. 여기 병원에서 뭐 하고 있니? 아직도 다리 때문에 물리 치료를 받고 있니?

여: 아니. 내 사촌이 이곳에 입원해 있어. 너는?

남: 나는 지난주에 받았던 건강검진의 결과를 받으려고 해. 지금 이야기 나눌 시간이 좀 있니?

여: 미안하지만, 시간이 없네. 엄마가 밖에서 날 기다리고 계셔.

남: 그럼, 다음에 만나자.

여: 좋아. 내가 나중에 전화할게.

남: 그래. 조만간 이야기 나누자.

| 문제해설 |

오랜만에 우연히 병원에서 만난 두 사람이 서로 어떤 일로 이곳에 왔는지 묻는 상황으로, 남자는 지난주에 받았던 건강검진 결과를 받으려고 왔다고 했으므로, 남자가 병원을 방문한 이유는 ⑤ '건강검진 결과를 알아보기 위해서'이다.

| 어휘 및 어구 |

funny 이상한, 기묘한   nursing home 양로원
physical therapy 물리 치료   hospitalize 입원시키다
checkup 건강검진

08   언급 유무
본문 36~37쪽

예제   정답 ④

| 소재 | Little Readers' Class

| Script |

M: Christine, I heard your daughter Jennifer loves reading. Unfortunately, my daughter doesn't.

W: Actually, Jennifer didn't enjoy reading until she took the Little Readers' Class. It provides various fun reading activities.

M: Really? It might be good for my daughter, too. Where's it held?

W: It's held at the Stonefield Library. I have a picture of the flyer somewhere in my phone. *[Pause]* Here.

M: Oh. The class is from 4 p.m. to 5 p.m. every Monday.

W: Is that time okay for her?

M: Yeah, she's free on Monday afternoons.

W: Great. The class is for children ages seven to nine. Your daughter is eight years old, right?

M: Yes, she can take it. So, to register, I should send an email to the address on the flyer.

W: That's right. I hope the class gets your daughter into reading.

| 해석 |

남: Christine, 네 딸 Jennifer는 책 읽기를 아주 좋아한다고 들었어. 안타깝게도, 내 딸은 그렇지 않아.

여: 사실, Jennifer도 Little Readers' Class를 듣고 나서야 비로소 책 읽기를 재미있어 했어. 거기서 다양한 재미있는 읽기 활동을 제공하거든.

남: 정말? 내 딸에게도 좋을 것 같은데. 어디서 하지?

여: Stonefield 도서관에서 열려. 내 전화기 어딘가 전단 사진이 있어. *[잠시 후]* 여기 봐.

남: 오. 수업이 매주 월요일 오후 4시부터 5시까지네.

여: 그 시간이 네 딸에게 괜찮아?

남: 응. 그 애는 월요일 오후에 시간이 있어.

여: 잘됐네. 수업은 일곱 살부터 아홉 살까지의 아이들을 위한 것이야. 네 딸이 여덟 살, 맞지?

남: 응. 그 애가 수강할 수 있어. 그럼, 등록하려면 전단에 있는 주소로 이메일을 보내야 하는구나.

여: 맞아. 그 수업을 통해 네 딸이 책 읽기에 빠지기를 바랄게.

| 문제해설 |

장소(Stonefield 도서관), 시간(매주 월요일 오후 4시~5시), 대상 연령(일곱 살~아홉 살), 등록 방법(전단에 있는 주소로 이메일 보내기)에 대해서는 언급이 되었으나 모집 인원에 대해서는 언급되지 않았으므로, Little Readers' Class에 관해 언급되지 않은 것은 ④ '모집 인원'이다.

| 어휘 및 어구 |

unfortunately 안타깝게도   various 다양한
activity 활동   flyer 전단
register 등록하다   address 주소

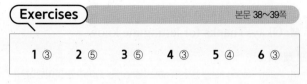

Exercises

1 ③	2 ⑤	3 ⑤	4 ③	5 ④	6 ③

1

정답 ③

| 소재 | Rising Super Star Singing Contest

| Script |

M: Hi, Kate, I heard you're entering the Rising Super Star Singing Contest.

W: Hi, Peter. Yes, I am. Actually, I've been practicing for it a lot these days.

M: Cool. When is the contest?

W: On June 18th. So I have only a month left to practice.

M: That's coming up soon. It's being held downtown, right?

W: Yes. At the Central Art Center next to City Hall.

M: How many people are competing in the contest?

W: Well, I'm not exactly sure. But there will probably be a lot because the contest is open to all high school students in our city.

M: I see. Do you have to pay to enter it?

W: Yes. $50.

M: I see. Good luck!

W: Thanks. I'll do my best.

| 해석 |

남: 안녕, Kate, 네가 Rising Super Star Singing Contest에 참가한다고 들었어.

여: 안녕, Peter. 그래, 참가해. 사실, 요즘 그 대회를 대비해서 연습을 많이 하고 있어.

남: 굉장해. 대회가 언제야?

여: 6월 18일. 그래서 연습할 시간이 한 달밖에 남지 않았어.

남: 대회가 곧 다가오고 있구나. 대회는 시내에서 열리지, 그렇지?

여: 응. 시청 옆에 있는 Central Art Center에서.

남: 얼마나 많은 사람들이 대회에 참가할 예정이니?

여: 글쎄. 정확히는 모르겠어. 하지만 이 대회에 우리 도시의 모든 고등학생들이 참가할 수 있기 때문에 아마 많을 거야.

남: 그렇구나. 참가하기 위해서 돈을 지불해야 해?

여: 응. 50달러.

남: 그렇구나. 행운을 빌어!

여: 고마워. 최선을 다할게.

| 문제해설 |

개최 일자(6월 18일), 개최 장소(Central Art Center), 참

가 자격 요건(우리 도시의 모든 고등학생), 참가비(50달러)에 대해서는 언급이 되었으나 신청 방법에 대해서는 언급되지 않았으므로, Rising Super Star Singing Contest에 관해 언급되지 않은 것은 ③ '신청 방법'이다.

| 어휘 및 어구 |

enter 참가하다

practice 연습하다

downtown 시내에서

2

정답 ⑤

| 소재 | Floral Design Class

| Script |

M: Hi, Judy. Thanks so much for the flower bouquet you made for my mother. I gave it to her yesterday.

W: Hi, Mike. I hope she liked it.

M: She loved it. And she asked me how you learned to make it because she'd like to learn.

W: I'm glad your mother liked it. I learned how in the Floral Design Class I took.

M: Oh. Where was that?

W: At the community center. The class is offered every month.

M: Really? Is there an age limit to take the class?

W: No. Anyone can take it. I think your mom would like it.

M: Cool. But she doesn't know anything about floral design. Can beginners take the class?

W: Of course. It's actually for beginners.

M: Perfect. Were there many students in the class you took?

W: There's a limit of ten. So it's always small.

M: Great. Then I'll have to tell her to sign up for the class.

| 해석 |

남: 안녕, Judy. 우리 어머니를 위해 네가 만들어 준 꽃다발 너무 고마워. 어제 어머니께 드렸어.

여: 안녕, Mike. 네 어머니께서 좋아하셨으면 좋겠어.

남: 어머니가 무척 좋아하셨어. 그리고 어머니도 배우고 싶으셔서 네가 만드는 것을 어떻게 배웠냐고 내게 물어보셨어.

여: 네 어머니께서 좋아하셔서 기쁘구나. 나는 내가 수강했던 Floral Design Class에서 방법을 배웠어.

남: 오. 그 수업이 어디에서 있었는데?

여: 커뮤니티 센터에서. 그 수업은 매달 제공되거든.

남: 정말? 그 수업을 수강하는 데 연령 제한이 있어?

여: 아니. 누구나 수강할 수 있어. 네 어머니께서 그것을 좋아하실 거야.

남: 좋아. 하지만 어머니는 꽃 디자인에 대해 전혀 모르셔. 초보자도 수업을 들을 수 있니?

여: 물론이지. 그 수업은 사실 초보자를 위한 거야.

남: 완벽하구나. 네가 들은 수업에 학생이 많았니?

여: 10명으로 제한되어 있어. 그래서 항상 수가 적어.

남: 아주 좋아. 그럼 어머니께 수강 신청을 하시라고 해야겠다.

| 문제해설 |

장소(커뮤니티 센터), 연령 제한(누구나 가능), 강의 수준(초보자용), 수강 제한 인원(10명)에 대해서는 언급이 되었으나 수강료에 대해서는 언급되지 않았으므로, Floral Design Class에 관해 언급되지 않은 것은 ⑤ '수강료'이다.

| 어휘 및 어구 |

bouquet 꽃다발   floral 꽃의

beginner 초보자   limit 제한

sign up for ~을 신청하다

3

정답 ⑤

| 소재 | Caring Neighbors Youth Scholarship

| Script |

W: Peter, have you heard of the Caring Neighbors Youth Scholarship?

M: No. I haven't heard of it. What kind of scholarship is it?

W: It's for high school students planning on going to college.

M: Can any high school student apply for it?

W: No. Only seniors can apply. They also need to demonstrate financial need and a commitment to community service.

M: I think I can apply then.

W: Right. The scholarship is $5,000, so it's worth a try.

M: That's a lot. Do you know how to apply?

W: You need to download an application form from the Caring Neighbors website, fill it out, and upload it. That's it.

M: It sounds simple.

W: Yeah, but you have to hurry up. The application deadline is May 8th.

M: Okay. Thanks for letting me know.

| 해석 |

여: Peter, Caring Neighbors Youth Scholarship이라고 들어봤어?

남: 아니. 들어본 적이 없어. 어떤 종류의 장학금이니?

여: 대학에 진학할 예정인 고등학생들을 위한 거야.

남: 고등학생이라면 누구나 그것에 지원할 수 있어?

여: 아니. 최상급생만 지원할 수 있어. 또한 재정적인 필요와 지역사회 봉사에 대한 헌신을 입증해야 해.

남: 그럼 내가 신청할 수 있겠네.

여: 맞아. 장학금은 5천 달러이니 시도해 볼 만하지.

남: 금액이 많구나. 어떻게 신청하는지 아니?

여: Caring Neighbors 웹사이트에서 신청서를 내려받아 작성해서 업로드하면 돼. 그게 전부야.

남: 간단하게 들리는구나.

여: 응. 하지만 서둘러야 해. 신청 마감일이 5월 8일이거든.

남: 좋아. 알려줘서 고마워.

| 문제해설 |

신청 자격(대학 진학 예정 최상급생 고등학생, 재정적인 필요와 지역사회 봉사에 대한 헌신을 입증해야 함), 금액(5천 달러), 신청 방법(Caring Neighbors 웹사이트에서 신청서 내려받아 작성 후 업로드), 신청 마감일(5월 8일)에 대해서는 언급이 되었으나 수령 방법에 대해서는 언급되지 않았으므로, Caring Neighbors Youth Scholarship에 관해 언급되지 않은 것은 ⑤ '수령 방법'이다.

| 어휘 및 어구 |

scholarship 장학금   apply for ~에 지원하다

senior 최상급생   demonstrate 입증하다

financial 재정적인   commitment 헌신

deadline 마감일

4

정답 ③

| 소재 | Teen Book Festival

| Script |

W: Chris, have you heard about the Teen Book Festival coming up?

M: Yes, I have. It's going to be held on May 6th, right?

W: Right. I'm going to it. Do you want to go together?

M: Sure. Where is it held?

W: At the Peterson Library. It's near the City Hall.

M: I know where that is. How much is admission?

I hope it's not expensive.

W: Actually, it's free with your student ID card.

M: Great!

W: Do you know the authors Karin Brock and Rose Perry?

M: Of course. I love their books. Are they coming to the festival?

W: Yes. They're giving lectures.

M: Wow, that's amazing. I can't wait to see them.

| 해석 |

여: Chris, 다가오는 Teen Book Festival에 대해서 들어본 적이 있니?

남: 응, 들어본 적이 있어. 그것은 5월 6일에 열릴 예정이야, 그렇지?

여: 맞아. 난 거기에 갈 거야. 너도 같이 가기를 원하니?

남: 물론이지. 어디에서 열려?

여: Peterson 도서관에서. 시청 근처에 있어.

남: 거기가 어디인지 알아. 입장료는 얼마니? 비싸지 않으면 좋겠는데.

여: 실은, 너의 학생증이 있으면 무료야.

남: 아주 좋은데!

여: 너 Karin Brock과 Rose Perry라는 작가를 알고 있니?

남: 물론이지. 난 그들의 책을 무척 좋아해. 그들이 그 축제에 오는 거야?

여: 그래. 그들이 강연을 할 거야.

남: 와, 그거 놀랍다. 난 그들을 빨리 보고 싶어.

| 문제해설 |

날짜(5월 6일), 장소(Peterson 도서관), 입장료(학생증이 있으면 무료), 강연자(Karin Brock과 Rose Perry)에 대해서는 언급이 되었으나 참가 대상에 대해서는 언급되지 않았으므로, Teen Book Festival에 관해 언급되지 않은 것은 ③ '참가 대상'이다.

| 어휘 및 어구 |

author 작가   lecture 강연

amazing 놀라운

5   정답 ④

| 소재 | 사진 강좌 수강

| Script |

M: Jane, how about taking this photography class with me?

W: Okay. Who's the instructor?

M: Sam Peterson. He is a very famous photographer.

W: Really? He's teaching? I love his photography!

M: I know. I was surprised when I found out he's teaching, too.

W: How much is the class?

M: It's $52 per week. It's quite expensive.

W: Yeah. But considering his expertise, it's definitely worth it. Are there any materials required for the class?

M: Yes. You need to bring a camera and a laptop.

W: Okay. When are you going to sign up for the class?

M: As soon as possible. There's a class size limit of 25.

W: All right. Then let's sign up for it now.

| 해석 |

남: Jane, 나와 함께 이 사진 강좌를 수강하는 게 어때?

여: 좋지. 강사는 누구니?

남: Sam Peterson이야. 그는 매우 유명한 사진작가야.

여: 정말? 그가 강의할 거라고? 나는 그의 사진 촬영 기법을 정말 좋아해!

남: 알아. 그가 강의할 거라는 사실을 알았을 때 나도 역시 놀랐거든.

여: 강좌는 얼마야?

남: 주당 52달러야. 상당히 비싸지.

여: 그래. 하지만 그의 전문적인 지식을 고려한다면, 분명히 그럴 만한 가치가 있어. 그 수업에서 요구되는 용구가 있니?

남: 응. 카메라와 휴대용 컴퓨터를 가져와야 해.

여: 알았어. 넌 언제 그 수업을 신청할 거야?

남: 가능한 한 빨리. 25명의 수강 인원 제한이 있거든.

여: 좋아. 그렇다면 지금 신청을 하자.

| 문제해설 |

강사(Sam Peterson), 수강료(주당 52달러), 준비물(카메라와 휴대용 컴퓨터), 수강 제한 인원(25명)에 대해서는 언급이 되었으나 강의 주제에 대해서는 언급되지 않았으므로, 사진 강좌에 관해 언급되지 않은 것은 ④ '강의 주제'이다.

| 어휘 및 어구 |

photography 사진 촬영 기법, 사진 촬영

instructor 강사   expertise 전문적 지식

definitely 분명히   worth ～할 가치가 있는

materials 용구, 기구   sign up for ～을 신청하다

6   정답 ③

| 소재 | Angel Guesthouse

| Script |

W: Jason, you went to Jeju Island last month, didn't you?

M: Yeah, right. Why do you ask? Are you planning

on taking a trip there?

W: Yes, I am. Where did you stay there?

M: Angel Guesthouse. It's located on the coast.

W: Was it nice?

M: Absolutely! It's a small guesthouse with only five rooms, so you can easily meet other guests.

W: Great. How much is it per night?

M: 30,000 won, which includes breakfast. There's also free Internet in the rooms.

W: Oh, it sounds good.

M: I think you should hurry and book, though. As I said, it only has five rooms, so it's not easy to get a room.

W: Okay, I'll do that right away.

| 해석 |

여: Jason, 너 지난달 제주도에 갔었지, 그렇지?

남: 그래, 맞아. 왜 물어? 그곳에 여행 가려고 계획 중이니?

여: 응. 제주도 어디에서 머물렀니?

남: Angel Guesthouse. 해안에 위치해 있어.

여: 좋았어?

남: 물론이지! 객실이 겨우 다섯 개 있는 작은 게스트하우스여서 다른 손님들을 쉽게 만날 수 있거든.

여: 멋지다. 하룻밤 숙박비는 얼마야?

남: 아침식사 포함해서 3만 원이야. 객실에서 인터넷도 무료야.

여: 오, 좋은 것 같은데.

남: 하지만 네가 서둘러서 예약을 해야 할 것 같아. 내가 말한 대로, 객실이 다섯 개뿐이어서 객실을 구하기가 쉽지 않거든.

여: 좋아, 지금 바로 예약할 거야.

| 문제해설 |

위치(해안), 객실 수(다섯 개), 객실 요금(3만 원), 인터넷 이용(무료)에 대해서는 언급이 되었으나 운영자에 대해서는 언급되지 않았으므로, Angel Guesthouse에 관해 언급되지 않은 것은 ③ '운영자'이다.

| 어휘 및 어구 |

guesthouse (숙박 시설) 게스트하우스, 고급 하숙집

be located on ~에 위치하다

include 포함하다   right away 바로, 즉시

---

09 숫자

예제   정답 ④

| 소재 | 포장 음식 주문

| Script |

M: Welcome to Daisy Valley Restaurant.

W: Hi. I'd like to order some food to go. How much is the shrimp pasta and the chicken salad?

M: The shrimp pasta is $20, and the chicken salad is $10.

W: I'll take two shrimp pastas and one chicken salad, please.

M: Sure. Would you like some dessert, too?

W: Yes. What do you recommend?

M: The mini cheese cake is one of the best sellers in our restaurant. It's $5 each.

W: Great! I'll order two of them.

M: Okay. Let me confirm your order. Two shrimp pastas, one chicken salad, and two mini cheese cakes. Is that correct?

W: Yes. And I have a birthday coupon here. Can I use it?

M: Let me see. [Pause] Yes. You can get a 10% discount off the total.

W: Terrific. I'll use this coupon. Here's my credit card.

| 해석 |

남: Daisy Valley Restaurant에 오신 것을 환영합니다.

여: 안녕하세요. 포장해 가져갈 음식을 좀 주문하려고요. 새우 파스타와 닭고기 샐러드는 얼마인가요?

남: 새우 파스타는 20달러이고, 닭고기 샐러드는 10달러입니다.

여: 새우 파스타 2개와 닭고기 샐러드 1개 주세요.

남: 알겠습니다. 디저트도 원하시나요?

여: 네. 어떤 것을 추천하시나요?

남: 미니 치즈 케이크는 우리 음식점에서 가장 잘 팔리는 것 중 하나입니다. 1개에 5달러입니다.

여: 좋네요! 2개 주문할게요.

남: 알겠습니다. 고객님의 주문 확인하겠습니다. 새우 파스타 2개, 닭고기 샐러드 1개, 그리고 미니 치즈 케이크 2개입니다. 맞습니까?

여: 네. 그리고 여기 생일 쿠폰이 있어요. 그것을 사용할 수 있을까요?

남: 잠시만요. [잠시 후] 네. 총액에서 10%를 할인받으실 수 있습니다.

여: 매우 좋군요. 이 쿠폰을 사용할게요. 여기 제 신용카드가 있어요.

34 EBS 수능특강 Light 영어듣기

| 문제해설 |

여자는 20달러인 새우 파스타 2개와 10달러인 닭고기 샐러드 1개, 5달러인 미니 치즈 케이크 2개를 주문하고, 생일 쿠폰을 사용하여 총액 60달러에서 10% 할인을 받았으므로, 여자가 지불할 금액은 ④ '$54'이다.

| 어휘 및 어구 |

food to go 포장해 가져갈 음식

shrimp 새우   recommend 추천하다

confirm 확인하다   correct 맞는, 정확한

total 총액   terrific 매우 좋은

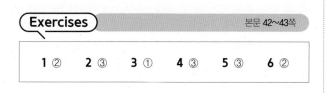

Exercises   본문 42~43쪽

1 ②   **2** ③   **3** ①   **4** ③   **5** ③   **6** ②

1
정답 ②

| 소재 | 야구 글러브와 배트 구매

| Script |

M: Hello. Can I help you find something?

W: Yes. I'm looking for a baseball glove for my son. He's 10 years old.

M: All right. Do you have a price range in mind? Gloves come in a wide price range.

W: Well, I can spend up to $70.

M: Then what about this one? It's $65.

W: Is it real leather?

M: Yes. It's really comfortable.

W: Okay. I'll take it. I also want to buy a bat.

M: In that case, you can save money by getting a glove and bat set. This set was originally $100, but it's on sale for 20% off.

W: How much was the original price of the bat?

M: It was $45.

W: Then I'll take the glove and bat set.

| 해석 |

남: 안녕하세요. 찾으시는 것을 도와드릴까요?

여: 네. 아들에게 줄 야구 글러브를 찾고 있어요. 아이는 10살입니다.

남: 알겠습니다. 생각하시는 가격대가 있으십니까? 글러브는 폭넓은 가격대로 나옵니다.

여: 음, 70달러까지는 쓸 수 있어요.

남: 그럼 이것은 어떤가요? 65달러입니다.

여: 진짜 가죽인가요?

남: 네, 정말 편안해요.

여: 좋아요. 그것을 사겠습니다. 배트도 사고 싶은데요.

남: 그런 경우라면, 글러브와 배트 세트를 구입하셔서 돈을 절약하실 수 있어요. 이 세트는 원래 100달러였는데, 20% 할인하고 있거든요.

여: 배트의 원래 가격은 얼마였나요?

남: 45달러였습니다.

여: 그럼 그 글러브와 배트 세트로 할게요.

| 문제해설 |

여자는 원래 100달러였는데 20% 할인하고 있는 글러브와 배트 세트를 사기로 했으므로, 여자가 지불할 금액은 ② '$80'이다.

| 어휘 및 어구 |

baseball glove 야구 글러브   range 범위

leather 가죽

2
정답 ③

| 소재 | 가방 구매

| Script |

M: Excuse me. I'm looking for a backpack for my son.

W: Backpacks are right over here. How old is your son?

M: Nine years old.

W: Then how about this one? It's very popular among kids his age.

M: It's nice. How much is it?

W: Originally it was $50, but it's 10% off right now.

M: Sounds great. By the way, what is this small crossbody bag next to the backpack? Is it included with the backpack?

W: No, it isn't. It's sold separately. It's $25 and not on sale right now.

M: I think my son will like that too. Hmm... I'll take both the backpack and the crossbody bag.

W: All right. Is there anything else you need?

M: No. That's all.

| 해석 |

남: 실례합니다. 저는 제 아들에게 줄 백팩을 찾고 있어요.

여: 백팩은 바로 여기에 있습니다. 아드님이 몇 살인가요?

남: 9살입니다.

여: 그렇다면 이것은 어떠세요? 아드님 또래의 아이들 사이에서 매우 인기가 있어요.

남: 그거 좋네요. 얼마인가요?

여: 원래는 50달러였습니다만, 지금은 10% 할인 중이에요.

남: 마음에 드네요. 그런데, 백팩 옆에 있는 이 작은 크로스백은 무엇인가요? 그것은 그 백팩에 포함되어 있는 건가요?

여: 아니오, 그렇지 않습니다. 그것은 별도로 팔리는 거예요. 가격은 25달러이고 지금은 할인되지 않습니다.

남: 아들이 그것도 역시 좋아할 것 같아요. 흠… 백팩과 크로스백 둘 다 살게요.

여: 알겠습니다. 다른 필요하신 것이 있으신가요?

남: 아니오. 그게 전부입니다.

| 문제해설 |

남자는 원래 50달러인데 10% 할인 중이어서 45달러인 백팩과 25달러인 크로스백을 둘 다 사기로 했으므로, 남자가 지불할 금액은 ③ '$70'이다.

| 어휘 및 어구 |

backpack 백팩　　　　　　　　popular 인기 있는
originally 원래
crossbody bag 크로스백(어깨에서 사선으로 몸을 가로질러 메는 백으로 두 손이 자유로운 장점이 있음)
separately 별도로

3

정답 ①

| 소재 | 실내 놀이터 예약

| Script |

[Telephone rings.]

M: Rainbow Indoor Playground. How may I help you?

W: Hi. I'd like to throw a birthday party for my daughter there.

M: Okay. We offer two daytime packages, one for up to 10 kids and the other for up to 20 kids.

W: How much is the package for 20 kids?

M: It's $80 on weekdays and $100 on weekends.

W: All right. I'll make a reservation for next Tuesday. And I'd like to order a cake.

M: Okay. That's normally $30, but since you chose a 20-kid package, we'll provide a cake for free.

W: Great, thanks! And I heard you offer an arts and crafts session.

M: Yes. The group session is an extra $10.

W: Okay, I'll take that, too.

| 해석 |

[전화벨이 울린다.]

남: Rainbow 실내 놀이터입니다. 어떻게 도와드릴까요?

여: 안녕하세요. 그곳에서 딸의 생일파티를 열어 주고 싶은데요.

남: 알겠습니다. 저희는 두 가지의 주간 패키지를 제공하고 있는데요, 10명까지의 아이들을 위한 것과 20명까지의 아이들을 위한 것이 있습니다.

여: 아이들 20명을 위한 패키지는 얼마인가요?

남: 평일에는 80달러이고, 주말에는 100달러입니다.

여: 좋아요. 다음 주 화요일로 예약할게요. 그리고 케이크를 하나 주문하고 싶은데요.

남: 알겠습니다. 그것이 보통 30달러인데, 20명 패키지를 선택하셨으니 케이크를 무료로 드리겠습니다.

여: 좋아요, 감사합니다! 그리고 공예 활동 시간을 제공한다고 들었는데요.

남: 네. 그 그룹 활동 시간은 추가로 10달러를 내시면 됩니다.

여: 좋아요, 그것도 하겠습니다.

| 문제해설 |

여자는 아이들 20명을 위한 평일 패키지를 선택했으므로 80달러를 지불해야 하고, 케이크를 주문했는데 무료라고 했으며, 공예 활동 시간을 위해 추가로 10달러를 지불해야 하므로, 여자가 지불할 금액은 ① '$90'이다.

| 어휘 및 어구 |

throw a party 파티를 열다　　offer 제공하다
daytime 주간　　　　　　　　up to ~까지
normally 보통　　　　　　　　provide 제공하다
arts and crafts 공예
session (특정한 활동을 위한) 시간[기간]

4

정답 ③

| 소재 | 꽃다발과 꽃병 구매

| Script |

W: Hello. How can I help you?

M: Hi. I'd like to buy a bouquet of flowers for a birthday.

W: All right. We have big bouquets for $40 and small ones for $30.

M: I'll take a big one.

W: Okay.

M: And I need a vase, too. I'd like a glass one.

W: This glass vase is originally $20. But since you're buying a bouquet, I can take 10% off for you.

M: Thanks. I'll take that vase then.

W: Do you need anything else?

M: Yes, a birthday card.

W: They're $3 each. But since you're buying a bouquet and a vase, I'll throw in a birthday card for free.

M: Thanks so much. Here's my credit card.

| 해석 |

여: 안녕하세요. 무엇을 도와드릴까요?

남: 안녕하세요. 생일 선물용 꽃다발을 사고 싶은데요.

여: 알겠습니다. 큰 꽃다발은 40달러이고 작은 것은 30달러입니다.

남: 큰 것으로 주세요.

여: 네.

남: 그리고 꽃병도 필요해요. 저는 유리 꽃병이 좋아요.

여: 이 유리 꽃병은 원래 20달러입니다. 하지만 꽃다발을 구입하시니까 10% 할인해 드릴게요.

남: 고마워요. 그럼 그 꽃병을 살게요.

여: 더 필요하신 것이 있으세요?

남: 있어요, 생일 카드요.

여: 개당 3달러입니다. 하지만 꽃다발과 꽃병을 구입하시니까 생일 카드는 무료로 덤으로 드릴게요.

남: 정말 감사합니다. 여기 제 신용카드가 있습니다.

| 문제해설 |

남자는 40달러인 큰 꽃다발과 원래 20달러인데 꽃다발과 함께 구입하기 때문에 10% 할인을 받아 18달러인 꽃병을 사기로 하고 생일 카드는 무료로 받았으므로, 남자가 지불할 금액은 ③ '$58'이다.

| 어휘 및 어구 |

bouquet 꽃다발   vase 꽃병
originally 원래   throw in ~을 덤으로 주다

5   정답 ③

| 소재 | 요가 강좌 수강 신청

| Script |

M: Good afternoon. How may I help you?

W: I'd like to sign up for a yoga class for me and my husband. Are there any classes on Saturday mornings?

M: Sure. There's a class that starts at 10:30. It's a one-hour class.

W: Great. We'll sign up for it. How much is it a month?

M: It's $50 per person. Are you a member of this sports center?

W: Yes, both of us are members here.

M: Okay. Then you get a 10% discount on yoga classes.

W: That sounds great.

M: Is there anything else you need?

W: No. Here's my credit card.

| 해석 |

남: 안녕하세요. 어떻게 도와드릴까요?

여: 저와 제 남편을 위해 요가 강좌를 신청하고 싶어요. 매주 토요일 오전에 하는 강좌가 있나요?

남: 물론이죠. 10시 30분에 시작하는 강좌가 있어요. 한 시간짜리 강좌입니다.

여: 아주 좋아요. 저희는 그 강좌를 신청하겠습니다. 한 달에 얼마인가요?

남: 1인당 50달러입니다. 이 스포츠 센터의 회원이신가요?

여: 네, 저희 둘 다 이곳의 회원입니다.

남: 알겠습니다. 그러면 요가 강좌에 대해 10% 할인을 받으십니다.

여: 그거 좋네요.

남: 다른 필요하신 것이 있으신가요?

여: 아니오. 여기 제 신용카드 있습니다.

| 문제해설 |

여자는 자신과 남편의 요가 강좌 수강 신청을 하고 있는데, 요가 강좌는 1인당 50달러이고 두 사람 모두 스포츠 센터의 회원이어서 10% 할인을 받을 수 있으므로, 여자가 지불할 금액은 ③ '$90'이다.

| 어휘 및 어구 |

per person 1인당
get a 10% discount 10% 할인을 받다

6   정답 ②

| 소재 | 박물관 기념품 구매

| Script |

W: Hello, have you enjoyed your visit here at the museum?

M: Yes. The artwork is amazing.

W: I'm glad to hear that. Take a look around the gift shop and let me know if you need any help.

M: Thank you. Oh, I like this eco bag. How much is it?

W: It's $20. It was specially made for this exhibition.

M: It's so nice. I'll take one. And how much are these pencils and erasers?

W: The pencils are $3 each and the erasers are $2 each.

M: I'll take 10 pencils and 20 erasers.

W: Okay.

M: I heard that if I have a ticket to the museum, I can get a discount here in the gift shop.

W: That's right. May I see your ticket?

M: Here it is.

W: Okay. You'll get 10% off the total.

| 해석 |

여: 안녕하세요, 이곳 박물관 방문은 즐거우셨나요?

남: 네. 미술품이 굉장하네요.

여: 그 말을 들으니 기쁩니다. 선물 가게를 둘러보시고 도움이 필요하시면 알려주세요.

남: 감사합니다. 오, 이 에코백이 마음에 드네요. 얼마인가요?

여: 20달러입니다. 그것은 이 전시회를 위해 특별히 만들어졌습니다.

남: 너무 멋있네요. 하나 사겠습니다. 그리고 이 연필과 지우개는 얼마인가요?

여: 연필은 자루당 3달러이고 지우개는 개당 2달러입니다.

남: 연필 10자루와 지우개 20개를 사겠습니다.

여: 알겠습니다.

남: 박물관 입장권이 있으면 여기 선물 가게에서 할인을 받을 수 있다고 들었어요.

여: 맞습니다. 입장권을 보여주시겠어요?

남: 여기 있습니다.

여: 네. 총액의 10%를 할인받으실 거예요.

| 문제해설 |

남자는 20달러인 에코백 1개, 자루당 3달러인 연필 10자루, 개당 2달러인 지우개 20개를 사기로 했고 박물관 입장권을 사용하여 총액 90달러에서 10%를 할인받았으므로, 남자가 지불할 금액은 ② '$81'이다.

| 어휘 및 어구 |

artwork (특히 박물관의) 미술품
amazing 굉장한
eco bag 에코백(환경친화적인, 재활용할 수 있는 가방)
exhibition 전시회

10 내용 일치·불일치

예제   정답 ③

| 소재 | 2021 Family Science Festival

| Script |

M: Hello, WBPR listeners. Are you looking for a chance to enjoy quality family time? Then, we invite you to the 2021 Family Science Festival. It starts on December 7th and runs for one week at the Bermont Science Museum located near City Hall. Eight programs will be offered for parents and children to enjoy together, including robot building and VR simulations. We'll also give out a children's science magazine for free. This event is open to anyone, but remember that all children under age 11 must be accompanied by an adult. There's no admission fee, but to participate, you must register in advance. Come and learn about the exciting world of science with your family. For more information, visit our website, www.wbpr. com.

| 해석 |

남: 안녕하세요, WBPR 청취자 여러분. 가족과 함께하는 귀중한 시간을 즐길 기회를 찾고 계십니까? 그럼, 2021년 가족 과학 축제에 여러분을 초대합니다. 그것은 12월 7일에 시작하여 시청 인근에 위치한 Bermont Science Museum에서 일주일 동안 진행됩니다. 로봇 만들기와 가상 현실 시뮬레이션을 포함하여, 부모와 자녀가 함께 즐길 수 있는 8개의 프로그램이 제공될 것입니다. 어린이 과학 잡지도 무료로 나누어 드립니다. 이 행사는 누구나 참여할 수 있지만, 11세 미만의 모든 어린이는 성인을 동반해야 한다는 것을 기억하십시오. 입장료는 없지만, 참가하시려면 미리 등록하셔야 합니다. 오셔서 가족과 함께 신나는 과학의 세계에 대해 배워 보십시오. 더 많은 정보를 원하시면, 저희 웹사이트, www.wbpr.com을 방문하십시오.

| 문제해설 |

어린이 과학 잡지를 무료로 나누어 준다고 했으므로, 담화의 내용과 일치하지 않는 것은 ③ '어린이 과학 잡지를 판매할 것이다.'이다.

| 어휘 및 어구 |

quality time 귀중한 시간
VR simulation 가상 현실 시뮬레이션(＝Virtual Reality simulation)

for free 무료로, 공짜로　　　accompany 동반하다
admission fee 입장료

range (범위가 ~에서 …에) 이르다
excel 뛰어나다, 탁월하다　　　habitat 서식지
predation 포식

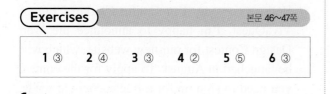

Exercises　　　　　　　　　본문 46~47쪽

| 1 ③ | 2 ④ | 3 ③ | 4 ② | 5 ⑤ | 6 ③ |

1
정답 ③

| 소재 | kakapo

| Script |

M: Hello, students. In today's class, we're going to talk about an interesting animal, the kakapo. The kakapo is the only flightless parrot in the world. Here's a picture of one. Kakapos are only found in New Zealand and they're active mainly during the night. Kakapos are the largest parrots in the world. They range from 23 to 25 inches long and weigh between 2 and 9 pounds. Their wings and tail are short. Although they are birds, kakapos excel at climbing trees. They can live up to 90 years but they're critically endangered because of habitat destruction and predation. Now, let's learn more about the kakapo by watching a video clip.

| 해석 |

남: 안녕하세요, 학생 여러분. 오늘 수업에서, 우리는 kakapo라는 흥미로운 동물에 관해 이야기할 것입니다. kakapo는 세계에서 유일하게 날지 못하는 앵무새입니다. 여기 kakapo의 사진 한 장이 있습니다. kakapo는 뉴질랜드에서만 발견되며 주로 밤에 활동합니다. kakapo는 세계에서 가장 큰 앵무새입니다. 몸길이가 23~25인치에 이르고 몸무게는 2~9파운드입니다. 그것들의 날개와 꼬리는 짧습니다. kakapo는 새임에도 불구하고, 나무에 오르는 데 뛰어납니다. 그들은 90년까지 살 수 있지만, 서식지 파괴와 포식 때문에 심각한 멸종 위기에 처해 있습니다. 이제, 동영상을 보면서 kakapo에 대해 더 배워 봅시다.

| 문제해설 |

kakapo는 몸길이가 23~25인치이고 몸무게는 2~9파운드라고 했으므로, 담화의 내용과 일치하지 않는 것은 ③ '몸무게가 10파운드를 넘는다.'이다.

| 어휘 및 어구 |

flightless 날지 못하는　　　parrot 앵무새

2
정답 ④

| 소재 | 학비 지원 제도

| Script |

M: Hello, students. I'm the administration assistant, Austin Powell. I'd like to tell you about Harrington College's financial assistance options. There are academic scholarships and financial aid. Academic scholarships are given to fifty students based on their grades from the previous semester. These scholarships cover school tuition fees. Financial aid will be given to students who need financial support, according to the criteria set by the government. The aid covers school tuition and living expenses. Unlike academic scholarships, financial aid lasts until graduation. For academic scholarships, professor recommendation letters are required. Don't miss this valuable opportunity. Thanks for listening.

| 해석 |

남: 안녕하세요, 학생 여러분. 저는 행정조교 Austin Powell입니다. 저는 Harrington 대학의 재정 보조 선택 사항에 대하여 안내드리고자 합니다. 학업 우수 장학금과 재정 지원이 있습니다. 학업 우수 장학금은 이전 학기의 성적에 근거하여 50명의 학생들에게 주어집니다. 이러한 장학금은 수업료를 충당하게 됩니다. 재정 지원은 정부에서 정한 기준에 따라 재정적 도움이 필요한 학생들에게 제공될 것입니다. 이 지원금은 수업료와 생활비를 충당합니다. 학업 우수 장학금과는 다르게, 재정 지원은 졸업할 때까지 지속됩니다. 학업 우수 장학금의 경우에는 교수 추천서가 필요합니다. 귀중한 이 기회를 놓치지 마세요. 경청해 주셔서 감사합니다.

| 문제해설 |

Harrington College의 학비 지원 제도에 관한 안내 내용으로 학업 우수 장학금과 다르게 재정 지원은 졸업할 때까지 지속된다고 했으므로, 담화의 내용과 일치하지 않는 것은 ④ '학업 우수 장학금은 졸업할 때까지 지급된다.'이다.

| 어휘 및 어구 |

administration 행정　　　assistant 조교
financial 재정의　　　assistance 지원, 도움
option 선택 사항, 선택권　　　academic 학업[성적]의, 학구적인

scholarship 장학금　　　　financial aid 재정 지원
semester 학기
cover 충당하다, (무엇을 하기에 충분한 돈이) 되다
tuition fee 수업료　　　　criterion 기준, 척도(*pl.* criteria)
recommendation 추천(서)

3

| 소재 |　11th School Festival

| Script |

M: Hi, students. I'm Robert Kim, the vice president of the student union. As you know, the 11th School Festival is going to be held on September 1st through 3rd. More than 30 school clubs will participate, and they're actively preparing many programs for the festival. Last year, we had about 3,000 visitors, but this year, we, the student union, expect over 4,000. Two temporary restaurants will be run during the festival, and a parking lot will be arranged for visitors from outside the school. For more information, please visit the student union website. Thank you for listening.

| 해석 |

남: 안녕하세요, 학생 여러분. 저는 학생회 부회장 Robert Kim입니다. 알다시피, 제11회 학교 축제가 9월 1일부터 3일까지 열릴 것입니다. 30개가 넘는 학교 동아리가 참가할 것이고, 이 동아리들은 축제를 위해 많은 프로그램을 활발하게 준비하고 있습니다. 작년에, 우리는 약 3,000명의 방문객들을 맞이했는데, 올해 우리 학생회에서는 4,000명이 넘을 것으로 기대하고 있습니다. 축제 기간에 두 개의 임시 식당이 운영될 것이고, 교외 방문객들을 위해 주차장이 마련될 것입니다. 더 많은 정보를 위해서, 학생회 웹사이트를 방문해 주십시오. 경청해 주셔서 감사합니다.

| 문제해설 |

작년에 열린 축제에서의 방문객 수가 약 3,000명 정도였고, 올해는 4,000명이 넘을 것으로 기대하고 있다고 했으므로, 담화의 내용과 일치하지 않는 것은 ③ '예상 총 방문객 수는 약 3,000명이다.'이다.

| 어휘 및 어구 |

vice president 부회장　　　actively 활발하게, 적극적으로
temporary 임시의　　　　　run 운영하다
arrange 마련하다

4

| 소재 |　Web Design Contest

| Script |

W: Hello, everyone. I'm Emilia Clarke, CEO of VivaQuest. I'm happy to announce the Web Design Contest for our new website, which will be launched in August. To apply for the contest you need to sign up for a free account at www.vivaquest.com and fill out an online application form. And the design submission deadline is April 30th. The designs will be judged on three criteria: visual appeal, organization, and originality. A panel of three professional web designers will be the contest judges. I'm looking forward to seeing many unique and wonderful designs. Thank you for listening.

| 해석 |

여: 안녕하세요, 여러분. 저는 VivaQuest의 CEO인 Emilia Clarke입니다. 8월에 시작될 우리의 새로운 웹사이트를 위한 Web Design Contest를 알려드리게 되어 기쁩니다. 대회에 신청하려면 www.vivaquest.com에서 무료 계정을 등록하고 온라인 신청서를 작성하셔야 합니다. 그리고 디자인 제출 마감일은 4월 30일입니다. 디자인은 시각적 매력, 구성 그리고 독창성이라는 세 가지 기준으로 심사될 것입니다. 세 명의 전문 웹 디자이너로 구성된 위원단이 대회 심사위원이 될 것입니다. 독특하고 멋진 디자인들을 많이 보게 되기를 기대하는 바입니다. 경청해 주셔서 감사합니다.

| 문제해설 |

대회에 참가하려면 www.vivaquest.com에서 무료 계정을 등록하고 온라인 신청서를 작성해야 한다고 했으므로, 담화의 내용과 일치하지 않는 것은 ② '참가 신청서는 우편으로 제출해야 한다.'이다.

| 어휘 및 어구 |

launch 시작하다, 착수하다　　sign up for ~에 등록하다
application form 신청서　　　submission 제출
originality 독창성　　　　　　unique 독특한

5

| 소재 |　10th Highland Fall Festival

| Script |

M: Good morning, Highland Village residents! I'm

Paul Johnson, the village mayor. The 10th annual Highland Fall Festival is this Saturday, August 13th, from 9 a.m. to 5 p.m. at Sunrise Park! This event is open to only Highland residents, with the intention of fostering bonds across the community. It's also a great opportunity to try rock climbing, kayaking and more for free! Registration begins on August 1, on the Highland Village website. Shuttles to the park will be available for $5 per person at the Westside Cafe parking lot. Bring your family and enjoy the activities! For more information, visit the Highland Community Center.

| 해석 |

남: 안녕하세요, Highland 마을 주민 여러분! 저는 마을 면장인 Paul Johnson입니다. 제10회 연례 Highland 가을 축제가 8월 13일, 이번 주 토요일 오전 9시부터 오후 5시까지 Sunrise Park에서 열립니다! 이 행사는 지역사회 전반에 유대를 발전시킬 의도로, Highland 주민만이 참여할 수 있습니다. 이 행사는 또한 암벽 등반, 카약 타기 등을 무료로 시도해 볼 수 있는 좋은 기회입니다! 등록은 Highland 마을 웹사이트에서 8월 1일에 시작됩니다. Westside 카페 주차장에서 1인당 5달러로 공원까지 셔틀버스를 이용할 수 있습니다. 여러분의 가족을 데리고 오셔서 활동을 즐기세요! 더 많은 정보를 원하시면, Highland 커뮤니티 센터를 방문하세요.

| 문제해설 |

Westside 카페 주차장에서 5달러의 요금으로 공원까지 셔틀버스를 이용할 수 있다고 했으므로, 담화의 내용과 일치하지 않는 것은 ⑤ '셔틀버스는 무료로 운행된다.'이다.

| 어휘 및 어구 |

mayor 면장, 시장, (지방 자치제의) 장
annual 연례의, 연간의
with the intention of ~할 의도로
foster 발전시키다, 조성하다
bond 유대   opportunity 기회
kayaking 카약 타기

6   정답 ③

| 소재 | New York Poetry Contest

| Script |

W: Hello, ladies and gentlemen! I'm glad to announce the upcoming New York Poetry Contest. To enter the contest, submit up to three poems. The winner of this contest will receive a $2,500 prize, and their poems will be published in New York Poetry magazine. Poems must have a title and be no more than 40 lines, excluding the title. The entry fee is $7 for the first poem and $4 for each additional poem. The contest is open to anyone over the age of 18. No corrections can be made to poems after they're submitted, and fees are nonrefundable. For more information, please visit our website, www.nypoetrycon.com. We look forward to your poems!

| 해석 |

여: 안녕하세요, 신사 숙녀 여러분! 저는 다가오는 New York 시(詩) 대회를 발표하게 되어 기쁩니다. 대회에 참가하려면, 최대 3편의 시를 제출하세요. 이 대회의 우승자는 2,500달러의 상금을 받게 되며, 그들의 시는 New York 시(詩) 잡지에 게재될 것입니다. 시에는 반드시 제목이 있어야 하며, 제목을 제외하고 40행을 넘지 않아야 합니다. 참가비는 첫 번째 시가 7달러이고 추가되는 각각의 시는 4달러입니다. 이 대회는 18세보다 많으면 누구나 참가할 수 있습니다. 시가 제출된 후에는 정정할 수 없으며, 참가비는 환불되지 않습니다. 더 많은 정보를 원하시면, 저희 웹사이트 www.nypoetrycon.com을 방문해 주세요. 저희는 여러분의 시를 고대합니다!

| 문제해설 |

시(詩)에는 반드시 제목이 있어야 하며 제목을 제외하고 40행을 넘지 않아야 한다고 했으므로, 담화의 내용과 일치하지 않는 것은 ③ '제목을 포함해서 40행까지만 허용된다.'이다.

| 어휘 및 어구 |

upcoming 다가오는, 곧 있을
poetry 시(詩)
submit 제출하다
exclude 제외하다, 배제하다
nonrefundable 환불되지 않는
look forward to ~을 고대하다

11 도표

예제

정답 ④

| 소재 | 스터디 룸 예약하기

| Script |

M: Megan, did you reserve a study room for our group project meeting tomorrow?

W: I'm looking at a website to book a room. Let's book it together.

M: Sure. *[Pause]* Oh, only these rooms are available.

W: Yeah. Hmm, this one is too small for us.

M: Right. We need a room big enough to accommodate six of us.

W: Okay. Now, let's look at the times. We all agreed to meet after 1 p.m., right?

M: Yes. Then let's skip this one.

W: How much can we spend on the study room?

M: Since we're meeting for two hours, I don't think we can spend more than $20 per hour. It's beyond our budget.

W: Then, there are two options left. Should we choose a study room with a projector?

M: Absolutely. We'll need it to practice for our presentation.

W: Then let's reserve this one.

| 해석 |

남: Megan, 내일 모둠 프로젝트 회의를 할 스터디 룸 예약했니?

여: 룸을 예약하려고 웹사이트를 보고 있어. 우리 같이 예약해.

남: 그러자. *[잠시 후]* 아, 이 룸들만 이용할 수 있네.

여: 응. 흠, 이 룸은 우리에게 너무 작아.

남: 맞아. 우리 여섯 명을 수용할 수 있을 만큼 충분히 큰 룸이 필요해.

여: 좋아. 이제, 시간대를 보자. 우리 모두 오후 1시 이후에 만나는 것에 동의했지, 그렇지?

남: 응. 그럼 이것은 넘어가자.

여: 스터디 룸에 돈을 얼마나 쓸 수 있어?

남: 두 시간 동안 회의를 할 거라서, 시간당 20달러 넘게는 쓸 수 없을 것 같아. 그것은 우리 예산을 넘어가.

여: 그럼, 두 가지 선택권이 남아 있어. 프로젝터가 있는 스터디 룸을 선택해야 할까?

남: 물론이지. 발표 연습을 하기 위해 프로젝터가 필요할 거야.

여: 그럼 이 룸으로 예약하자.

| 문제해설 |

여섯 명을 수용할 수 있을 만큼 크고, 오후 1시 이후에 이용할 수 있어야 하며, 비용이 시간당 20달러를 넘지 않는 두 가지 룸 중에, 발표 연습에 필요한 프로젝터가 있는 룸을 예약하기로 했으므로, 두 사람이 예약할 스터디 룸은 ④이다.

| 어휘 및 어구 |

reserve 예약하다(= book)　　available 이용 가능한
accommodate 수용하다　　budget 예산
presentation 발표

Exercises

1 ①	2 ④	3 ③	4 ⑤	5 ③	6 ⑤

1

정답 ①

| 소재 | 달력 구매

| Script |

M: Hey, honey. Here's a website where we can make our own calendar.

W: Cool. Let me see. *[Pause]* So for the type, how about a wall calendar?

M: Well, then we'd have to hang it on the wall with nails or something. A desk calendar would be better.

W: Okay. Then let's choose the size. I think a standard one would be good.

M: Me, too. A large one would take up too much space.

W: And why don't we put some photos in our calendar?

M: Good idea. Some of our honeymoon pictures would be nice.

W: I agree. Hmm... if the other options are the same, the cheaper one would be better.

M: Okay, then. Let's choose that one!

| 해석 |

남: 이봐요, 여보. 여기 우리만의 달력을 만들 수 있는 웹사이트가 있어요.

여: 좋아요. 어디 봅시다. *[잠시 후]* 그래서 종류는 벽걸이형 달력이 어때요?

남: 글쎄요, 그럼 우리는 그것을 못 같은 것으로 벽에 달아야 해요. 탁

상용 달력이 더 좋겠어요.

여: 좋아요. 그럼 사이즈를 선택해 봅시다. 저는 표준형이 좋을 것 같아요.

남: 저도요. 큰 것은 너무 많은 공간을 차지할 거예요.

여: 그리고 우리 달력에 사진을 몇 장 넣는 게 어때요?

남: 좋은 생각이에요. 우리 신혼여행 사진을 좀 넣으면 좋겠어요.

여: 동의해요. 음… 만약 다른 선택사항들이 동일하다면, 더 싼 것이 더 좋겠어요.

남: 좋아요, 그럼. 저것을 선택합시다!

| 문제해설 |

종류는 탁상용, 크기는 표준형, 사진을 넣고, 값이 더 싼 30달러짜리 달력을 선택했으므로, 두 사람이 선택한 달력은 ①이다.

| 어휘 및 어구 |

hang 걸다　　　　　　　　　nail 못
or something ~ 따위, ~와 같은 것　　take up 차지하다
honeymoon 신혼여행

2

정답 ④

| 소재 | 서핑 강습

| Script |

M: Gina, can you help me choose one of these surfing classes if you're not busy now?

W: Sure! Will it be your first time surfing?

M: Yes. I'm a complete beginner.

W: Then don't go to Spring Beach. The waves are too big for beginners there.

M: Okay. I'm glad you told me that. Do you think I should take an individual class?

W: Yes. You can learn much faster then. What's your budget?

M: Up to $150. I can't afford to spend more than $150.

W: Then that leaves these two classes. Do you have a surfboard or wet suit?

M: No, I don't have either of them.

W: Then you'd better take this class that includes those things.

M: Okay, I'll take it.

| 해석 |

남: Gina, 지금 바쁘지 않으면 내가 이 서핑 강습들 중 하나를 선택하는 것을 도와줄래?

여: 물론이지! 서핑하는 것은 이번이 처음이야?

남: 그래. 나는 완전히 초보자야.

여: 그러면 Spring 해변에는 가지 마. 그곳의 파도는 초보자에게 너무 높거든.

남: 알았어. 말해줘서 고마워. 내가 개인 강습을 받아야 한다고 생각하니?

여: 그래. 그러면 너는 훨씬 더 빨리 배울 수 있어. 네 예산은 얼마야?

남: 최대 150달러. 150달러 넘게 지불할 여유는 없어.

여: 그러면 이제 남은 강습은 이 두 개야. 서프보드나 잠수복을 가지고 있니?

남: 아니, 둘 다 없어.

여: 그러면 그런 품목들이 포함된 이 강습을 선택하는 게 나을 거야.

남: 좋아. 그것을 수강할게.

| 문제해설 |

Spring 해변이 아닌 곳에서, 개인 강습 유형으로, 최대 150달러 이하의 비용에, 서프보드와 잠수복이 포함된 강습을 선택하기로 했으므로, 남자가 선택할 서핑 강습은 ④이다.

| 어휘 및 어구 |

complete 완전한　　　　　　beginner 초보자
individual 개인(의)　　　　　budget 예산
can't afford to ~할 여유가 없다
surfboard 서프보드(파도타기 널)
wet suit 잠수복, 고무옷

3

정답 ③

| 소재 | 사진 앨범 구매

| Script |

W: Hey, Eric. Look at this website. Photo albums are on sale.

M: Photo albums? Do you want to put one together, Jane?

W: Yeah, I want to make one out of all my field trip pictures. Which album do you think would be best?

M: Hmm... let me see. Well, you'll probably need a big one.

W: For sure. I'm definitely going to go with an A4 size one.

M: Then let's look at the cover style. Aren't the hard covers pretty expensive?

W: Yeah, but from my experience, soft cover albums fall apart easily.

M: Then why don't you just spend a little more and get a hard cover one?

W: Okay. And I won't need 50 pages. It costs too much, too.

M: Well, then there's only one left.

W: All right. I'll take it.

| 해석 |

여: 이봐, Eric. 이 웹사이트를 봐. 사진 앨범이 할인 판매 중이네.

남: 사진 앨범? 너 하나 만들고 싶니, Jane?

여: 응, 내 모든 현장 학습 사진들로 하나를 만들고 싶어. 네가 생각하기에 어느 앨범이 가장 좋니?

남: 음… 어디 보자. 글쎄, 아마 큰 것이 필요할 거야.

여: 물론이지. 난 반드시 A4 사이즈로 할 거야.

남: 그럼 커버 스타일을 보자. 하드 커버는 꽤 비싸지 않니?

여: 응, 그런데 내 경험으로는 소프트 커버 앨범은 쉽게 망가져.

남: 그럼 조금 더 돈을 써서 하드 커버 앨범을 사는 게 어때?

여: 좋아. 그리고 난 50페이지는 필요하지 않을 거야. 돈도 너무 많이 들어.

남: 음. 그럼 한 가지만 남았네.

여: 맞아. 그것을 살게.

| 문제해설 |

크기는 A4 사이즈, 커버 스타일은 하드 커버, 50페이지 미만의, 가격이 더 저렴한 앨범을 선택했으므로, 여자가 선택한 사진 앨범은 ③이다.

| 어휘 및 어구 |

field trip 현장 학습

from my experience 내 경험으로는

fall apart 망가지다

4
정답 ⑤

| 소재 | 유모차 주문

| Script |

W: Honey, we need a new baby stroller. Let's order one from this website.

M: Okay. Do you have any particular brand in mind?

W: Any brand is okay except for Green Life. I heard that their strollers break down easily.

M: I heard that, too. Which wheel type do you like more?

W: Three-wheel type. I think it's easier to handle than a four-wheel type.

M: I feel the same way. What do you think about price?

W: Well, spending over $200 seems like too much.

What do you think?

M: I agree with you.

W: So now, between these two, it comes down to color.

M: I like purple better. It's more unique than blue.

W: Me, too. Okay, let's order this one.

| 해석 |

여: 여보, 새 유모차가 필요해요. 이 웹사이트에서 한 개 주문해요.

남: 알았어요. 마음에 두고 있는 특별한 브랜드가 있나요?

여: Green Life를 제외하면 아무 브랜드나 좋아요. Green Life에서 나온 유모차가 쉽게 고장 난다고 들었거든요.

남: 나도 들었어요. 어떤 바퀴 유형이 더 마음에 드나요?

여: 바퀴가 세 개인 유형이요. 바퀴가 세 개인 유형이 바퀴가 네 개인 유형보다 다루기가 더 쉬운 것 같아요.

남: 나도 그런 것 같아요. 가격에 대해서는 어떻게 생각해요?

여: 음, 200달러 넘게 지불하는 것은 너무 과한 것 같아요. 당신 생각은 어때요?

남: 동의해요.

여: 이제, 이 두 가지 중에서, 결국 색깔에 이르네요.

남: 나는 보라색이 더 좋아요. 파란색보다는 보라색이 더 독특해요.

여: 나도 그래요. 좋아요. 이것을 주문해요.

| 문제해설 |

Green Life를 제외한 Rainbow Kids와 Happy Family 브랜드에서 만든, 바퀴 세 개 유형의 유모차 중에서, 가격이 200달러를 넘지 않는, 보라색 유모차를 주문하기로 했으므로, 두 사람이 주문할 유모차는 ⑤이다.

| 어휘 및 어구 |

stroller 유모차

have ~ in mind ~을 마음에 두다

except for ~을 제외하고

come down to ~에 이르다, 결국 ~이 되다

unique 독특한

5
정답 ③

| 소재 | 새장 구매

| Script |

M: Mom, come here and look at this ad.

W: Oh, it's for bird cages. Perfect. We've been talking about buying a new one for our parrot. Let's get one.

M: All right. How about the oval-shaped one?

W: The one we have now is oval. I'd like something different this time.

M: I got it. Oh, look at the price of this one. It's over $70.

W: It's more than I'd like to spend. Let's buy a cheaper one.

M: Okay. You like plastic cages more than metal, right?

W: Yeah. Metal ones always get rusty.

M: Then we should choose between these two bird cages.

W: Right. Which one do you prefer?

M: The taller one. It'll give our parrot more room to move around.

W: You read my mind. Let's buy this one.

| 해석 |

남: 엄마, 이리 와서 이 광고를 보세요.

여: 오, 새장 광고구나. 완벽해. 우리 앵무새를 위해 새로운 새장을 사는 것에 대해 이야기해 왔잖아. 한 개 구입하자.

남: 좋아요. 타원 모양 새장은 어때요?

여: 지금 우리가 가지고 있는 것이 타원 모양이야. 이번에는 다른 것을 사고 싶구나.

남: 알았어요. 오, 이것의 가격을 보세요. 70달러가 넘어요.

여: 내가 지불하고 싶은 금액보다 더 많구나. 더 저렴한 것을 사자.

남: 네. 엄마는 금속보다는 플라스틱 새장을 더 좋아하시죠, 맞죠?

여: 그래. 금속 새장은 언제나 녹이 스니까 말이야.

남: 그러면 우리는 이 두 개의 새장 중에서 선택해야 해요.

여: 맞아. 어느 것이 더 마음에 드니?

남: 더 높은 것이요. 그것이 앵무새가 돌아다닐 수 있는 더 많은 공간을 줄 거예요.

여: 내 마음과 똑같구나. 이것을 사자.

| 문제해설 |

타원 모양이 아니며, 70달러를 넘지 않고, 재질이 플라스틱인 새장 중에서, 더 높은 새장을 사기로 했으므로, 두 사람이 구매할 새장은 ③이다.

| 어휘 및 어구 |

bird cage 새장   parrot 앵무새

oval 타원의   rusty 녹슨, 녹이 스는

6
정답 ⑤

| 소재 | 시간제 일자리 구하기

| Script |

W: Kevin, I'm trying to choose a part-time job from this list. Which one do you suggest?

M: What about working as a server? You have a lot of experience working as a server.

W: Right, but I don't want to do that again. It's too tiring.

M: Then how about this job? I think it's much easier than serving.

W: But I can't work past 9 p.m. That's when I normally study.

M: Oh, I see. What about the hourly wage? This job only offers $11 an hour.

W: You know, I got $12 an hour at my previous job, so I want to get at least that much.

M: Then apply for this job. It offers the highest pay.

W: Well, I'd like that job, but the problem is that I don't have a driver's license.

M: Oh, that's right. Then you have no choice but to apply for this job.

W: Yeah, right.

| 해석 |

여: Kevin, 내가 이 목록에서 시간제 일자리를 고르려고 해. 너는 어느 것을 추천할래?

남: 서빙하는 사람으로 일하는 것이 어때? 서빙하는 사람으로 일한 경험이 많이 있잖아.

여: 그래. 하지만 그 일을 다시 하기는 싫어. 너무 힘들거든.

남: 그러면 이 일은 어때? 서빙보다 훨씬 더 쉬울 것 같아.

여: 하지만 밤 9시 이후에는 일할 수 없어. 그때는 내가 보통 공부하는 때이거든.

남: 오, 알았어. 시간당 임금은 어때? 이 일은 시간당 불과 11달러를 줄 뿐이야.

여: 너도 알다시피, 나는 이전의 일에서 시간당 12달러를 받았는데, 그래서 나는 적어도 그 정도로 받고 싶어.

남: 그러면 이 일에 지원해. 가장 높은 임금을 주잖아.

여: 음, 그 일이 마음에 들지만, 문제는 내가 운전면허증이 없다는 거야.

남: 오, 맞다. 그러면 너는 이 일에 지원할 수밖에 없어.

여: 그래, 맞아.

| 문제해설 |

서빙하는 일이 너무 힘들어서 서빙하는 일에 지원하지 않겠다는 여자는 밤 9시 이후에 일을 하지 않고, 적어도 시간당 12달러를 받으면서, 운전면허증을 필요로 하지 않는 일에 지원한다고 했으므로, 여자가 지원할 일자리는 ⑤이다.

| 어휘 및 어구 |

suggest 추천하다, 제안하다   tiring 힘든, 피곤한

normally 보통, 일반적으로   previous 이전의

have no choice but to ~할 수밖에 없다

12 짧은 대화의 응답

본문 52~53쪽

예제

정답 ①

| 소재 | 산책

| Script |

W: Honey, I'm going out for a walk. Do you want to join me?

M: Sure. But can you wait for a moment? I have to send an email to one of my co-workers right now.

W: No problem. How long do you think it'll take?

M: Just give me about ten minutes.

| 해석 |

여: 여보, 나 산책하러 나갈 거예요. 나와 같이 갈래요?

남: 물론이죠. 하지만 잠시 기다려줄 수 있어요? 지금 당장 동료 중 한 명에게 이메일을 보내야 해요.

여: 그럼요. 얼마나 걸릴 것 같아요?

남: <u>10분 정도만 시간을 줘요.</u>

| 문제해설 |

남자는 여자와 함께 산책하기를 원하지만 동료에게 이메일을 보내야 해서 여자에게 잠시 기다려달라고 요청했고 이에 여자가 얼마나 걸릴 것 같은지를 물었으므로, 여자의 마지막 말에 대한 남자의 응답으로 가장 적절한 것은 ① '10분 정도만 시간을 줘요.'이다.

② 우리가 집에 돌아가는 데 한 시간이 걸렸어요.

③ 나는 당신이 일에 집중해야 한다고 생각해요.

④ 내 동료들을 초대해 줘서 고마워요.

⑤ 이메일 보내는 것을 끝내면 전화 줘요.

| 어휘 및 어구 |

go out for a walk 산책하러 나가다

co-worker 동료

Exercises

본문 54~55쪽

1 ⑤ **2** ① **3** ② **4** ⑤ **5** ① **6** ②

1

정답 ⑤

| 소재 | 프린터 잉크 교체

| Script |

W: John, look. The color of the printed text is really faded.

M: I know why. The printer must be almost out of ink.

W: Really? Oh, my! I have to print and submit it now. We need to change the ink.

M: Don't worry. I have some extra ink here somewhere.

| 해석 |

여: John, 이것 봐요. 인쇄된 글자의 색이 정말로 흐려요.

남: 이유를 알아요. 프린터 잉크가 거의 바닥난 것이 틀림없어요.

여: 그래요? 오, 이런! 지금 그것을 출력해서 제출해야 해요. 잉크를 갈아야 하는데.

남: <u>걱정 마세요. 여분의 잉크를 여기 어딘가 두었으니까요.</u>

| 문제해설 |

여자는 출력을 하던 중 프린터 잉크가 거의 바닥나 인쇄 상태가 흐려 난감해하고 있으므로, 여자의 마지막 말에 대한 남자의 응답으로 가장 적절한 것은 ⑤ '걱정 마세요. 여분의 잉크를 여기 어딘가 두었으니까요.'이다.

① 신경 쓰지 마세요. 내가 지금 프린터를 찾아올 수 있어요.

② 알아요. 어제 이미 잉크를 갈았어요.

③ 당신 말이 맞아요. 그것을 출력했어야 했어요.

④ 미안해요. 그것을 미리 출력하는 것을 잊었어요.

| 어휘 및 어구 |

print (글 · 그림 등을) 인쇄하다, 출력하다

faded 흐린　　　　　　　　out of ~가 바닥난

submit 제출하다

2

정답 ①

| 소재 | 운전면허증 취득

| Script |

M: Hi, Daniel. What's the occasion? You look really excited.

W: You know what? I got my driver's license.

M: Good for you! Congratulations! Did you pass the test on your first try?

W: No. This was the fifth time I took it.

| 해석 |

남: 안녕하세요, Daniel. 무슨 일 있어요? 정말로 신이 나 보이네요.

여: 그거 아세요? 제가 운전면허증을 취득했어요.

남: 잘됐네요! 축하해요! 시험을 한 번 만에 합격하셨어요?

여: <u>아니오. 이번이 다섯 번째 본 시험이었어요.</u>

| 문제해설 |

운전면허증을 취득해 신이 난 여자에게 남자가 시험을 한 번에 합격했냐고 물었으므로, 남자의 마지막 말에 대한 여자의 응답으로 가장 적절한 것은 ① '아니오. 이번이 다섯 번째 본 시험이었어요.'이다.

② 사실, 아직 시험을 보지 않았어요.

③ 네. 다음 주에 그것을 보기 위해 등록했어요.

④ 물론이에요. 운전할 때는 조심하려고 노력합니다.

⑤ 아직이요. 도로에서 혼자 운전하는 것이 겁나요.

| 어휘 및 어구 |

driver's license 운전면허(증)

congratulation 축하   try 시도

sign up 등록하다

3   정답 ②

| 소재 | 영화 관람 예절

| Script |

W: Hey, Mike. Are you sure we're in the right seats?

M: Yeah, Mom. These are the seats printed on our tickets.

W: Good. Have you turned off your cell phone? The movie is about to start.

M: Yeah, I just did. It's basic manners to do that.

| 해석 |

여: 얘, Mike. 우리가 제 자리에 앉은 것 맞지?

남: 네, 엄마. 저희 표에 인쇄된 좌석이에요.

여: 좋아. 휴대전화를 껐니? 영화가 막 시작하려 하네.

남: 네, 방금 껐어요. 그렇게 하는 것이 기본적인 예의잖아요.

| 문제해설 |

영화가 막 시작하려는 상황에서 여자가 남자에게 휴대전화를 껐느냐고 물었으므로, 여자의 마지막 말에 대한 남자의 응답으로 가장 적절한 것은 ② '네, 방금 껐어요. 그렇게 하는 것이 기본적인 예의잖아요.'이다.

① 거의 다 왔어요. 제 자리 좀 맡아 주실 수 있어요?

③ 걱정 마세요. 전화로 표를 예매할 수 있어요.

④ 아니오, 할 수 없었어요. 표가 이미 매진됐어요.

⑤ 금방 돌아올게요. 먼저 들어가실래요?

| 어휘 및 어구 |

turn off ~을 끄다

be about to 막 ~하려는 참이다

manners 예의, 예절

4   정답 ⑤

| 소재 | 태권도 심사 연습

| Script |

M: Jenny, you look tired. Did you just get back from your Taekwondo practice?

W: Yes, Grandpa. I've been practicing a lot these days for my Taekwondo test.

M: Oh, I'm sure you'll pass the test and get your black belt this time.

W: I really hope to wear a black belt around my waist.

| 해석 |

남: Jenny, 너 피곤해 보이는구나. 태권도 연습하고 방금 돌아왔니?

여: 네, 할아버지. 태권도 심사를 위해 요즘 연습을 많이 하고 있어요.

남: 오, 너는 이번에는 분명 심사에서 합격해서 검은띠를 딸 거야.

여: 전 정말로 검은띠를 허리에 매 보고 싶어요.

| 문제해설 |

태권도 심사를 위해 열심히 연습하고 있는 여자에게 남자는 이번 심사에서는 분명 검은띠를 딸 거라고 격려하고 있으므로, 남자의 마지막 말에 대한 여자의 응답으로 가장 적절한 것은 ⑤ '전 정말로 검은띠를 허리에 매 보고 싶어요.'이다.

① 나중에 태권도 하는 방법을 가르쳐 드릴게요.

② 검은띠가 당신에게 무척 인상적으로 보여요.

③ 저는 지금 당장 태권도 연습을 시작해야 해요.

④ 그래서 저는 태권도 대회를 학수고대하고 있어요.

| 어휘 및 어구 |

practice 연습(하다)   impressive 인상적인

look forward to ~을 학수고대하다

5   정답 ①

| 소재 | 회사의 부서 찾기

| Script |

W: Excuse me. Could you tell me where I can find Ms. Melissa Jones?

M: Sure. She works in the sales department.

W: Thanks, but I don't know where it is. I'm new here. Can you tell me where it is located?

M: Sure. The department is on the second floor.

| 해석 |

여: 실례합니다. Melissa Jones 씨를 어디에서 찾을 수 있는지 알려주시겠어요?

남: 물론이죠. 그녀는 판매 부서에서 일하고 있습니다.

여: 고맙습니다만. 그곳이 어디에 있는지 모르겠습니다. 제가 이곳이 처음이라서요. 그곳이 어디에 위치해 있는지 알려주시겠어요?

남: 물론이죠. 그 부서는 2층에 있습니다.

| 문제해설 |

여자가 찾고 있는 사람이 판매 부서에서 일하고 있다고 남자가 알려주자 여자는 판매 부서가 어디에 있는지 모른다며 그곳이 어디에 있는지 알려달라고 했으므로, 여자의 마지막 말에 대한 남자의 응답으로 가장 적절한 것은 ① '물론이죠. 그부서는 2층에 있습니다.'이다.

② 알겠습니다. 그 보고서를 찾으면 제게 알려주세요.

③ 걱정 마세요. Jones 씨를 곧 좋아하시기 시작할 거라고 확신해요.

④ 정말이요? 전 이 회사를 위해 오랫동안 일했어요.

⑤ 도와드리지 못해 죄송합니다. 저도 그녀가 누구인지 모르겠네요.

| 어휘 및 어구 |

sales department 판매 부서, 영업부
be located 위치하다

6
정답 ②

| 소재 | 체육 수업 중 부상

| Script |

M: Oh, my! What happened to your right knee? It's bleeding.

W: I scraped it on the ground while playing soccer in P.E. class.

M: That's too bad. How did you scrape it?

W: Well, I stumbled when I was tackled.

| 해석 |

남: 아, 이런! 오른쪽 무릎이 왜 그러니? 피가 나고 있네.

여: 체육 수업 시간에 축구를 하다가 (운동장) 바닥에 무릎이 까졌어요.

남: 안됐구나. 어떻게 무릎이 까지게 됐니?

여: 음, 태클 당했을 때 발이 걸려 넘어졌어요.

| 문제해설 |

무릎이 까져 피가 나고 있는 여자에게 남자가 이유를 묻고 있으므로, 남자의 마지막 말에 대한 여자의 응답으로 가장 적절한 것은 ② '음, 태클 당했을 때 발이 걸려 넘어졌어요.'이다.

① 저는 어제 체육 시험에서 낙제했어요.

③ 저희는 유소년 축구 경기에서 이겼어요.

④ 운동장에는 학생들이 별로 없었어요.

⑤ 제가 병원에 가야 한다고 선생님께서 말씀하셨어요.

| 어휘 및 어구 |

bleed 피가 나다
scrape (몸의 일부를) 까지게 하다
stumble 발이 걸려 넘어지다
tackle 태클하다

13 긴 대화의 응답
본문 56~57쪽

예제
정답 ③

| 소재 | 재충전할 시간 갖기

| Script |

W: Honey, I'm home.

M: Is everything all right? You seem low on energy.

W: I am. I'm pretty burnt out.

M: It's no wonder. You've been so stressed out from work these days.

W: Yeah, I can't remember the last time that I really got to enjoy myself.

M: You need to recharge your batteries. Why don't you spend some time alone this weekend?

W: Maybe you're right. I might need my own personal time.

M: Yes. And don't worry about the kids. I'll take care of them.

W: Sounds good. Then let me think about what I can do.

M: You can go to the theater, ride your bike along the river, or do whatever makes you feel happy.

W: Well, there's an exhibition that I've been interested in.

M: Great. That'll be a good way to take time for yourself.

| 해석 |

여: 여보, 나 왔어요.

남: 아무 문제 없나요? 기운이 없어 보여요.

여: 그래요. 녹초가 됐어요.

남: 그럴 만도 하지요. 요즘 일하느라 스트레스를 많이 받고 있잖아요.

여: 그래요, 마지막으로 정말로 마음껏 즐겼던 때가 언제인지 기억도 나지 않아요.

남: 당신의 기력을 재충전할 필요가 있어요. 이번 주말에는 혼자 시간을 좀 보내는 것이 어때요?

여: 그래야 할 것 같아요. 나만의 개인적인 시간이 필요할 것 같아요.

남: 네. 그리고 아이들은 걱정하지 말아요. 내가 아이들을 돌볼게요.

여: 좋아요. 그럼 내가 무엇을 할 수 있을지 생각해 볼게요.

남: 극장에 가거나, 자전거를 타고 강가를 달리거나, 혹은 당신을 행복하게 느끼게 하는 것은 무엇이든 할 수 있어요.

여: 음. 내가 관심이 있었던 전시회가 하나 있어요.

남: 좋아요. 그것은 당신 자신을 위한 시간을 갖기에 좋은 방법일 거예요.

| 문제해설 |

지친 상태로 집에 돌아온 여자에게 남자는 재충전할 시간을 가지라고 조언하면서 극장에 가거나, 자전거를 타고 강가를 달리거나, 여자를 행복하게 느끼게 하는 것은 무엇이든 해보라고 말한다. 이에 여자는 관심이 있었던 전시회가 있다고 했으므로, 이에 대한 남자의 응답으로 가장 적절한 것은 ③ '좋아요. 그것은 당신 자신을 위한 시간을 갖기에 좋은 방법일 거예요.'이다.

① 걱정 마세요. 스트레스가 당신이 생각하는 것만큼 항상 나쁜 것만은 아니에요.

② 외출할 때는 언제나 충전기를 가지고 가는 것을 잊지 마세요.

④ 너무 많이 운동하면 에너지가 다 소진될 거예요.

⑤ 환상적이네요. 아이들과 그 전시회에서 즐거운 시간을 보냅시다.

| 어휘 및 어구 |

be burnt out 녹초가 되다
enjoy oneself 즐거운 시간을 보내다
recharge 재충전하다
personal 개인적인
exhibition 전시회

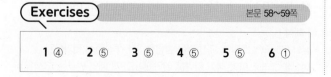

Exercises   본문 58~59쪽

1 ④   2 ⑤   3 ⑤   4 ⑤   5 ⑤   6 ①

---

1   정답 ④

| 소재 | 에스컬레이터 사용 시 안전 규칙

| Script |

M: Jenny, why were you late for school?

W: I just missed the subway and I had to wait 10 minutes for the next one.

M: Did you leave home on time?

W: Yes. But there were a couple of people on the escalator who were blocking my way. I got so mad at them.

M: Why? What did they do wrong?

W: They just stood there on the escalator and didn't let me pass.

M: There's nothing wrong with what they did. They were just following the safety rules.

W: What rule is that?

M: You're supposed to stand still on the escalator.

| 해석 |

남: Jenny, 왜 지각했니?

여: 제가 지하철을 놓쳐서 다음 것을 타기 위해 10분을 기다려야 했어요.

남: 집에서 제시간에 나왔니?

여: 네. 그런데 에스컬레이터에서 두서너 명의 사람들이 제 길을 막고 있었어요. 그들에게 매우 화가 났어요.

남: 왜? 그들이 무엇을 잘못했지?

여: 그들은 에스컬레이터에 그냥 서 있었고 제가 지나가도록 해주지 않았어요.

남: 그들이 한 행동에 잘못된 것은 없단다. 그들은 안전 규칙을 따르고 있었을 뿐이야.

여: 무슨 규칙인데요?

남: 에스컬레이터를 타고 있을 때는 가만히 서 있어야 해.

| 문제해설 |

에스컬레이터를 이용하던 중 앞에 있는 사람들이 길을 비켜주지 않아 지하철을 놓친 여자는 남자가 그들이 안전 규칙을 따르고 있었을 뿐이라고 말하자 에스컬레이터에서의 안전 규칙이 무엇인지를 묻고 있으므로, 이에 대한 남자의 응답으로 가장 적절한 것은 ④ '에스컬레이터를 타고 있을 때는 가만히 서 있어야 해.'이다.

① 지하철을 이용하면 시간을 절약할 수가 있어.

② 다음에는 더 일찍 집에서 나오는 게 더 좋겠어.

③ 우리는 사람들이 에스컬레이터에서 뛰는 것을 자주 볼 수 있어.

⑤ 지각한 것에 대해서는 야단맞지 않기를 바라.

miss 놓치다

a couple of 두서너 개의

safety 안전

scold 야단치다, 꾸짖다

on time 제시간에

block 막다

still 가만히 있는, 움직이지 않는

2

정답 ⑤

| 소재 | Green 미술관 견학

| Script |

[Telephone rings.]

W: Good afternoon. Green Art Gallery. How can I help you?

M: Hi. I'm a local high school teacher and I'd like to get some information about making a group visit with my students.

W: Okay. How many people will be in your group?

M: Twenty. Is that too many?

W: No, that's fine. And just so you know, we're closed on Mondays.

M: Okay. What time does the gallery open?

W: We open at 10 a.m. and close at 3 p.m.

M: All right. Do I have to make a reservation in advance?

W: Yes. Group reservations must be made at least a week before the day of their visit.

M: I see. Is there anything else I need to know when looking around the gallery?

W: Yes. Teachers must be with the students at all times.

| 해석 |

[전화벨이 울린다.]

여: 안녕하세요. Green Art 미술관입니다. 어떻게 도와드릴까요?

남: 안녕하세요. 저는 이 지역 고등학교 교사이고 제 학생들과 함께하는 단체 방문에 대한 정보를 얻고 싶습니다.

여: 알겠습니다. 단체는 몇 명이나 되나요?

남: 20명입니다. 너무 많은가요?

여: 아닙니다. 괜찮아요. 그리고 참고로 말하자면, 월요일은 휴무일입니다.

남: 알겠습니다. 미술관은 몇 시에 여나요?

여: 오전 10시에 열고 오후 3시에 닫습니다.

남: 알겠습니다. 미리 예약해야 하나요?

여: 네. 단체 예약은 방문일 최소 1주일 전에 하셔야 합니다.

남: 알겠습니다. 미술관을 둘러볼 때 제가 알아야 할 다른 것이 있습니까?

여: 네. 교사는 항상 학생들과 함께 있어야 합니다.

| 문제해설 |

학생들과 함께 미술관 단체 방문을 하려는 남자는 미술관 방문에 관해 여러 가지 사항을 묻고 있고 마지막으로 그 외에 또 알아야 할 것이 있는지를 묻고 있으므로, 이에 대한 여자의 응답으로 가장 적절한 것은 ⑤ '네. 교사는 항상 학생들과 함께 있어야 합니다.'이다.

① 월요일마다요. 월요일은 휴무일입니다.

② 10시에요. 오전 10시부터 오후 3시까지 문을 엽니다.

③ 죄송합니다. 단체 중 한 사람이 보이지 않네요.

④ 맞아요. 미리 예약하셔야 합니다.

| 어휘 및 어구 |

gallery 미술관

just so you know 참고로 말하자면

make a reservation 예약하다

in advance 미리

at all times 항상

at least 적어도

missing 없는, 보이지 않는

3

정답 ⑤

| 소재 | 도시 관광 예약

| Script |

M: Welcome to Moonlight Hotel. Are you checking in?

W: Yes. And I've already booked a room. My reservation number is 73241.

M: All right. May I see your passport?

W: Sure. Here it is.

M: Thanks. *[Keyboard typing sound]* Okay. You'll be staying in Room 1205. Here's your room key.

W: Thank you. Ah, I heard that daily city tours run out of the hotel here.

M: That's right. They're $10 a person, with a minimum number of four people.

W: Okay. I'd like to take a city tour tomorrow morning. We have a group of four.

M: All right. You have to pay for the tour now.

W: No problem. Here's $40. Then, when does the tour start?

M: We'll begin the tour at 10 o'clock in the lobby.

| 해석 |

남: Moonlight 호텔에 오신 것을 환영합니다. 투숙하실 건가요?

여: 네. 그리고 이미 객실 하나를 예약했어요. 제 예약 번호는 73241입

니다.

남: 알겠습니다. 여권 좀 보여주시겠습니까?

여: 그럼요. 여기 있어요.

남: 감사합니다. *[키보드 치는 소리]* 좋습니다. 1205호에 머무르실 겁니다. 여기 방 열쇠가 있습니다.

여: 감사합니다. 아, 일일 도시 관광을 여기 호텔에서 운영한다고 들었어요.

남: 맞습니다. 1인당 10달러인데, 최소 인원이 4명은 되어야 합니다.

여: 알겠어요. 내일 아침 도시 관광을 하고 싶어요. 저희 일행은 4명이에요.

남: 알겠습니다. 지금 관광 요금을 지불하셔야 합니다.

여: 그러죠. 여기 40달러가 있습니다. 그럼, 관광은 언제 시작하나요?

남: 로비에서 10시에 관광을 시작할 겁니다.

| 문제해설 |

도시 관광을 예약한 여자는 남자에게 관광이 언제 시작하는지를 묻고 있으므로, 이에 대한 남자의 응답으로 가장 적절한 것은 ⑤ '로비에서 10시에 관광을 시작할 겁니다.'이다.

① 그 경우에는, 즉시 거기로 달려갈 겁니다.

② 마음에 드실 겁니다. 여기 거스름돈 받으세요.

③ 죄송하지만, 여기에는 여행사가 없습니다.

④ 음, 미리 좌석을 예약하시는 편이 좋아요.

| 어휘 및 어구 |

book 예약하다   reservation 예약
passport 여권   minimum 최소한의

4   정답 ⑤

| 소재 | 서점에서 만난 유명 인사

| Script |

M: Judy, did you pay for the book?

W: Yes. Thanks for waiting for me. Let's eat something now.

M: All right. Wait a minute. Isn't that guy Justin Timber?

W: Where? Do you mean the guy wearing sunglasses and a hat?

M: Yeah. Let's get closer.

W: *[Pause]* Oh, my! It's him, Justin, my favorite actor. He's so attractive.

M: You're right. And he's taller than I thought.

W: Yeah. I can't believe I'm seeing a celebrity in person.

M: Hey, why don't we go and get his autograph?

W: I'd love to, but I don't have any paper.

M: Look at the book you've just bought. It's full of paper.

W: Good idea. I can ask him to autograph my book.

| 해석 |

남: Judy, 그 책 계산했니?

여: 응. 기다려 줘서 고마워. 이제 뭘 좀 먹자.

남: 좋아. 잠깐만 기다려 봐. 저 사람 Justin Timber 아니야?

여: 어디? 선글라스와 모자를 쓰고 있는 사람 말이니?

남: 응. 더 가까이 가 보자.

여: *[잠시 후]* 오, 세상에! 내가 가장 좋아하는 배우 Justin, 바로 그 사람이야. 정말 매력적이야.

남: 네 말이 맞아. 그리고 내가 생각했던 것보다 키가 더 커.

여: 그래. 내가 직접 유명 인사를 만나고 있다니 믿을 수가 없어.

남: 이봐, 가서 그의 사인을 받는 게 어떨까?

여: 나도 그러고 싶지만, 종이가 없어.

남: 네가 방금 산 책을 봐. 그건 종이로 가득 차 있어.

여: 좋은 생각이네. 그에게 내 책에 사인을 해 달라고 부탁하면 되겠군.

| 문제해설 |

서점에서 책을 구입한 직후 여자가 좋아하는 유명 인사를 만나 사인을 받고 싶어 하는 상황에서 여자가 종이가 없어 안타까워하자 남자는 방금 산 책이 종이로 가득 차 있음을 상기시키고 있으므로, 이에 대한 여자의 응답으로 가장 적절한 것은 ⑤ '좋은 생각이네. 그에게 내 책에 사인을 해 달라고 부탁하면 되겠군.'이다.

① 괜찮아. 나는 혼자 그 영화를 볼 거야.

② 물론이지. 네게 그 책을 빌려주라고 그에게 부탁할게.

③ 좋아. 내가 가서 읽을 것을 좀 가져올게.

④ 아니. 나는 그 책을 사러 서점에 갈 거야.

| 어휘 및 어구 |

celebrity 유명 인사   in person 직접, 친히
autograph 서명(하다), 사인(하다)

5   정답 ⑤

| 소재 | 번지 점프 추천

| Script |

M: Alice, have you made plans for the summer?

W: Hey, Tom. Not yet. But I'd like to make plans to escape from my normal routine.

M: Me, too. There's something exciting that I thought both of us could do.

W: Really? What's your idea?

M: Well, how about flying in the sky and feeling as free as a bird?

W: That sounds exciting, but what do you mean?

M: I mean we should do a certain activity.

W: What activity do you mean?

M: Let's go bungee jumping!

W: You must be kidding. It's too dangerous.

M: It seems scary at first, but it's worthwhile.

| 해석 |

남: Alice, 여름 계획을 세웠니?

여: 안녕, Tom. 아직 못 세웠어. 하지만 나의 평범한 일상에서 벗어나는 계획을 세우고 싶어.

남: 나도 그래. 내가 생각하기에 우리 둘 다 할 수 있는 신나는 것이 있어.

여: 정말? 네 생각이 뭐니?

남: 음, 하늘을 날면서 새처럼 자유롭게 느껴보는 것이 어때?

여: 신날 것 같지만, 뭘 말하는 거니?

남: 어떤 활동을 해야 한다는 거야.

여: 무슨 활동을 말하는 거니?

남: 번지 점프를 하러 가자!

여: 농담하는 거지. 그건 너무 위험해.

남: 처음에는 무서워 보이지만, 그럴 만한 가치가 있어.

| 문제해설 |

여름 계획에 관해서 대화를 나누던 중 여자가 일상을 벗어나는 일을 하고 싶다고 하자 남자는 번지 점프를 하러 가자고 제의한다. 이에 여자는 농담하지 말라고 말하면서 번지 점프가 너무 위험하다고 말하고 있으므로, 이에 대한 남자의 응답으로 가장 적절한 것은 ⑤ '처음에는 무서워 보이지만, 그럴 만한 가치가 있어.'이다.

① 업무로 인해 몹시 피곤해 보이는구나.

② 일상적인 사무가 매우 지루하기도 해.

③ 휴가가 그 활동을 하기에는 너무 짧아.

④ 극한 스포츠를 관람하는 것은 재미있어.

| 어휘 및 어구 |

escape (나쁜 상황에서) 벗어나다, 탈출하다

normal 평범한, 보통의   routine (판에 박힌) 일상

activity 활동   kid 놀리다, 장난하다

6

정답 ①

| 소재 | 학교 축제 공연 참가

| Script |

W: Robin, have you decided on whether to perform in the school festival?

M: Well, I'm still thinking about it.

W: Come on! Everyone knows you're good at beat boxing.

M: But I'm so nervous whenever I'm on stage.

W: Just try to be confident. You'll be able to get over your stage fright.

M: Thanks for encouraging me. *[Pause]* Okay, I'll try.

W: Great. Then, first you need to sign up to perform.

M: Do you know when the deadline is?

W: It's tomorrow, so you'd better go to the student council room today.

M: Okay. Can you come with me?

W: Sure. I can help you sign up there.

| 해석 |

여: Robin, 학교 축제에서 공연할 건지에 대해 결정했니?

남: 음, 그것에 관해 여전히 생각 중이야.

여: 이봐! 모든 이들은 네가 비트박스를 잘한다는 것을 알고 있어.

남: 하지만 나는 무대에 설 때마다 너무나 긴장돼.

여: 자신감을 갖도록 노력해. 무대 공포증을 극복할 수 있을 거야.

남: 나를 격려해줘서 고마워. *[잠시 후]* 알았어, 해볼게.

여: 좋아. 그럼, 먼저 공연하기 위해 등록해야 해.

남: 마감일이 언제인지 아니?

여: 내일이야. 그러니 오늘 학생회실에 가는 게 좋아.

남: 알았어. 나와 함께 갈 수 있니?

여: 물론이야. 네가 거기서 등록하는 것을 도울 수 있어.

| 문제해설 |

학교 축제 공연을 등록하러 학생회실에 가야 하는 상황에서 남자는 여자에게 함께 가 줄 수 있는지를 묻고 있으므로, 이에 대한 여자의 응답으로 가장 적절한 것은 ① '물론이야. 네가 거기서 등록하는 것을 도울 수 있어.'이다.

② 고마워. 나는 정말로 너와 함께하기를 원했어.

③ 잘했어. 나는 네가 매우 자랑스러워.

④ 미안해. 나는 마감일이 언제인지 잘 몰라.

⑤ 걱정 마. 작년처럼 잘할 거야.

| 어휘 및 어구 |

perform 공연하다   confident 자신감 있는

stage fright 무대 공포증   encourage 격려하다

sign up 등록하다   deadline 마감일

student council 학생회

예제 　정답 ⑤

| 소재 | 조형물 디자인

| Script |

W: Jason is a sculptor and Sarah is the head of a local library. A few days ago, Sarah hired Jason to create a sculpture for the library's reopening by the end of next month. This morning, Sarah received the final design of the sculpture from Jason. She likes his design, but it looks quite complicated to her. She's worried whether he can finish in time, so she calls him to express her concern. However, Jason thinks that he has enough time to make it since he has worked on these types of sculptures before. So Jason wants to tell Sarah that he can finish it in time and that she doesn't have to be concerned. In this situation, what would Jason most likely say to Sarah?

Jason: Don't worry. I can get the job done before the deadline.

| 해석 |

여: Jason은 조각가이고 Sarah는 지역 도서관장입니다. 며칠 전, Sarah는 다음 달 말까지 도서관 재개관을 위한 조각품을 만들도록 Jason을 고용했습니다. 오늘 아침, Sarah는 Jason으로부터 조각품의 최종 디자인을 받았습니다. 그녀는 그의 디자인이 마음에 들지만, 그것이 그녀에게는 꽤 복잡해 보입니다. 그녀는 그가 제시간에 끝낼 수 있을지 걱정돼서 그에게 전화를 걸어 우려를 표합니다. 하지만, Jason은 이전에 이런 종류의 조각품들을 작업해 보았기 때문에 그것을 만들 충분한 시간이 있다고 생각합니다. 그래서 Jason은 Sarah에게 자신이 그것을 제시간에 끝낼 수 있으며 그녀가 걱정할 필요가 없다고 말하고 싶어 합니다. 이런 상황에서, Jason은 Sarah에게 뭐라고 말하겠습니까?

Jason: 걱정 마세요. 저는 마감일 전에 그 일을 끝낼 수 있습니다.

| 문제해설 |

도서관 재개장을 위한 조각품을 의뢰한 도서관장 Sarah가 조각가인 Jason의 디자인이 복잡해 보여 제시간에 끝낼 수 있을지 우려를 표하자 Jason은 유사한 작업을 해본 적이 있어 시간이 충분하다고 말하고 싶어 한다. 이런 상황에서, Jason이 Sarah에게 할 말로 가장 적절한 것은 ⑤ '걱정 마세요. 저는 마감일 전에 그 일을 끝낼 수 있습니다.'이다.

① 행운을 빌어요. 당신의 일을 제시간에 끝내시길 바랍니다.

② 알겠어요. 조각품의 변경 사항에 대해 논의하기 위해 만나죠.

③ 참 딱하게 됐네요. 재개관 일정이 연기되어 유감입니다.

④ 서둘러요. 최종 디자인을 즉시 보내주셔야 합니다.

| 어휘 및 어구 |

sculptor 조각가	head 우두머리, 장(長)
sculpture 조각품	reopening 재개관
complicated 복잡한	concern 걱정, 우려; 걱정하다

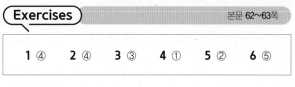

Exercises 　본문 62~63쪽

1 ④	**2** ④	**3** ③	**4** ①	**5** ②	**6** ⑤

1 　정답 ④

| 소재 | 공부 중간에 휴식 취하기

| Script |

W: Eileen is Cindy's best friend. One of the main reasons Cindy likes Eileen is that Eileen listens closely to her when she has worries. Next week, Cindy has an important test, so she goes to the library every day and studies all day long without taking a break. After a few days, Cindy is exhausted and can't concentrate well on her studies. Cindy tells Eileen about her problem, and Eileen wants to advise Cindy to take some breaks while she studies. In this situation, what would Eileen most likely say to Cindy?

Eileen: You should get some rest to concentrate better.

| 해석 |

여: Eileen은 Cindy의 가장 친한 친구입니다. Cindy가 Eileen을 좋아하는 주된 이유 중 하나는 Eileen이 Cindy가 걱정이 있을 때 그녀의 말을 열심히 들어주기 때문입니다. 다음 주에, Cindy는 중요한 시험이 있어서 그녀는 매일 도서관에 가서 휴식 없이 온종일 공부합니다. 며칠이 지나고, Cindy는 지쳐서 공부에 잘 집중할 수가 없습니다. Cindy는 Eileen에게 자신의 문제에 관해 이야기하고, Eileen은 Cindy에게 공부하는 동안 휴식을 좀 취하라고 조언하고 싶어 합니다. 이런 상황에서, Eileen은 Cindy에게 뭐라고 말하겠습니까?

Eileen: 더 잘 집중하려면 너는 휴식을 좀 취해야 해.

| 문제해설 |

Cindy가 쉬지 않고 계속 공부만 해서 집중이 잘 되지 않는다고 Eileen에게 고민을 털어놓자, Eileen은 Cindy에게 공부 중간에 휴식을 좀 취하라고 조언하고 싶어 한다. 이런 상황에서, Eileen이 Cindy에게 할 말로 가장 적절한 것은 ④ '더 잘 집중하려면 너는 휴식을 좀 취해야 해.'이다.

① 집에서 공부하는 것은 좋은 생각이 아니야.
② 네 집중력을 향상시키는 것이 좋겠어.
③ 우리는 걱정을 서로에게 이야기해야 해.
⑤ 네가 공부하는 것을 돕겠다는 내 약속을 지킬 수 있을 거야.

| 어휘 및 어구 |

exhausted 지친, 다 써버린   concentrate 집중하다
advise 조언하다
share (생각 · 사건 따위를) (남에게) 이야기하다
keep one's promise 약속을 지키다

2
정답 ④

| 소재 | 생일 선물

| Script |

M: Today is Alice's 17th birthday, and she receives a T-shirt from her friend Steve as a present. She really likes it, but after trying it on, she feels it's slightly tight on her. She tells Brian that she would like to exchange it for a bigger size. Steve also thinks that a bigger sized T-shirt would look better on her. She asks him where he bought it. Steve says he bought it at the K Clothing Store near her house. He gives her the receipt for the T-shirt, adding that she will need it to exchange the T-shirt. Receiving it, Alice decides to go there and exchange it. In this situation, what would Alice most likely say to Steve?

Alice: I got it. I'll go to the store to exchange it tomorrow.

| 해석 |

남: 오늘은 Alice의 17번째 생일이고, 그녀는 친구 Steve로부터 티셔츠를 선물로 받습니다. 그녀는 그 티셔츠가 정말로 마음에 들지만, 그것을 입어 본 후에, 티셔츠가 몸에 약간 끼인다고 느낍니다. 그녀는 Steve에게 더 큰 사이즈로 티셔츠를 교환하고 싶다고 말합니다. Steve 또한 더 큰 사이즈의 티셔츠가 그녀에게 더 잘 어울릴 거라고 생각합니다. 그녀는 그에게 티셔츠를 어디서 구입했는지 묻습니다. Steve는 그녀의 집 근처에 있는 K Clothing Store에

서 구입했다고 말합니다. 그는 그녀에게 티셔츠를 교환하기 위해서는 영수증이 필요할 것이라고 말하면서 영수증을 그녀에게 줍니다. 이것을 받고 나서, Alice는 그곳에 가서 그것을 교환하기로 결심합니다. 이런 상황에서, Alice는 Steve에게 뭐라고 말하겠습니까?

Alice: 알았어. 내일 그것을 교환하러 그 옷가게에 갈 거야.

| 문제해설 |

Steve로부터 티셔츠를 생일 선물로 받은 Alice는 옷이 몸에 약간 끼인다고 느껴서, 티셔츠를 더 큰 사이즈로 교환하고 싶다고 말한다. 이에 Steve는 티셔츠를 구입한 곳을 말하면서, 교환을 위해 필요한 영수증을 Alice에게 건네준다. 이런 상황에서, Alice가 Steve에게 할 말로 가장 적절한 것은 ④ '알았어. 내일 그것을 교환하러 그 옷가게에 갈 거야.'이다.

① 너는 K Clothing Store에서 일했어야 했어.
② 걱정 마. 지금 바로 티셔츠를 수선할 거니까.
③ 네 말이 맞아. 그것은 정말로 네게 잘 어울려.
⑤ 좋아! 네 생일 선물로 줄무늬 티셔츠를 사 줄게.

| 어휘 및 어구 |

receive 받다   try ~ on ~을 입어 보다
slightly 약간   exchange 교환하다
look better on ~에게 더 잘 어울리다
receipt 영수증

3
정답 ③

| 소재 | 과다한 주방 세제 사용

| Script |

W: Today is Martin and Rachel's wedding anniversary. For their special day, Martin plans on cooking dinner and washing the dishes after dinner. After the meal, Martin begins washing the dishes. Rachel comes into the kitchen and notices Martin using too much dishwashing liquid while doing the dishes. For each dish, he puts a lot of liquid on the sponge. Rachel is concerned that using too much dishwashing liquid can negatively affect the environment. In this situation, what would Rachel most likely say to Martin?

Rachel: I think you'd better use less dishwashing liquid.

| 해석 |

여: 오늘은 Martin과 Rachel의 결혼기념일입니다. 그들의 특별한 날을

위해, Martin은 저녁식사 요리와 저녁식사 후 설거지할 것을 계획합니다. 식사가 끝난 후, Martin은 설거지를 시작합니다. Rachel은 부엌으로 들어와 Martin이 설거지를 할 때 너무 많은 주방 세제를 사용하고 있는 것을 목격합니다. 접시마다 그는 스펀지에 많은 세제를 넣습니다. Rachel은 주방 세제를 너무 많이 사용하는 것이 환경에 부정적인 영향을 미칠 수 있을 것 같아 걱정이 됩니다. 이런 상황에서, Rachel은 Martin에게 뭐라고 말하겠습니까?

Rachel: 주방 세제를 덜 사용하는 것이 좋을 것 같아요.

| 문제해설 |

결혼기념일에 Martin은 아내인 Rachel을 위해 저녁식사를 준비한다. 식사 후 설거지를 하고 있는 Martin을 바라보고 있던 Rachel은 그가 주방 세제를 너무 많이 사용하고 있는 것을 목격한다. 이런 상황에서, Rachel이 Martin에게 할 말로 가장 적절한 것은 ③ '주방 세제를 덜 사용하는 것이 좋을 것 같아요.'이다.

① 우리의 결혼기념일이 기다려져요.

② 다음에 당신이 음식을 내놓는 것을 도와줄게요.

④ 매일 혼자 설거지하는 것이 정말로 힘들어요.

⑤ 어느 식기 세척기가 좋을지 결정하기가 어려워요.

| 어휘 및 어구 |

wedding anniversary 결혼기념일   plan on ~할 계획이다
dishwashing liquid 주방 세제
concerned 걱정하는   negatively 부정적으로
affect ~에 영향을 미치다

4
정답 ①

| 소재 | 시간제 일자리 구하기

| Script |

W: Andy, a college student, is looking for a part-time job to save money for his tuition. Jenny, one of Andy's friends, comes to know about Andy's situation. She tells him that her uncle is running a restaurant and is seeking a server, and she recommends him to apply for the job. Jenny says the restaurant is located near the back gate of his college, so it would be really convenient for Andy to get to work. Jenny mentions that the hourly wage is $11 and that he wouldn't have to work during weekends. After listening to Jenny, Andy wants to tell Jenny that the working conditions are quite good and that he wants to work at the restaurant. In this situation, what would Andy most likely say to Jenny?

Andy: Good. I'll apply for the job right away.

| 해석 |

여: 대학생인 Andy는 수업료를 위해 돈을 모으려고 시간제 일자리를 찾고 있습니다. Andy의 친구 중 한 명인 Jenny는 Andy의 상황을 알게 됩니다. 그녀는 Andy에게 자신의 삼촌이 식당을 운영하는데 종업원을 구하고 있다고 말하면서, 그에게 이 일자리에 지원할 것을 권유합니다. Jenny는 그 식당이 대학교 후문 근처에 위치하고 있어서 Andy가 일하러 가기에 정말로 편리할 것이라고 말합니다. Jenny는 시간당 임금이 11달러이고 주말에는 일할 필요가 없을 거라는 것을 언급합니다. Jenny가 하는 말을 들은 후에, Andy는 Jenny에게 근무 조건이 상당히 좋아서 그 식당에서 일하고 싶다고 말하고 싶어 합니다. 이런 상황에서, Andy는 Jenny에게 뭐라고 말하겠습니까?

Andy: 좋아. 지금 바로 그 일자리에 지원할 거야.

| 문제해설 |

시간제 일자리를 찾고 있는 Andy에게 Jenny가 자신의 삼촌이 운영하는 식당에서 종업원을 구한다는 소식을 전하면서 일자리에 관련된 구체적인 정보를 말해주자, Andy는 그 식당의 근무 조건이 마음에 들어 그곳에서 일을 하고 싶어 한다. 이런 상황에서, Andy가 Jenny에게 할 말로 가장 적절한 것은 ① '좋아. 지금 바로 그 일자리에 지원할 거야.'이다.

② 네 덕분에, 정말로 좋은 일자리를 구했어.

③ 괜찮아. 너 대신에 내가 일할게.

④ 물론이지. 그 식당의 모든 음식이 맛있어.

⑤ 미안. 너와 같이 그 식당에 갈 수 없어.

| 어휘 및 어구 |

tuition 수업료   run 운영하다
seek 찾다, 구하다   apply for ~에 지원하다
be located 위치하다   mention 언급하다
hourly wage 시간당 임금

5
정답 ②

| 소재 | 수영 대회 결승전

| Script |

M: Stella is the coach of a high school swimming team, and Brian is the best swimmer on the team. Today Brian is participating in a local high school swimming competition. Brian is an excellent swimmer, and he practiced really hard for the competition, so he easily advances to the 100m freestyle final. When the announcement comes out that the finals will begin in 30 minutes, Stella asks Brian how he is feeling. Smiling broadly, Brian says he wishes the finals would start right away. He adds that he will definitely win the race. Seeing Brian's confidence, Stella wants to express to Brian that she's also confident he'll be victorious. In this situation, what would Stella most likely say to Brian?

Stella: I'm sure you'll finish the race the fastest.

| 해석 |

남: Stella는 고등학교 수영부의 코치이고, Brian은 그 팀에서 가장 뛰어난 수영 선수입니다. 오늘 Brian은 지역 고등학교 수영 대회에 참가하고 있습니다. Brian은 뛰어난 수영 선수이고, 대회를 위해 정말로 열심히 연습했기 때문에, 그는 100m 자유형 결승전에 쉽게 진출합니다. 30분 후에 결승전이 시작될 것이라는 발표가 나오자, Stella는 Brian에게 기분이 어떤지 묻습니다. 활짝 미소를 지으면서, Brian은 지금 바로 결승전이 시작되기를 바란다고 말합니다. 그는 자신이 분명히 경주에서 우승할 것이라고 덧붙입니다. Brian의 자신감을 보면서, Stella 또한 Brian의 승리에 대해 확신하고 있다는 것을 Brian에게 표현하고 싶어 합니다. 이런 상황에서, Stella는 Brian에게 뭐라고 말하겠습니까?

Stella: 네가 가장 빠르게 경주를 끝낼 거라고 확신해.

| 문제해설 |

Stella는 수영 대회 결승전을 기다리고 있는 Brian이 우승을 확신하는 것을 보면서 자신 또한 Brian의 승리를 확신하고 있다는 것을 표현하고 싶어 한다. 이런 상황에서, Stella가 Brian에게 할 말로 가장 적절한 것은 ② '네가 가장 빠르게 경주를 끝낼 거라고 확신해.'이다.

① 나도 오늘 결승전이 열리기를 바라.
③ 결승전 입장권은 걱정하지 마.
④ 오늘은 자유형과 배영에 집중하자.
⑤ 나는 수영 대회에 참가하고 싶어.

| 어휘 및 어구 |

competition 경쟁, 대회, 시합 advance to ~에 진출하다
freestyle 자유형 announcement 발표, 알림
confidence 자신감, 확신 victorious 승리한, 승리를 거둔
backstroke 배영

6
정답 ⑤

| 소재 | 음식 재료 쇼핑

| Script |

W: Linda and Patrick got married about a month ago, and they're having a housewarming party this evening. At 1 p.m., they start cleaning the house. When they finish cleaning, Patrick asks Linda what they should cook for the party. Linda suggests they make seafood spaghetti and steak, and Patrick agrees. So they drive to a nearby mart to buy some seafood and meat. When they enter the mart, Linda suggests that Patrick go buy the meat while she goes to buy the seafood, in order to save time. Linda tells Patrick to meet her after each does their shopping individually. Patrick wants to tell Linda he agrees with her idea. In this situation, what would Patrick most likely say to Linda?

Patrick: Okay. I'll buy the meat and then go to meet you.

| 해석 |

여: Linda와 Patrick은 약 한 달 전에 결혼했고, 오늘 저녁 집들이를 할 예정입니다. 오후 1시에, 그들은 집을 청소하기 시작합니다. 청소가 끝나자, Patrick은 Linda에게 집들이를 위해서 무엇을 요리해야 할지 묻습니다. Linda가 해산물 스파게티와 스테이크를 요리할 것을 제안하자, Patrick은 동의합니다. 그래서 그들은 해산물과 고기를 좀 사기 위해 차를 타고 근처에 있는 마트에 갑니다. 그들이 마트에 들어갈 때, Linda는 시간을 절약하기 위해서 자신이 해산물을 사러 가는 동안에 Patrick에게 고기를 사러 갈 것을 제안합니다. Linda는 Patrick에게 각자가 개별적으로 쇼핑을 한 후에 만나자고 말합니다. Patrick은 Linda에게 그녀의 생각에 동의한다고 말하고 싶어 합니다. 이런 상황에서, Patrick은 Linda에게 뭐라고 말하겠습니까?

Patrick: 좋아요. 내가 고기를 사고 나서 당신을 만나러 갈게요.

| 문제해설 |

집들이를 위해 해산물과 고기를 사러 Patrick과 함께 마트에 간 Linda가 자신이 해산물을 사는 동안에 Patrick에게 고기를 사러 가고, 각자 쇼핑이 끝난 후에 만날 것을 제안하자 Patrick이 동의하고 있다. 이런 상황에서, Patrick이 Linda에게 할 말로 가장 적절한 것은 ⑤ '좋아요. 내가 고기를 사고 나서 당신을 만나러 갈게요.'이다.

① 물론이죠! 당신은 정말로 훌륭한 요리사예요.
② 내가 당신이라면, 나는 그 마트에 가지 않을 거예요.
③ 맞아요. 집들이는 아주 좋았어요.
④ 아니오. 내가 가장 좋아하는 음식은 해산물 스파게티가 아니에요.

| 어휘 및 어구 |

housewarming party 집들이
nearby 근처에 있는, 인근의 individually 개별적으로

예제 1~2

| 소재 | 여러 다른 직업에서 드론의 다양한 사용

| Script |

W: Hello, students. Last time, you learned about the people who invented drones. As technology develops, drones are being used more frequently around the world. So, today, we'll talk about how they're used in different jobs. First, drones help farmers grow crops more efficiently. For example, drones are used to spread seeds that may be difficult to plant. They also spray chemicals to protect plants from harmful insects. Second, photographers use drones to easily access areas that are hard to reach. Specifically, nature and wildlife photographers no longer need to go through dangerous jungles and rainforests. Next, drones are useful for police officers when they control traffic. Drones could provide updates on traffic flow and accidents, and even help identify anyone driving dangerously. Last, drones aid firefighters. Firefighters use drones that drop tanks of special chemicals to prevent the spread of fire. Now, let's watch an incredible video of drones in action.

| 해석 |

여: 안녕하세요, 학생 여러분. 지난 시간에 여러분은 드론을 발명한 사람들에 관해 배웠습니다. 기술이 발달하면서, 드론은 전 세계적으로 더 자주 사용되고 있습니다. 그래서 오늘 우리는 여러 다른 직업에서 그것이 어떻게 사용되고 있는지에 관해 이야기할 것입니다. 우선, 드론은 농부가 더 효율적으로 작물을 키우는 것을 돕습니다. 예를 들어, 드론은 심기 어려울 수 있는 씨앗을 뿌리는 데 사용됩니다. 그것은 또한 해로운 벌레들로부터 식물을 보호하기 위해 화학약품을 뿌립니다. 둘째, 사진작가는 도달하기 어려운 지역에 쉽게 접근하기 위해 드론을 사용합니다. 구체적으로 말하자면, 자연과 야생동물을 찍는 사진작가는 이제는 위험한 정글과 열대 우림을 통과할 필요가 없습니다. 다음으로, 드론은 경찰관이 교통을 통제할 때 그들에게 유용합니다. 드론은 교통의 흐름과 사고에 관한 최신 정보를 제공할 수 있고, 심지어 누구든 위험하게 운전하는 사람의 신원을 밝히는 데 도움이 될 수 있습니다. 마지막으로, 드론은 소방관을 돕습니다. 소방관은 화재 확산을 막기 위해 특수

한 화학물질 탱크를 떨어뜨리는 드론을 사용합니다. 이제, 활약 중인 드론의 놀라운 동영상을 함께 봅시다.

| 문제해설 |

1 여자는 여러 다른 직업에서 드론이 어떻게 사용되고 있는지 설명하고 있으므로, 여자가 하는 말의 주제로 가장 적절한 것은 ⑤ '여러 다른 직업에서 드론의 다양한 사용'이다.
① 드론으로 인한 고용 기회 감소
② 다양한 분야에서의 드론 사용 규정
③ 드론 개발에 필요한 작업 능력
④ 드론 사용으로 유발되는 작업장 사고
2 드론이 사용되는 직업으로 농부, 사진작가, 경찰관, 소방관은 언급되었지만, ③ '군인'은 언급되지 않았다.

| 어휘 및 어구 |

invent 발명하다	frequently 자주
crop 작물	efficiently 효율적으로
plant 심다	spray 뿌리다
chemical 화학약품, 화학물질	
specifically 구체적으로 말하자면	
identify 신원을 밝히다[확인하다]	
incredible 놀라운	

Exercises

1 ①	2 ③	3 ④	4 ④	5 ⑤	6 ④

1~2

| 소재 | 토마토의 건강상 이점

| Script |

M: Hello, I am Robert Hopkins, food research scientist. Not everyone likes tomatoes because they aren't that sweet, but experts like myself recommend eating them because they're healthy. Let's take a closer look at how they are so. Tomatoes are rich in lycopene, which helps protect the skin from UV rays, preventing aging. Lycopene also improves bone density. Tomatoes also have a lot of calcium and vitamin K, which are good for repairing and strengthening bones. Because of the vitamin B and potassium in tomatoes, they are effective in reducing cholesterol levels and lowering blood pressure. Therefore, eating a diet that includes tomatoes can effectively prevent heart attacks and strokes, as well as many other life-threatening heart-related problems. Lastly, tomatoes are good for eyes. The vitamin A found in tomatoes is fantastic for improving vision. After hearing this, don't you feel like eating tomatoes right away?

| 해석 |

남: 안녕하세요, 저는 식품 연구 과학자인 Robert Hopkins입니다. 토마토가 그리 달지 않아서 모두가 좋아하는 것은 아니지만, 저 같은 전문가들은 토마토가 건강에 좋기 때문에 먹는 것을 추천합니다. 어떻게 그러한지 좀 더 자세히 살펴보겠습니다. 토마토에는 리코펜이 풍부한데, 이는 자외선으로부터 피부를 보호하고 노화를 예방합니다. 리코펜은 또한 골밀도를 향상시킵니다. 토마토에는 또한 뼈를 복구하고 강화하는 데 좋은 칼슘과 비타민 K가 많이 함유되어 있습니다. 토마토의 비타민 B와 칼륨 때문에, 콜레스테롤 수치를 낮추고 혈압을 낮추는 데 효과적입니다. 따라서, 토마토가 포함된 식단을 섭취하면 생명을 위협하는 다른 많은 심장 관련 문제는 물론 심장마비와 뇌졸중을 효과적으로 예방할 수 있습니다. 마지막으로, 토마토는 눈에 좋습니다. 토마토에서 발견되는 비타민 A는 시력 개선에 기막히게 좋습니다. 이 말을 들으니 지금 당장 토마토를 먹고 싶은 생각이 들지 않으세요?

| 문제해설 |

1 남자는 전문가들이 토마토를 건강에 좋은 음식으로 추천한다는 말과 함께 토마토에 풍부한 영양분에 관해 설명하고 있으므로, 남자가 하는 말의 주제로 가장 적절한 것은 ① '토마토의 건강상 이점'이다.
② 토마토에 대한 건강과 관련된 그릇된 통념
③ 토마토로 만들어진 보기 드문 음식
④ 사람들이 토마토를 좋아하지 않는 이유
⑤ 토마토를 먹는 것이 노화에 미치는 영향

2 토마토 섭취로 좋아지는 신체 부위로 피부, 뼈, 심장, 눈은 언급되었지만, ③ '신장[콩팥]'은 언급되지 않았다.

| 어휘 및 어구 |

recommend 추천하다	healthy 건강에 좋은
protect 보호하다	prevent 예방하다
aging 노화	improve 향상시키다
bone density 골밀도	repair 복구하다
strengthen 강화하다	potassium 칼륨
stroke 뇌졸중	threaten 위협하다
vision 시력	

3~4

정답 3 ④ 4 ④

| 소재 | 종이를 만드는 재료인 나무의 대체 재료

| Script |

W: Hello, everyone. I'm the second group presenter, Rebeca. Today I'm talking about tree protection. As you know, millions of trees are being cut down worldwide to make the paper we need. Are there any alternatives to this deforestation? Thankfully, there is. That's because a lot of paper isn't just made from wood. Here are some examples. First of all, did you know that in ancient Egypt people used papyrus to make paper? It's not a tree, but grass. But did you know that even in China, paper has been made from bamboo which was considered grass for a long time. Even leather, surprisingly, isn't used just for jackets and bags. In Italy, a well-known company has launched a paper product made from leather. The final example is stone. That sounds unbelievable, doesn't it? Well, in Germany, an innovative material called stone paper has been developed, which can replace conventional paper and is produced in an environmentally friendly way. These are all materials that can be used to make paper instead of wood. It's pretty fascinating, right? Thank you for listening.

| 해석 |

여: 안녕하세요, 여러분. 저는 두 번째 그룹 발표자인 Rebeca입니다. 오늘은 나무 보호에 대해 이야기하겠습니다. 아시다시피, 우리가 필요로 하는 종이를 만들기 위해 전 세계적으로 수백만 그루의 나무가 베어지고 있습니다. 이 삼림 벌채에 대한 대안이 있습니까? 고맙게도, 있습니다. 많은 종이가 단순히 나무로 만들어지는 것이 아니기 때문입니다. 여기 예시들이 있습니다. 우선 고대 이집트에서는 파피루스를 사용하여 종이를 만들었다는 사실을 알고 계셨나요? 그것은 나무가 아니라 풀입니다. 하지만 중국에서도 오랫동안 풀로 여겨졌던 대나무로 종이를 만들었다는 사실을 알고 계셨나요? 가죽도, 놀랍게도, 재킷과 가방에만 사용되지 않습니다. 이탈리아에서는 한 유명한 회사가 가죽으로 만든 종이 제품을 출시했습니다. 마지막 예는 돌입니다. 믿을 수 없는 것처럼 들리지 않습니까? 그런데 독일에서는, 기존의 종이를 대체할 수 있고 환경 친화적인 방식으로 생산되는 스톤 페이퍼라는 혁신적인 소재가 개발되었습니다. 이것들은 모두 종이를 만드는 데 나무 대신 사용

될 수 있는 재료들입니다. 꽤 매력적이죠, 그렇죠? 경청해 주셔서 감사합니다.

| 문제해설 |
3 여자는 종이를 만들기 위해 수백만 그루의 나무가 베어지고 있는 현실과 그에 대한 대안이 있음을 언급하면서 그 예를 설명하고 있으므로, 여자가 하는 말의 주제로 가장 적절한 것은 ④ '나무 기반 종이의 대체 재료'이다.
① 나무의 다양한 용도
② 종이를 절약하는 방법
③ 종이를 만드는 과정
⑤ 나무를 보호하기 위한 나라별 노력
4 종이를 나무 대신 다른 재료로 만들거나 만들었던 나라로 이집트, 중국, 이탈리아, 독일은 언급되었지만, ④ '프랑스'는 언급되지 않았다.

| 어휘 및 어구 |
presenter 발표자   protection 보호
alternative 대안, 대체 재료[수단]
deforestation 삼림 벌채   leather 가죽
launch 출시하다   product 제품
innovative 혁신적인   replace 대체하다
conventional 기존의, 전통적인
environmentally friendly 환경친화적인
fascinating 매력적인

5~6
정답 5 ⑤ 6 ④

| 소재 | 시간 부족을 다루는 방법

| Script |

M: Hello, everyone. When you're pressed for time, you probably get stressed out and rush what you need to get done. That's why giving yourself sufficient time to work on the things you need to do is important to be successful and productive. Here are three ways to avoid hurrying to get things done at the last minute. First, stop forcing yourself to work on tasks that you dislike. These tasks take up more of your time and energy because you have to motivate yourself. Next, choose tasks that you're good at. When you work on the things you do well, you're able to focus better. Third, identify your distractions. Social media such as Facebook and Twitter are the most common concentration killers. These days, more and

more people are also using Instagram and Pinterest. By avoiding logging in to social media sites while you're working, you can be more productive with your work. Do you think these strategies could benefit you? Then try them right away!

| 해석 |
남: 안녕하세요, 여러분. 여러분이 시간에 쫓길 때, 아마도 여러분은 스트레스를 받고 마쳐야 할 필요가 있는 것을 서둘러 합니다. 그래서 여러분이 할 필요가 있는 것들에 대해 일할 충분한 시간을 스스로에게 주는 것은 성공적이고 생산적이기 위해서 중요합니다. 마지막 순간이 되어서야 서둘러 일을 끝내는 것을 피하기 위한 세 가지 방법들이 있습니다. 우선, 여러분이 싫어하는 일들을 스스로에게 억지로 하도록 하는 것을 멈춰야 합니다. 이러한 일들을 하려면 여러분은 스스로에게 동기를 부여해야만 하기 때문에 더 많은 시간과 에너지가 소모됩니다. 다음으로, 여러분이 잘하는 일들을 선택하세요. 여러분이 잘하는 일들을 할 때, 여러분은 더 잘 집중할 수 있습니다. 세 번째로, 당신의 마음을 산만하게 하는 것을 확인하세요. Facebook과 Twitter와 같은 소셜 미디어는 집중력을 떨어뜨리는 것으로 가장 흔한 것들입니다. 요즘 점점 더 많은 사람들이 또한 Instagram과 Pinterest를 사용하고 있습니다. 일하면서 소셜 미디어 사이트에 로그인하는 것을 피함으로써, 여러분은 일에 더 생산적일 수가 있습니다. 이러한 전략들이 당신에게 이로움을 줄 수 있다고 생각하세요? 그럼 지금 당장 그것들을 해 보세요!

| 문제해설 |
5 남자는 시간에 쫓겨 서둘러 일하는 것을 피하기 위한 방법에 대해 설명하고 있으므로, 남자가 하는 말의 주제로 가장 적절한 것은 ⑤ '서둘러 일을 마쳐야만 하는 것을 피하기 위한 방법'이다.
① 일과 관련된 스트레스의 원인
② 시간 관리의 어려움
③ 높은 목표를 설정하는 것의 중요성
④ 시간 관리가 성공에 미치는 영향
6 소셜 미디어의 예로 Facebook, Twitter, Instagram, Pinterest는 언급되었지만, ④ 'YouTube'는 언급되지 않았다.

| 어휘 및 어구 |
rush 서두르다   sufficient 충분한
productive 생산인
at the last minute 마지막 순간에, 임박해서
motivate 동기를 부여하다
distraction 마음을 산만하게 하는 것, 주의 산만
strategy 전략

PART II 소재편

16 일상생활

본문 71~73쪽

Exercises

| 1 ③ | 2 ④ | 3 ② | 4 ⑤ | 5 ④ | 6 ④ |
| 7 ① | 8 ④ | 9 ⑤ | | | |

1

정답 ③

| 소재 | 점심식사 메뉴

| Script |

W: Kevin, it's already 12. Why don't we have pizza for lunch?

M: I'm sorry, but I ate pizza yesterday at home.

W: Then just tell me what you feel like eating. I'll follow you.

M: **Anything other than pizza would be okay.**

| 해석 |

여: Kevin, 벌써 12시야. 점심으로 피자를 먹는 게 어때?

남: 미안한데, 어제 집에서 피자를 먹었어.

여: 그러면 네가 먹고 싶은 것을 말만 해. 네가 하는 대로 할게.

남: 피자를 제외하면 어떤 것도 괜찮을 거야.

| 문제해설 |

점심으로 피자를 먹자는 여자의 말에 남자가 어제 피자를 먹었다고 말하자 여자는 먹고 싶은 음식을 말하면 남자가 하는 대로 하겠다고 했으므로, 이에 대한 남자의 응답으로 가장 적절한 것은 ③ '피자를 제외하면 어떤 것도 괜찮을 거야.' 이다.

① 이번에는 내가 너에게 점심을 살게.

② 어제 피자를 어디서 먹었니?

④ 도움을 받지 않고 피자를 만드는 법을 배우는 게 좋을 거야.

⑤ 피자 식당이 너무 멀다고 생각하지 않아?

| 어휘 및 어구 |

Why don't we ~? 우리 ~하는 게 어때?

feel like -ing ~하고 싶다

treat 접대하다

other than ~ 이외의

by oneself 도움을 받지 않고, 혼자서

2

정답 ④

| 소재 | 기억력을 향상시키는 방법

| Script |

M: Have you ever entered a room and forgotten why you went in there? Or have you ever forgotten where you placed your keys? If so, you may be frightened that you're losing your memory. But don't worry. You can enhance your memory by following a few tips. First, try to organize your life. For example, keep things in designated places. Next, deep breathing or other relaxation techniques will also improve your ability to recall. Finally, keeping a planner can be another good way to reinforce your memory. These strategies will definitely help you remember better.

| 해석 |

남: 여러분은 방에 들어갔는데 왜 그곳에 들어갔는지 잊었던 적이 있나요? 또는 열쇠를 어디에 두었는지 잊었던 적은 있나요? 그렇다면, 여러분은 자신이 기억을 잃어가고 있다고 무서워하고 있을지도 모릅니다. 하지만 걱정 마세요. 몇 가지 조언을 따르면 여러분의 기억력을 향상시킬 수 있습니다. 첫째, 여러분의 삶을 체계화시키려고 하십시오. 예를 들면, 물건들을 지정된 장소에 두십시오. 다음으로, 심호흡이나 다른 휴식을 취하는 기법들 역시 여러분의 기억해 내는 능력을 향상시킬 것입니다. 마지막으로, 일정 계획표를 작성하는 것이 여러분의 기억력을 강화시키는 또 다른 좋은 방법일 수 있습니다. 이러한 전략들은 분명히 여러분이 기억을 더 잘할 수 있도록 도와줄 것입니다.

| 문제해설 |

남자는 기억을 잃어가고 있다고 걱정하지 말고 몇 가지 조언을 따르면 기억력을 향상시킬 수 있다고 말하면서, 물건을 지정된 장소에 두기, 심호흡이나 휴식을 취하는 기법들을 시도하기, 일정 계획표 작성하기를 구체적 방법으로 언급하고 있으므로, 남자가 하는 말의 주제로 가장 적절한 것은 ④ '기억력을 향상시키는 방법'이다.

| 어휘 및 어구 |

place 두다, 놓다

enhance 향상시키다

designated 지정된

relaxation 휴식

planner 일정 계획표

strategy 전략

frightened 무서워하는

organize 체계화하다, 정리하다

breathing 호흡

recall 기억해 내다

reinforce 강화하다

3

정답 ②

| 소재 | 새 자전거 주문

| Script |

[Cell phone rings.]

W: Hi, Brian.

M: Hi, Jane. Are you busy this afternoon?

W: Yes. I have to help my mom clean the house and then go to the airport to pick up my grandmother. Why, what's up?

M: You know I help my sister with her math these days. But I don't have to today. So I was going to see if you wanted to go on a bike ride.

W: Going on a bike ride? Unfortunately, I can't until next Monday.

M: Why?

W: My bicycle got stolen last week. So I ordered a new one on the Internet.

M: Oh, I didn't know that.

W: I was upset about it. Anyway, I'm getting my new bike next Monday. I think I got it for a reasonable price.

M: Good. Then let's go for a ride in the park someday next week.

W: Perfect.

| 해석 |

[휴대전화가 울린다.]

여: 안녕, Brian.

남: 안녕, Jane. 오늘 오후에 바쁘니?

여: 응. 엄마가 집 청소하시는 것을 도와야 하고 그러고 나서는 할머니를 모시러 공항에 가 봐야 해. 왜, 무슨 일이니?

남: 너도 알다시피 요즘 내가 여동생의 수학 공부를 돕고 있거든. 하지만 오늘은 그럴 필요가 없어. 그래서 네가 자전거 타러 가고 싶은지 알아보려던 거였어.

여: 자전거 타러 가는 거? 불행히도, 난 다음 주 월요일까지는 할 수가 없어.

남: 왜?

여: 내 자전거를 지난주에 도난당했거든. 그래서 인터넷으로 새것을 주문해 두었어.

남: 어, 몰랐어.

여: 난 그것에 대해서 마음이 상해 있었어. 어쨌든, 다음 주 월요일에 나의 새 자전거를 받을 거야. 적당한 가격으로 그것을 샀다고 생각해.

남: 잘됐네. 그럼 다음 주 언젠가 공원에 자전거 타러 가자.

여: 딱 좋아.

| 문제해설 |

여자는 자전거를 타러 가자는 남자의 제안에 자전거를 지난주에 도난당해 새것을 주문했다고 했으므로, 여자가 한 일로 가장 적절한 것은 ② '인터넷으로 자전거 주문하기'이다.

| 어휘 및 어구 |

steal 훔치다(-stole-stolen)   upset 마음이 상한

reasonable 적당한, 비싸지 않은

4

정답 ⑤

| 소재 | 항공권 구매

| Script |

[Cell phone rings.]

M: Hello?

W: Hi, Andrew. This is Alice. How are you?

M: I'm good. Hey, I heard that you're planning to take a trip to Thailand this winter vacation.

W: Yeah, right. That's why I'm calling you. You said you got a cheap flight ticket when you flew to Australia last summer, didn't you?

M: Right. I got it for almost half the regular price.

W: Wow. Where did you buy it?

M: On the Internet. I found a website that sells air tickets at really low prices.

W: What's the address of the website?

M: I can't remember it now. After checking my computer, I'll send you a text message.

W: Okay, thanks a lot.

| 해석 |

[휴대전화가 울린다.]

남: 여보세요?

여: 안녕, Andrew. 나는 Alice야. 어떻게 지내니?

남: 잘 지내. 야, 네가 올 겨울 방학에 태국으로 여행을 떠날 계획이라고 들었어.

여: 그래, 맞아. 그것이 내가 네게 전화를 한 이유야. 작년 여름 호주에 비행기를 타고 갔을 때 저렴한 항공권을 샀다고 말했지, 그렇지 않니?

남: 맞아. 정가의 거의 절반 가격에 항공권을 샀어.

여: 와. 어디서 그것을 샀니?

남: 인터넷에서. 항공권을 정말로 싼 가격에 판매하는 웹사이트를 찾았거든.

여: 그 웹사이트의 주소가 뭔데?

남: 지금 기억이 안 나. 내 컴퓨터를 확인한 후에, 네게 문자 메시지를 보내줄게.

여: 좋아, 정말로 고마워.

| 문제해설 |

겨울 방학에 태국으로 여행을 떠날 예정인 여자는 남자에게 항공권을 저렴하게 판매하는 웹사이트의 이름을 알려달라고 했으므로, 여자가 남자에게 부탁한 일로 가장 적절한 것은 ⑤ '여자에게 저렴한 항공권을 판매하는 웹사이트 알려주기' 이다.

① 여자의 컴퓨터 수리하기
② 여자에게 문자 메시지 보내기
③ 태국에 대한 정보 수집하기
④ 호주 항공권을 위해 여자에게 돈 빌려주기

| 어휘 및 어구 |

flight ticket 항공권(= air ticket)
regular price 정가   text message 문자 메시지

5

| 소재 | 지하철에서 길 잃은 아이

| Script |

W: Look, there's a little kid crying over there.

M: He looks lost. Should we do something?

W: Yeah, maybe. There are lots of people because this is where they get a transfer, but nobody is paying any attention to him.

M: Let's go see if we can help him.

W: Okay, good idea, but our train is coming shortly.

M: Yeah, but I think we have to take the kid to the center for missing children or something.

W: You're right. Let's just go help him, and catch the next train.

M: Wait! Look. That lady over there looks like the kid's mom.

W: Great. His mom found him.

M: Yeah, now we can take our train.

W: Oh, perfect timing. Here comes our train.

M: Let's go.

| 해석 |

여: 봐요, 저기 어린아이가 울고 있어요.

남: 길을 잃은 것 같은데요. 뭔가 해야 하지 않을까요?

여: 네, 그런 것 같아요. 여기는 환승을 하는 곳이라 사람들이 많이 있는데, 아무도 그에게 관심을 보이지 않고 있어요.

남: 가서 그를 도울 수 있는지 알아봅시다.

여: 좋아요, 좋은 생각이기는 한데 우리가 탈 열차가 곧 올 거예요.

남: 네, 하지만 우리가 그 아이를 미아보호소로 데려가든지 해야 할 것 같아요.

여: 맞아요. 가서 그를 돕고, 다음 열차를 탑시다.

남: 잠깐만요! 봐요. 저기 저 여자가 그 아이의 엄마인 것 같네요.

여: 잘됐네요. 그의 엄마가 그를 찾았어요.

남: 네, 이제 우리 열차를 타면 되겠네요.

여: 오, 완벽한 타이밍이네요. 우리 열차가 오네요.

남: 갑시다.

| 문제해설 |

두 사람의 대화에서 환승하는 곳(where they get a transfer), 우리가 탈 열차(our train), 다음 열차를 탑시다(catch the next train) 등의 어구가 언급된 것으로 보아, 두 사람이 대화하고 있는 장소로 가장 적절한 곳은 ④ '지하철 승강장'이다.

| 어휘 및 어구 |

lost 길을 잃은
pay attention to ~에 관심을 갖다   shortly 곧
center for missing children 미아보호소

6

| 소재 | 이사

| Script |

W: Excuse me, here's a bottle of water you asked for.

M: Thank you.

W: My pleasure. So when do you think you'll finish packing up here?

M: In about a half hour. We already moved the heavy things like the couch, refrigerator, and piano into the truck.

W: That's good. Then can we go to the new house by 1:30?

M: Sure. It takes less than two hours to get to your new house from here, so we just need to leave here by at least 11.

W: Good! Let me know if you have any questions.

M: Sure, I will. Oh, I saw an old bicycle in your backyard. Do you want us to take that, too?

W: No, I'm just going to throw it away.

M: Got it. Then I won't load it into the truck.

W: You don't have to load all the empty flowerpots either. I'm going to throw them away, too.

62 EBS 수능특강 Light 영어듣기

M: Okay.

| 해석 |

여: 실례합니다. 요청하신 물 한 병 여기 있습니다.

남: 고맙습니다.

여: 천만에요. 그럼 언제 여기에 있는 짐을 다 꾸릴 거라고 생각하세요?

남: 약 30분 후요. 소파, 냉장고와 피아노 같은 무거운 것들은 이미 트럭에 실었어요.

여: 좋아요. 그러면 1시 30분까지는 새집으로 갈 수 있나요?

남: 그럼요. 여기서 새집까지는 두 시간도 걸리지 않으니 우리는 적어도 11시까지만 이곳을 떠나면 돼요.

여: 좋습니다! 다른 질문이 있으면 저에게 알려주세요.

남: 그럼요, 그렇게 할게요. 아, 뒷마당에 낡은 자전거를 봤는데요. 그것도 가져가기를 원하시나요?

여: 아니오, 그것은 그냥 버릴 거예요.

남: 알겠습니다. 그러면 자전거는 트럭에 싣지 않겠습니다.

여: 빈 화분들도 모두 실을 필요가 없어요. 그것들도 버릴 거니까요.

남: 알겠습니다.

| 문제해설 |

여자는 남자에게 짐을 꾸리는 데 얼마나 걸리며 새집으로 1시 30분까지는 갈 수 있는지 묻고 있고, 남자는 소파나 냉장고와 같은 무거운 물건들을 이미 트럭에 실었다고 말하고 있으므로, 두 사람의 관계를 가장 잘 나타낸 것은 ④ '이사 의뢰인 — 이삿짐센터 직원'이다.

| 어휘 및 어구 |

pack (짐을) 싸다, 꾸리다
couch 소파
refrigerator 냉장고
throw ~ away ~을 버리다
load 싣다

7
정답 ①

| 소재 | 자동차 절도 방지책

| Script |

W: Good afternoon, listeners! Today, I'll talk about auto theft. Nowadays, auto theft is on the rise. Thieves not only break into locked cars and steal what's inside, but they also steal the cars. By following these car theft prevention tips, you have a better chance to keep your car safe from thieves. The first thing you should do is always keep your car doors locked. And be sure to turn your car engine off every time you leave your car. Thieves look for running cars at convenience stores and then hop in and drive

off while you're inside the store. Finally, park your car in a crowded and well-lit area. Thieves avoid cars that can be seen by many people. If you put these tips into practice, your car will be much safer from car theft.

| 해석 |

여: 안녕하세요, 청취자 여러분! 오늘, 자동차 절도에 대해 말씀드리겠습니다. 요즘 자동차 절도가 증가하고 있습니다. 도둑들은 문이 잠겨 있는 차에 침입해서 안에 있는 것을 훔칠 뿐만 아니라, 그 자동차를 훔치기까지 합니다. 다음의 이러한 자동차 절도 예방법을 따른다면, 도둑으로부터 여러분의 자동차를 안전하게 지킬 가능성이 더 커질 것입니다. 여러분이 해야 할 첫 번째 것은 차 문을 항상 잠그는 것입니다. 그리고 차를 떠날 때마다 반드시 차의 엔진을 끄십시오. 도둑들은 편의점에서 시동이 걸린 차를 찾아서 여러분이 편의점 안에 있는 동안에 그 차에 올라타서 차를 타고 가 버립니다. 마지막으로, 사람들로 붐비고 불이 환하게 밝혀진 지역에 주차를 하십시오. 도둑들은 많은 사람들이 볼 수 있는 차를 피합니다. 이러한 조언을 실천한다면, 여러분의 차는 차량 절도로부터 훨씬 더 안전할 것입니다.

| 문제해설 |

여자는 자동차 절도 예방법을 따르면 차를 도둑들로부터 안전하게 지킬 수 있다고 하면서 이 조언에 대해 구체적으로 설명하고 있으므로, 여자가 하는 말의 주제로 가장 적절한 것은 ① '자동차 절도 예방법'이다.

| 어휘 및 어구 |

auto theft 자동차 절도
on the rise 증가하는, 상승하는
prevention 예방
convenience store 편의점(= CVS)
hop in (자동차에) 뛰어 올라타다

8
정답 ④

| 소재 | 장미 구매

| Script |

W: Hello. Can I help you?

M: Yes, please. I'd like to buy some roses.

W: Okay. What color of roses would you like? We have white roses and red roses at the moment.

M: They're both beautiful. How much is a bunch of red roses?

W: A bunch of red roses is $13.

M: Great. I'll take two bunches of them. I'd also like a bunch of white roses.

W: Good choice. Combining the two colors is even

more beautiful.

M: Are the white roses the same price?

W: No. A bunch of them is $3 cheaper than that of red roses.

M: Nice. Please give me a bunch of white roses. And can I use this $5 off coupon now?

W: Sorry, but this coupon is only available if you purchase a vase.

M: Oh, I didn't know that. No problem. Here's my credit card.

| 해석 |

여: 안녕하세요. 도와드릴까요?

남: 네. 장미를 몇 송이 사고 싶어서요.

여: 알겠습니다. 어떤 색깔의 장미를 원하시나요? 현재 흰 장미와 빨간 장미가 있습니다.

남: 둘 다 아름답군요. 빨간 장미 한 다발은 얼마죠?

여: 빨간 장미 한 다발은 13달러입니다.

남: 아주 좋아요. 빨간 장미 두 다발 살게요. 흰 장미 한 다발도 원합니다.

여: 좋은 선택이에요. 두 색깔을 합치면 훨씬 더 아름답습니다.

남: 흰 장미도 같은 가격인가요?

여: 아니오. 흰 장미 한 다발은 빨간 장미 한 다발보다 3달러 더 저렴합니다.

남: 좋군요. 흰 장미 한 다발 주세요. 그리고 이 5달러 할인 쿠폰을 지금 쓸 수 있나요?

여: 미안하지만, 이 쿠폰은 꽃병을 구입할 때만 이용할 수 있습니다.

남: 오, 몰랐어요. 괜찮습니다. 제 신용카드 여기 있습니다.

| 문제해설 |

한 다발 가격이 13달러인 빨간 장미 두 다발과 한 다발 가격이 10달러인 흰 장미 한 다발을 구입한 남자는 5달러 할인 쿠폰을 사용하지 못하므로, 남자가 지불할 금액은 ④ '$36' 이다.

| 어휘 및 어구 |

at the moment 현재, 지금   bunch 다발

combine 결합시키다, 화합시키다

purchase 구매하다

9

정답 ⑤

| 소재 | 여동생 마중

| Script |

W: Hi, Mr. Jackson.

M: Hi, Cindy. How's your cough?

W: Unfortunately, it hasn't gotten any better. I'm still constantly coughing.

M: Well, there are some ginger tea bags in the break room. Feel free to make some hot tea. It could help.

W: Thanks. I'll do that.

M: Is there anything in particular you want to talk about?

W: Sure. Actually, I was wondering if I could take a day off tomorrow?

M: Oh, do you want to see the doctor again?

W: No. In fact, my younger sister is coming back from Korea after studying there for a year. So, I would like to go meet her at the airport with my mother.

M: I got it. Take the day off and have a good time with your sister. And take care of that cough.

W: Thank you.

| 해석 |

여: 안녕하세요, Jackson 씨.

남: 안녕하세요, Cindy. 기침은 어때요?

여: 유감스럽게도, 조금도 나아지지 않았어요. 여전히 계속해서 기침을 하고 있어요.

남: 음, 휴게실에 봉지에 든 생강차가 좀 있어요. 뜨거운 차를 편하게 마셔요. 도움이 될 거예요.

여: 고맙습니다. 그렇게 할게요.

남: 특별히 하고 싶은 말이 있나요?

여: 네. 사실, 내일 하루 휴가를 낼 수 있을까요?

남: 오, 또 병원에 가려는 건가요?

여: 아니오. 실은, 제 여동생이 한국에서 1년간 공부를 하고 돌아오거든요. 그래서 어머니와 함께 공항으로 동생을 마중 나가려고요.

남: 알았어요. 하루 휴가를 내서 여동생과 좋은 시간을 보내세요. 그리고 그렇게 기침하는 것도 신경 쓰세요.

여: 고맙습니다.

| 문제해설 |

여자는 한국에서 1년간 공부를 하고 돌아오는 여동생을 마중 나가기 위해 휴가를 내고 싶다고 했으므로, 여자가 내일 휴가를 신청하는 이유는 ⑤ '여동생을 마중하러 나가기 위해서'이다.

| 어휘 및 어구 |

cough 기침(하다)   constantly 계속해서

ginger tea 생강차   in particular 특별히, 특히

take a day off 하루 휴가를 내다

Exercises

| 1 ⑤ | 2 ⑤ | 3 ⑤ | 4 ③ | 5 ② | 6 ③ |
| 7 ⑤ | 8 ⑤ | 9 ② | | | |

1

정답 ⑤

| 소재 | Picasso 전시회

| Script |

W: Did you hear that a Picasso exhibition will be held at the Art Culture Center?

M: Really? Picasso is my favorite painter.

W: Mine, too. Why don't we go see the exhibition together? It starts on the 1st of next month and lasts for a month.

M: Good. Let's go on the first day of the exhibition.

| 해석 |

여: Picasso 전시회가 아트 문화 센터에서 열릴 것이라는 소식 들었어?

남: 정말? Picasso는 내가 매우 좋아하는 화가야.

여: 나도 그래. 우리 그 전시회 함께 보러 갈래? 전시회가 다음 달 1일에 시작해서 한 달간 계속되거든.

남: 좋지. 전시회 첫날에 가자.

| 문제해설 |

Picasso를 좋아한다는 남자의 말에 여자는 자신도 마찬가지라면서 아트 문화 센터에서 열리는 Picasso 전시회에 같이 갈 것을 제안했으므로, 이에 대한 남자의 응답으로 가장 적절한 것은 ⑤ '좋지. 전시회 첫날에 가자.'이다.

① 나도 그래. 나는 Picasso의 작품을 정말로 좋아해.

② 아니. 나는 어제 센터에 가지 않았어.

③ 맞아. 전시회가 정말로 인상적이었어.

④ 걱정하지 마. 입장료를 내가 빌려줄게.

| 어휘 및 어구 |

exhibition 전시회   be held 열리다, 개최되다

last 계속되다

2

정답 ⑤

| 소재 | 뮤지컬 배우 인터뷰

| Script |

W: Hi, it's so nice to meet you. I'm Cathy Brown.

M: Hi, Cathy. It's nice to meet you, too. Take a seat, please.

W: Thank you. Your musicals are very popular. Many people love your performances.

M: I'm happy to hear that.

W: Okay, let me ask you the first question. Um... of all the musicals you've starred in, which one is your favorite?

M: Well... my latest musical, *Heaven and Land*, is my favorite.

W: Your acting and singing were so good in that musical. Can you tell our magazine readers about your future plans?

M: Well... nothing is fixed yet. I'm considering a few different options at the moment.

W: What about movies? Do you have any plans to act in a movie?

M: No. I'd like to focus only on musicals.

W: All right. Thank you for sharing your time with me.

| 해석 |

여: 안녕하세요, 만나서 정말로 반가워요. 저는 Cathy Brown이에요.

남: 안녕하세요, Cathy. 저도 만나서 반가워요. 앉으세요.

여: 고맙습니다. 당신의 뮤지컬들이 인기가 매우 많아요. 많은 사람들이 당신의 공연을 좋아해요.

남: 그 말을 들으니 기분이 좋군요.

여: 좋아요, 첫 번째 질문을 할게요. 음… 당신이 주연을 맡은 모든 뮤지컬 중에서 어떤 뮤지컬이 당신이 아주 좋아하는 뮤지컬인가요?

남: 음… 가장 최근에 한 뮤지컬인 Heaven and Land가 제가 아주 좋아하는 뮤지컬이에요.

여: 그 뮤지컬에서 당신의 연기와 노래가 정말로 좋았어요. 우리 잡지 독자들에게 당신의 장래 계획에 대해 말해줄래요?

남: 그게… 아직은 정해진 것이 아무것도 없어요. 현재 몇 가지 다른 선택에 대해 생각하고 있어요.

여: 영화는 어때요? 영화에서 연기할 계획이 있나요?

남: 아니요. 뮤지컬에만 집중하고 싶어요.

여: 알겠습니다. 저에게 시간을 내주셔서 고맙습니다.

| 문제해설 |

여자는 남자에게 뮤지컬에서 연기와 노래를 아주 잘 했다고 했으므로, 이를 통해 남자는 뮤지컬 배우임을 알 수 있다. 여자는 남자에게 장래 계획에 대해 잡지 독자에게 말해줄 것을 요청했으므로, 이를 통해 여자는 잡지사 기자임을 알 수 있다. 따라서 두 사람의 관계를 가장 잘 나타낸 것은 ⑤ '잡지사 기자 — 뮤지컬 배우'이다.

① 출판업자 — 작가

② 작곡가 — 가수
③ 영화감독 — 영화배우
④ 뮤지컬 팬 — 뮤지컬 감독

| 어휘 및 어구 |
performance 공연
star (영화 · 연극 등에서) 주연[주역]을 맡다
latest 가장 최근의, 가장 최신의   option 선택 (사항)
at the moment 현재

3
정답 ⑤

| 소재 | 록 페스티벌

| Script |

M: Lucy, have you seen the school bulletin board?

W: No, I haven't. Is there any interesting news posted?

M: Yeah. There's going to be a three-day rock festival sponsored by ABC Newspaper, starting next Friday.

W: Sounds like fun. Where will it be held?

M: At the Music Hall in the newspaper building. Eleven bands are going to perform at the festival.

W: Oh, great! We should go there together.

M: Definitely. On which day do you want to go there?

W: Let's go there on Friday. The first day should be pretty fun.

M: All right. I'll book tickets on the Internet as soon as I get home.

W: Do you remember how much tickets are?

M: They're just $10 each per day. You know, that's quite cheap compared to other rock festivals.

W: Yeah, right.

| 해석 |

남: Lucy, 학교 게시판 봤어?

여: 아니, 안 봤어. 흥미로운 뉴스가 게시되었니?

남: 그래. ABC 신문사가 후원하는 록 페스티벌이 다음 주 금요일에 시작해서 3일간 열릴 거야.

여: 재미있게 들리는데. 록 페스티벌이 어디서 열리는데?

남: 신문사 건물에 있는 Music Hall에서. 11개의 밴드가 페스티벌에서 공연을 할 거야.

여: 오, 멋지다! 우린 함께 거기에 가야 해.

남: 당연하지. 어느 요일에 거기에 가고 싶어?

여: 금요일에 가자. 첫째 날이 꽤 재미있을 거야.

남: 좋아. 집에 가자마자 인터넷에서 입장권을 예매할게.

여: 입장권이 얼마인지 기억해?

남: 하루에 1인당 겨우 10달러야. 알다시피, 그것은 다른 록 페스티벌에 비교하면 꽤 저렴한 거야.

여: 그래, 맞아.

| 문제해설 |
후원 단체(ABC 신문사), 개최 장소(Music Hall), 공연 밴드 수(11개), 입장권 가격(1인당 10달러)은 언급되었지만 예상 관람객 수에 대해서는 언급되지 않았으므로, 록 페스티벌에 관해 언급되지 않은 것은 ⑤ '예상 관람객 수'이다.

| 어휘 및 어구 |
bulletin board 게시판   post 게시하다
sponsor 후원하다   perform 공연하다
compared to ~와 비교하면

4
정답 ③

| 소재 | 연극 공연 의상 수선

| Script |

M: Tracy, where are you headed?

W: I'm on my way to set up the stage for my drama club's performance.

M: How were the last few days of rehearsals?

W: Fantastic! Lisa introduced us to a professional actor, so we could get his advice.

M: Great! Can I help you prepare for the performance, like putting up posters?

W: Thanks, but we did that yesterday. Well, you said you have a sewing machine at home, right?

M: Yes. My sister recently bought one. Do you need it?

W: Yeah, I need to fix some costumes. Do you think I can borrow it?

M: Sure. I'll ask my sister.

W: Thanks a lot.

| 해석 |

남: Tracy, 어디에 가니?

여: 연극 동아리 공연을 위해 무대를 설치하러 가는 길이야.

남: 지난 며칠 동안 했던 리허설은 어땠니?

여: 광장했어! Lisa가 전문 배우를 소개해 줘서 그분의 조언을 들을 수 있었거든.

남: 잘됐구나! 내가 포스터 게시하는 것 같은, 공연 준비하는 걸 도와

줄까?

여: 고맙지만, 그건 어제 우리가 했어. 음, 너희 집에 재봉틀이 있다고 했지, 맞니?

남: 응. 우리 누나가 최근에 하나 샀지. 그게 필요해?

여: 응. 의상 몇 벌을 수선해야 해서. 내가 그것을 빌릴 수 있을 것 같니?

남: 물론이지. 누나에게 물어볼게.

여: 정말 고마워.

| 문제해설 |

남자가 연극 공연 준비를 하고 있는 여자에게 도움을 주고 싶다고 말하자 여자가 의상 수선을 위해 재봉틀이 필요한데 빌려줄 수 있는지 묻고 있으므로, 여자가 남자에게 부탁한 일로 가장 적절한 것은 ③ '재봉틀 빌려주기'이다.

| 어휘 및 어구 |

on one's way to ~로 가는 길[도중]에

set up 설치하다, 세우다   **stage** 무대

performance 공연   **rehearsal** 리허설, 예행연습

professional 전문적인   **put up** 게시하다

sewing machine 재봉틀

costume 의상

5
정답 ②

| 소재 | 수영 강습

| Script |

W: Hi, Ted, where are you going?

M: Hi, Molly, I'm on my way to the Green Sports Center.

W: Oh, do you work out there?

M: Yes, I started taking swimming lessons there last week.

W: Really? When I asked you to go swimming together before, you said you didn't like swimming.

M: Right, I still don't. But my doctor advised me to swim to help my back pain.

W: What's wrong with your back?

M: I've had pain in my lower back for a long time and it hasn't gone away.

W: I see. I think your doctor is right. Swimming will help release some of the tension in your back.

M: Yeah, I should have started earlier.

| 해석 |

여: 안녕, Ted, 어디 가니?

남: 안녕, Molly, Green 스포츠 센터에 가는 길이야.

여: 어, 거기에서 운동하니?

남: 응, 지난주에 거기에서 수영 강습을 받기 시작했어.

여: 정말? 내가 전에 함께 수영하러 가자고 했을 때, 네가 수영을 싫어한다고 말했잖아.

남: 맞아, 여전히 싫어. 하지만 의사 선생님이 내 허리 통증에 도움이 되려면 수영을 해야 한다고 권해 주셨거든.

여: 허리에 무슨 문제가 있니?

남: 오랫동안 아래쪽 허리에 통증이 있었는데 없어지지 않더라고.

여: 그렇구나. 네 의사 선생님 말씀이 맞는 것 같아. 수영이 허리의 긴장을 좀 풀어주는 데 도움이 될 거야.

남: 응, 더 일찍 시작해야 했는데 말이야.

| 문제해설 |

여자는 남자가 수영을 싫어한다고 했는데 수영 강습을 받기 시작한 것에 대해 의아해하자 남자가 허리 통증에 수영이 도움이 될 것이라는 의사 선생님의 조언 때문이라고 했으므로, 남자가 수영을 배우기 시작한 이유는 ② '의사가 권유해서'이다.

| 어휘 및 어구 |

work out 운동하다   **advise** 권하다, 조언하다

back pain 허리 통증   **lower** 아래쪽의

release (긴장 등을) 풀다   **tension** 긴장

6
정답 ③

| 소재 | 뮤지컬 입장권 구매

| Script |

M: Hi, can I help you?

W: Hi, I'd like to buy tickets for the musical *Rainbow Children*. How much are they?

M: Adult tickets are $20 each and tickets for children under the age of 13 are $10 each.

W: Okay. Are tickets still available for the 7 p.m. show on Saturday?

M: Let me check. Please wait a moment. *[Pause]* Yes, tickets are still available. How many do you need?

W: Two adult tickets and one child ticket.

M: All right. And do you have an ACE credit card?

W: Yes, I do.

M: If you pay with it, you can get 10% off the total price.

W: Great. Then I'll pay with it. Here it is.

| 해석 |

남: 안녕하세요, 도와드릴까요?

여: 안녕하세요, 뮤지컬 Rainbow Children 입장권을 구매하고 싶은데요. 입장권이 얼마죠?

남: 성인 입장권은 한 장에 20달러이고, 13세 미만 어린이 입장권은 한 장에 10달러입니다.

여: 알겠습니다. 토요일 오후 7시 공연의 입장권을 아직 구할 수 있을까요?

남: 확인해 볼게요. 잠시만 기다려 주세요. [잠시 후] 네, 입장권을 아직 구하실 수 있습니다. 몇 장 필요하시죠?

여: 성인 입장권 두 장과 어린이 입장권 한 장이요.

남: 알겠습니다. 그리고 ACE 신용카드를 가지고 계신가요?

여: 네, 가지고 있습니다.

남: 그것으로 지불하시면, 총액에서 10% 할인받으실 수 있습니다.

여: 좋은데요. 그러면 그것으로 지불할게요. 카드 여기 있습니다.

| 문제해설 |

한 장에 20달러인 성인 입장권 두 장과 한 장에 10달러인 어린이 입장권 한 장을 구입한 여자는 ACE 신용카드 사용으로 총액에서 10% 할인받게 되므로, 여자가 지불할 금액은 ③ '$45'이다.

| 어휘 및 어구 |

adult 성인(의), 어른(의)

available 구할 수 있는, 입수할 수 있는

total price 총액

7

정답 ⑤

| 소재 | 자전거 여행

| Script |

M: Eric, a college student in Seattle, has only two weeks left before the summer vacation starts. Now he's talking with Olivia about the vacation. Olivia asks Eric whether he has any good vacation plans. Eric answers he has nothing special planned. Olivia suggests that he go on a cycling trip with her from Seattle to San Diego. Olivia explains that the trip will take about three weeks, and that they'll have many great experiences while meeting lots of people on the road. Eric wants to tell Olivia the trip is a good idea. In this situation, what would Eric most likely say to Olivia?

Eric: Sounds good! Okay, let's cycle to San Diego together.

| 해석 |

남: Seattle에 있는 대학에 다니는 Eric은 단지 2주만 지나면 여름 방학을 맞이합니다. 지금 그는 Olivia와 방학에 대해 이야기를 나누고 있습니다. Olivia는 Eric에게 좋은 방학 계획이 있는지 묻습니다. Eric은 특별한 계획이 없다고 말합니다. Olivia는 Seattle에서부터 San Diego까지 자신과 함께 자전거 여행을 떠나자고 제안합니다. Olivia는 이 여행이 약 3주 정도 걸리고 여행 중에 많은 사람들을 만나면서 멋진 경험을 많이 하게 될 것이라고 설명합니다. Eric은 이 여행이 좋은 아이디어라고 Olivia에게 말하기를 원합니다. 이런 상황에서, Eric은 Olivia에게 뭐라고 말하겠습니까?

Eric: 좋게 들리는데! 좋아, 같이 San Diego까지 자전거를 타고 가자.

| 문제해설 |

2주 후면 여름 방학을 하게 되는 Olivia는 Eric에게 여름 방학 동안에 Seattle에서 San Diego까지 자전거 여행을 갈 것을 제안하고, Eric은 자전거 여행이 좋은 아이디어라고 생각한다. 이런 상황에서, Eric이 Olivia에게 할 말로 가장 적절한 것은 ⑤ '좋게 들리는데! 좋아, 같이 San Diego까지 자전거를 타고 가자.'이다.

① 자전거에 대해서는 걱정하지 마. 내가 내일 그것을 수리할게.

② 물론이지! 자전거 타기를 배우는 것은 정말로 쉬워.

③ 네가 여행 비용이 부족하면, 내가 일부를 네게 빌려줄게.

④ 네 도움 덕분에, 나는 멋진 자전거 여행을 했어.

| 어휘 및 어구 |

suggest 제안하다

go on a cycling trip 자전거 여행을 가다

explain 설명하다

8

정답 ⑤

| 소재 | 책에 대한 소감

| Script |

M: Nicole, what did you do last Sunday?

W: I stayed home and read books all day.

M: Oh, you're such a bookworm, aren't you?

W: Well, I don't know about that. I just like spending time reading books.

M: Did you finish reading the novels I lent you the other day?

W: Yeah, almost. Most of them were so interesting that I couldn't put them down.

M: Oh, that's good to hear! Did you read *Missing Dreams*? It's one of my favorites.

W: Well, I just read the first few chapters. But to be

honest, it was kind of boring.

M: Nicole, just keep reading it. The best part is coming up soon.

W: Then I should keep reading to see what happens.

| 해석 |

남: Nicole, 지난 일요일에 뭐 했니?

여: 집에 있으면서 하루 종일 책을 읽었어.

남: 아, 넌 정말 책벌레구나, 그렇지 않아?

여: 글쎄, 그건 모르겠는데. 난 그냥 책을 읽으면서 시간을 보내는 게 좋을 뿐이야.

남: 내가 며칠 전 빌려줬던 소설들은 다 읽었니?

여: 응, 거의. 그 책들 중 대부분은 너무 재미있어서 내려놓을 수가 없더라고.

남: 아, 그렇다니 다행이네! Missing Dreams는 읽어봤니? 내가 제일 좋아하는 책 중의 하나인데.

여: 음, 처음 몇 개의 장은 읽어봤어. 그런데 솔직히 말하면, 조금 지루하더라.

남: Nicole, 그냥 계속 읽어봐. 가장 멋진 부분이 곧 나올 거야.

여: 그러면 계속 읽어서 무슨 일이 일어나는지 봐야겠네.

| 문제해설 |

빌려준 소설 중 자신이 가장 좋아하는 책을 읽었느냐는 남자의 질문에 여자는 처음 몇 개의 장을 읽었는데 지루했다고 답하자 남자는 가장 멋진 부분이 곧 나올 테니 계속 읽어보라고 권하고 있다. 이에 대한 여자의 응답으로 가장 적절한 것은 ⑤ '그러면 계속 읽어서 무슨 일이 일어나는지 봐야겠네.'이다.

① 정말? 그 소설은 나도 제일 좋아하는 거야.

② 걱정하지 마. 그 책을 곧 돌려줄게.

③ 나는 책을 많이 읽곤 했는데, 지금은 그렇지 않아.

④ 네 말이 맞아. 끝으로 갈수록 정말 흥미진진해졌어.

| 어휘 및 어구 |

bookworm 책벌레   lend 빌려주다

put ~ down ~을 내려놓다   chapter (책의) 장

to be honest 솔직히 말하면

9
정답 ②

| 소재 | 영화 관람

| Script |

M: Jenny, what do you think about watching a movie this weekend?

W: Sounds good. Is there a movie you want to see?

M: What about *Great Soldiers*? It's based on the novel *My Little Hero*, which you've read.

W: Hmm.... Could we see another movie instead?

M: Why? According to the critics, it's quite touching.

W: But my sister saw it and told me that it's a little bit boring.

M: But didn't you say that the novel was really fascinating?

W: Yeah, but the novel is one thing, and the movie is another. Don't you agree?

M: No, I don't. If the book is interesting, the movie must be interesting too.

W: Do you really think so?

M: Sure. I do believe this movie is worth watching.

| 해석 |

남: Jenny, 이번 주말에 영화를 보는 게 어때?

여: 좋은데. 보고 싶은 영화가 있니?

남: Great Soldiers 어때? 이 영화는 네가 읽은 소설 My Little Hero를 근거로 만든 거야.

여: 음…. 대신에 우리가 다른 영화를 볼 수 있을까?

남: 왜? 비평가들에 따르면, 영화가 상당히 감동적이야.

여: 하지만 언니가 이 영화를 보고 나에게 약간 지루하다고 말했거든.

남: 하지만 너는 소설이 정말로 환상적이었다고 말하지 않았어?

여: 그렇지만 소설과 영화는 별개야. 동의하지 않니?

남: 아니, 동의하지 않아. 만약 책이 재미있다면, 영화도 틀림없이 재미있을 거야.

여: 정말로 그렇게 생각해?

남: 물론이지. 이 영화가 볼 만한 가치가 있다고 정말로 믿어.

| 문제해설 |

영화 Great Soldiers를 보자는 남자의 제안에 여자가 다른 영화를 보자고 하자 남자는 영화의 원작인 소설이 재미있으므로 영화도 재미있을 것이라고 말한다. 이에 여자는 남자에게 정말로 그렇게 생각하는지 다시 묻고 있으므로, 이에 대한 남자의 응답으로 가장 적절한 것은 ② '물론이지. 이 영화가 볼 만한 가치가 있다고 정말로 믿어.'이다.

① 아니, 그들이 아주 좋은 배우라고 생각하지 않아.

③ 그 책이 영화보다 더 흥미진진하다고 생각해.

④ 우리는 영화를 보기 위해 표를 예매했어야 했어.

⑤ 물론이지! 너는 지금 바로 책을 사서 읽어야 해.

| 어휘 및 어구 |

based on ~에 근거하여   according to ~에 따르면

critic 비평가, 평론가   touching 감동적인

본문 79~81쪽

Exercises

| 1 ④ | 2 ④ | 3 ③ | 4 ⑤ | 5 ⑤ | 6 ③ |
| 7 ② | 8 ① | 9 ④ | | | |

1

정답 ④

| 소재 | 차 열쇠 찾기

| Script |

M: Honey, have you seen my car key? I've looked for it everywhere, but can't find it.

W: I think I saw it on the kitchen table.

M: Oh, thanks! I always forget where I put my things, but I don't know what to do.

W: How about keeping your things in the same spot?

| 해석 |

남: 여보, 내 차 열쇠 봤어요? 여기저기 찾아봤지만 찾을 수가 없네요.

여: 부엌 식탁 위에 그것이 있는 것을 본 것 같아요.

남: 오, 고마워요! 나는 항상 물건을 어디에 두었는지 잊어버리는데, 어떻게 해야 할지 모르겠어요.

여: 당신의 물건을 같은 자리에 두는 것이 어때요?

| 문제해설 |

차 열쇠를 찾던 남자가 늘 물건을 어디에 두었는지 잊어버려서 어떻게 해야 할지 모르겠다고 말하고 있으므로, 이에 대한 여자의 응답으로 가장 적절한 것은 ④ '당신의 물건을 같은 자리에 두는 것이 어때요?'이다.

① 당신의 열쇠를 또 잃어버려서 정말 미안해요.

② 그저 약속 시간을 지키도록 노력해 보세요.

③ 차 안에 있는 것들을 정리하지 그래요?

⑤ 당신은 차를 어디에 주차했는지 기억해야 해요.

| 어휘 및 어구 |

look for ~을 찾다   appointment 약속

organize 정리하다   spot 장소

2

정답 ④

| 소재 | 손님 접대 준비

| Script |

M: Honey, the guests will be here in two hours. Are you ready?

W: Just about. I finished vacuuming and the food is almost ready. I need to finish making the salad.

M: Good. Then, what should I do? Is there any trash I can take out?

W: No. I did it this morning.

M: All right. Then, could I help set the table?

W: Lisa already did it. She did a great job decorating the table with flowers.

M: Fantastic. Should I go get some wine from the basement?

W: No, you don't have to. I can do it. Instead, can you go pick up the cake from the bakery?

M: Okay, I will do it right now.

W: Thank you.

| 해석 |

남: 여보, 두 시간 지나면 손님들이 이곳으로 오실 거예요. 준비되었나요?

여: 거의 다했어요. 진공청소기로 청소는 다 끝냈고 음식은 거의 다 되어가요. 샐러드 만들기를 끝내야 해요.

남: 좋아요. 그러면 내가 무엇을 해야 하나요? 내가 내다 버릴 쓰레기가 있어요?

여: 없어요. 오늘 아침에 내가 했어요.

남: 좋아요. 그러면 상 차리는 것을 도울 수 있을까요?

여: Lisa가 이미 했어요. 그녀는 꽃으로 테이블을 훌륭하게 장식했어요.

남: 대단하군요. 지하실에 가서 와인을 가지고 올까요?

여: 아니오, 그럴 필요가 없어요. 내가 할 수 있어요. 대신에, 제과점에서 케이크를 찾아올 수 있어요?

남: 좋아요, 지금 바로 할게요.

여: 고마워요.

| 문제해설 |

손님을 맞이할 준비를 하고 있는 여자는 샐러드 만드는 것을 제외하면 거의 모든 것을 끝냈다. 남자가 지하실에서 와인을 가져오는 것을 도와주겠다고 제의할 때 여자는 본인이 가져올 수 있으니 대신 제과점에 가서 케이크를 찾아오기를 원했으므로, 여자가 남자에게 부탁한 일로 가장 적절한 것은 ④ '케이크 찾아오기'이다.

| 어휘 및 어구 |

honey (좋아하거나 사랑하는 사람에 대한 호칭으로) 여보

guest (초대) 손님   vacuum 진공청소기로 청소하다

trash 쓰레기   take out 밖에 내다 버리다

decorate 장식하다   fantastic 대단한, 굉장한

basement 지하실

3

| 소재 | 우산 반납

| Script |

M: Good morning, Mary! What is the notebook in your hand for?

W: It's my biology notebook. I have a biology quiz in first period this morning.

M: Ah, you're studying it while walking. That's why you always get straight A's.

W: Stop flattering me. By the way, why are you carrying that umbrella? It's supposed to be sunny all day.

M: It's from the teachers' office. I borrowed it yesterday when it suddenly rained.

W: So you're returning it today.

M: That's right. I'm on my way there.

W: Yesterday, I got completely wet in the rain.

M: Oh, that's too bad. Well, hey, I have to run now. Good luck on your quiz, Mary.

W: Thank you. Have a good day.

| 해석 |

남: 안녕, Mary! 네 손에 있는 그 공책은 뭐에 쓸 거니?

여: 내 생물학 공책이야. 오늘 아침 1교시에 생물학 시험이 있거든.

남: 아, 너는 걸어 다니면서 그것을 공부하네. 그래서 네가 항상 전과목 A 학점을 받는구나.

여: 아부 그만해. 그런데, 왜 그 우산을 들고 있는 거야? 하루 종일 화창하다고 하던데.

남: 이거 교무실에서 가져온 거야. 어제 갑자기 비가 왔을 때 빌렸어.

여: 그래서 그것을 오늘 반납하는 거구나.

남: 맞아. 거기에 가는 길이야.

여: 어제 난 비에 완전히 젖었어.

남: 오, 그거 안됐다. 그래, 이봐, 이제 가야겠어. 시험 잘 봐, Mary.

여: 고마워. 좋은 하루 보내.

| 문제해설 |

여자가 남자에게 우산을 왜 들고 있는지 묻자 남자가 어제 갑자기 비가 왔을 때 교무실에서 빌린 것으로 지금 반납하러 가는 길이라고 말하고 있으므로, 남자가 할 일로 가장 적절한 것은 ③ '우산 반납하기'이다.

| 어휘 및 어구 |

biology 생물학

quiz 시험

straight A 전과목 A 학점

flatter 아첨하다

borrow 빌리다

4

| 소재 | 새로운 환경에서 친구를 사귀는 방법

| Script |

W: Hello, everyone. Today we're going to talk about friends. You may know how important it is to have friends in your daily life. But if you move to a new place, how can you make friends in a new environment? Here are some tips for you. If you like exercising, consider joining a fitness center or a walking or biking club. If you're a book lover, then you can join a book club at the library near your house. Also, it's a good idea to volunteer at a local school, museum or animal shelter. Remember that making friends in a new place isn't as difficult as you think.

| 해석 |

여: 안녕하세요, 여러분. 오늘 우리는 친구에 대해 이야기할 것입니다. 아마도 여러분은 친구를 갖는다는 것이 여러분의 일상생활에서 얼마나 중요한지 아실 것입니다. 하지만 만약 여러분이 새로운 장소로 이사를 간다면, 새로운 환경에서 어떻게 친구를 사귈 수 있을까요? 여기 여러분을 위한 몇 가지 조언이 있습니다. 만약 여러분이 운동을 좋아한다면, 헬스클럽 혹은 걷기나 자전거 타기 동호회에 가입하는 것을 고려해 보세요. 만약 책을 사랑하는 분이라면, 여러분의 집 근처 도서관에서 독서 동호회에 가입하면 됩니다. 또한, 지역의 학교, 박물관 혹은 동물 보호소에서 자원봉사를 하는 것도 좋은 생각입니다. 새로운 곳에서 친구를 사귀는 것이 여러분이 생각하는 것만큼 어렵지는 않다는 점을 기억하세요.

| 문제해설 |

여자는 새로운 환경에서 친구를 사귈 수 있는 방법 몇 가지를 그 사람의 성향에 따라 소개하고 있으므로, 여자가 하는 말의 주제로 가장 적절한 것은 ⑤ '새로운 환경에서 친구를 사귀는 방법'이다.

| 어휘 및 어구 |

consider 고려하다

join 가입하다

fitness center 헬스클럽

volunteer 자원봉사를 하다

local 지역의

animal shelter 동물 보호소

5

| 소재 | Woodworking Workshop

| Script |

M: Hello, students. This is Principal Mr. Brown. I'm pleased to inform you of a new after-school program starting next week, the Woodworking Workshop. This program is open to beginners of woodworking. The workshop is a month long and will meet twice a week, on Tuesdays and Thursdays. Each class is 3 hours long. You'll learn the basics of woodworking and how to use different tools. And you'll make your own wooden spoon and chopsticks. Your parents can even register with you. So join the program for a fun and rewarding experience!

| 해석 |

남: 안녕하세요, 학생 여러분. 저는 Brown 교장입니다. 다음 주부터 시작되는 새로운 방과 후 프로그램인 Woodworking Workshop을 알려드리게 되어 기쁩니다. 이 프로그램은 목공 초보자를 대상으로 합니다. 워크숍은 한 달 동안 진행되며 일주일에 두 번, 화요일과 목요일에 모일 것입니다. 각 수업은 3시간 동안 진행됩니다. 여러분은 목공의 기본과 다양한 도구를 사용하는 방법을 배우게 될 것입니다. 그리고 여러분은 직접 나무로 된 숟가락과 젓가락을 만들 것입니다. 여러분의 부모님도 여러분과 함께 등록할 수 있습니다. 그러니 재미있고 보람 있는 체험을 위해 프로그램에 참여해 보세요!

| 문제해설 |

Woodworking Workshop에는 부모님이 학생과 함께 등록할 수 있다고 했는데 이것이 필수사항은 아니므로, 담화의 내용과 일치하지 않는 것은 ⑤ '학생과 학부모가 함께 등록해야 한다.'이다.

| 어휘 및 어구 |

principal 교장   inform 알리다
woodworking 목공   tool 도구
register 등록하다   rewarding 보람 있는

6

| 소재 | 공기 청정기 구매

| Script |

W: Honey, what are you doing?

M: I'm looking for a new air purifier online. Which one do you think we should get?

W: Let me see. I think we definitely need one with a timer.

M: I agree. It'll be helpful when we're out.

W: Right. And what does this sensor mean?

M: It means sensor technology. It can detect dust and turn on and off automatically.

W: Wow, that must be very convenient. Let's choose one with that function.

M: All right. Then we have two choices left. Why don't we buy the cheaper one?

W: Okay.

M: Perfect. Let's buy it right away.

| 해석 |

여: 여보, 무엇을 하고 있어요?

남: 인터넷에서 새 공기 청정기를 찾아보고 있는 중이에요. 당신은 어느 것을 사야 한다고 생각해요?

여: 어디 볼게요. 틀림없이 타이머가 달린 것이 필요할 것 같아요.

남: 나도 동의해요. 우리가 외출할 때 유용할 거예요.

여: 맞아요. 그리고 이 센서는 무엇을 의미하죠?

남: 그것은 센서 기술을 의미해요. 그것은 먼지를 감지해서 자동적으로 켜지고 꺼질 수 있어요.

여: 와, 틀림없이 아주 편리하겠네요. 그 기능이 있는 것을 골라 봐요.

남: 좋아요. 그러면 우리에게는 선택할 것이 두 가지가 남았네요. 더 저렴한 것을 사면 어떨까요?

여: 좋아요.

남: 아주 좋아요. 당장 그것을 사요.

| 문제해설 |

타이머가 달려 있고 센서 기능이 있는 것 중 더 저렴한 것을 사기로 했으므로, 두 사람이 구매할 공기 청정기는 ③이다.

| 어휘 및 어구 |

air purifier 공기 청정기

definitely 틀림없이   detect 감지하다
dust 먼지   automatically 자동적으로
convenient 편리한   function 기능

7

| 소재 | 수업을 할 때 말을 너무 빨리 하는 선생님

| Script |

W: Hello, Mr. Baker. Do you have a minute?

M: Sure, Carol. Take a seat. What would you like to talk about?

W: Well, to be honest, I'm having some difficulty in your lecture.

M: What do you mean?

W: I mean I'm not able to take notes on what you teach in class.

M: Oh, really? Do I write too fast on the board?

W: Actually, that's not a problem.

M: Oh, then what seems to be the problem?

W: Well, I think you speak a little too fast, Mr. Baker.

M: I see. I'll try to slow down from now on.

| 해석 |

여: 안녕하세요, Baker 선생님. 잠시 시간 되세요?

남: 물론이지, Carol. 앉아라. 무슨 얘기를 하고 싶니?

여: 글쎄요, 솔직히 말씀드리면, 저는 선생님의 강의에서 어려움을 좀 겪고 있어요.

남: 무슨 뜻이지?

여: 제 말은 선생님이 수업에서 가르치시는 내용을 제가 필기할 수가 없다는 거예요.

남: 어, 정말? 내가 칠판에 너무 빨리 쓰니?

여: 사실, 그것은 문제가 되지 않아요.

남: 어, 그럼 뭐가 문제인 것 같니?

여: 저, Baker 선생님, 제가 생각하기에는 선생님이 조금 너무 빨리 말씀하시는 것 같습니다.

남: 알겠다. 이제부터 천천히 하려고 노력할게.

| 문제해설 |

여자는 남자의 강의에서 어려움을 겪고 있는데 남자가 너무 말을 빨리 하는 것 같다고 말하고 있다. 이에 대한 남자의 응답으로 가장 적절한 것은 ② '알겠다. 이제부터 천천히 하려고 노력할게.'이다.

① 좋아, 자세하게 설명하도록 노력할게.

③ 좋아. 네가 칠판을 잘 볼 수 있도록 해주마.

④ 글쎄, 너에게 숙제를 덜 내주는 것을 생각해 보마.

⑤ 문제없어. 더 크게 말하기 위해 마이크를 사용할게.

| 어휘 및 어구 |

have difficulty 어려움을 겪다

lecture 강의   take notes 필기하다

in detail 자세히, 상세하게   loud 큰 소리로

8~9

정답 8 ① 9 ④

| 소재 | Talent Donation Fair

| Script |

W: Attention, students. This is Vice Principal Ms. Juniper. I just want to remind you that the Talent Donation Fair will be this Friday, April 7th, in the school gym. Parents will be participating in this event to help you explore future career opportunities. In the past, we surveyed students to find out what job they liked most. Last semester, government official was the top ranked position, followed by doctor, lawyer, teacher, and social worker. This semester, we invited 10 parents from each of those jobs. So, if you're interested in a certain career field, you can come and get counseling and information from your classmates' parents. I'm sure you will find this event extremely useful in planning your future. Thank you.

| 해석 |

여: 학생 여러분, 경청해 주세요. 저는 Juniper 교감입니다. 재능 기부 박람회가 이번 주 금요일, 4월 7일 학교 체육관에서 열릴 예정이라는 것을 상기시켜 드리고 싶습니다. 부모님들은 여러분의 장래 진로 탐색 기회를 돕기 위해 이번 행사에 참여하실 것입니다. 이전에, 우리는 학생 여러분들에게 어떤 직업을 가장 좋아하는지를 알아보기 위해 (설문) 조사했습니다. 지난 학기에는 공무원이 1위를 차지했고 뒤이어 의사, 변호사, 교사, 그리고 사회복지사였습니다. 이번 학기에는 그 직업들에 종사하는 각각 10명의 부모님들을 초청했습니다. 그래서 여러분이 어떤 직업 분야에 관심이 있으면, 와서 여러분의 급우의 부모님들로부터 상담과 정보를 얻을 수 있습니다. 저는 이 행사가 여러분의 장래를 설계하는 데 있어서 매우 유용할 것이라고 확신합니다. 감사합니다.

| 문제해설 |

8 여자는 방송을 통해 학생들에게 재능 기부 박람회를 안내하고 있으므로, 여자가 하는 말의 목적으로 가장 적절한 것은 ① '재능 기부 행사를 안내하려고'이다.

9 학생들이 좋아하는 직업으로 공무원, 의사, 교사, 사회복지사는 언급되었지만, ④ '경찰관'은 언급되지 않았다.

| 어휘 및 어구 |

vice principal 교감

remind 상기시키다, 다시 한번 알리다

fair 박람회   explore 탐색하다

career 진로   opportunity 기회

survey (설문) 조사하다   semester 학기

government official 공무원

followed by 그다음에 ~, 이어서 ~

social worker 사회복지사   extremely 매우, 극도로

19 직장생활

본문 83~85쪽

Exercises

| 1 ③ | 2 ③ | 3 ④ | 4 ① | 5 ⑤ | 6 ④ |
| 7 ④ | 8 ⑤ | 9 ① | | | |

1

정답 ③

| 소재 | 상사의 승진 결과 발표

| Script |

M: Have you heard if our boss got the promotion or not?

W: It hasn't been announced yet. I hope she gets it. It was unfair that she didn't get promoted last year.

M: I agree. Many people thought she deserved it.

W: I did, too. I hope she receives good news this time.

| 해석 |

남: 우리 상사가 승진을 했는지 아닌지에 대해 들었나요?

여: 아직 발표되지 않았어요. 그녀가 승진하면 좋겠어요. 그녀가 작년에 승진하지 못한 것은 불공평했어요.

남: 동의해요. 많은 사람들은 그녀가 그럴 만한 자격이 있다고 생각했어요.

여: 저도 그랬어요. 이번에는 그녀가 좋은 소식을 듣기를 바라요.

| 문제해설 |

여자가 작년에 상사가 승진하지 못한 것이 불공평했다고 말하자 남자도 이에 동의하며 많은 사람들이 상사에게 승진 자격이 있다고 생각했다고 했으므로, 이에 대한 여자의 응답으로 가장 적절한 것은 ③ '저도 그랬어요. 이번에는 그녀가 좋은 소식을 듣기를 바라요.'이다.

① 저는 그렇게 생각하지 않아요. 저는 아직 그 소식을 듣지 못했어요.

② 축하드려요! 당신이 승진할 줄 알았어요.

④ 안타까워하지 마세요. 우리 상사가 당신에게 한 번 더 기회를 줄 거예요.

⑤ 맞아요. 그녀가 작년에 마침내 자신이 원하던 자리를 얻었죠.

| 어휘 및 어구 |

promotion 승진　　announce 발표하다

unfair 불공평한, 부당한　　deserve ~을 받을 만하다

2

정답 ③

| 소재 | 신입 사원 오리엔테이션

| Script |

W: Hello, everyone. We're thrilled that you have joined us, a top mobile game company. You are now part of an outstanding company with a bright future. We've designed an orientation for new employees to provide an overview of the services, policies and benefits of the company. The orientation is held on Monday, March 14 at 9 a.m. in the Training Center building. We encourage your participation and hope to share with you our vision and values. If you have any questions about the orientation, please contact Teresa Miller in the Human Resources Department.

| 해석 |

여: 안녕하세요, 여러분. 저희는 여러분들이 최고의 모바일 게임 회사인 저희와 함께하게 되어 너무 흥분됩니다. 여러분은 이제 밝은 미래가 있는 뛰어난 회사의 일부가 되었습니다. 우리는 회사의 서비스와 정책, 특전에 대한 개요를 제공하기 위해 신입 사원들을 위한 오리엔테이션을 기획했습니다. 오리엔테이션은 Training Center 건물에서 3월 14일 월요일 오전 9시에 열립니다. 여러분의 참여를 권해드리며 여러분과 함께 우리의 비전과 가치를 나누게 되기를 바랍니다. 오리엔테이션에 대해 질문이 있으시면, 인사과의 Teresa Miller에게 연락을 주세요.

| 문제해설 |

여자는 신입 사원들에게 회사의 서비스와 정책, 특전에 대한 개요를 알려주기 위한 오리엔테이션을 기획했다고 말하면서 오리엔테이션의 일시와 장소를 안내하고 있으므로, 여자가 하는 말의 목적으로 가장 적절한 것은 ③ '신입 사원 오리엔테이션을 안내하려고'이다.

| 어휘 및 어구 |

be thrilled 몹시 흥분하다

outstanding 뛰어난

orientation 오리엔테이션, 예비 교육

employee 직원　　overview 개요, 개관

policy 정책　　benefit 특전, 혜택

participation 참여　　value 가치

Human Resources Department 인사과, 인사부

3

| 소재 | 직원들을 위한 휴식 공간

| Script |

M: Nicole, you've been working so hard on that report.

W: Oh, I didn't realize I'd been working on it for over two hours.

M: Sitting for long periods is bad for your health. Why don't you take a break?

W: Good idea. But I wish we had a better place to relax here at work.

M: I agree. I like my job here, but I'm not happy about our working environment.

W: I know. There are not many places for us to rest and get some fresh air.

M: I think the company needs to seriously consider improving the staff rest areas to help reduce our stress and increase our work efficiency.

W: Right. I know many studies support that point.

M: I think we should suggest our ideas to the boss.

W: Good! Let's do that.

| 해석 |

남: Nicole, 그 보고서 작성을 너무 열심히 하고 있네요.

여: 아, 제가 그것을 두 시간 넘게 작성하고 있었는지 몰랐네요.

남: 오랜 시간 앉아 있는 건 건강에 나빠요. 잠시 쉬는 게 어때요?

여: 좋은 생각이에요. 그런데 이곳 직장에 휴식을 취할 수 있는 더 좋은 공간이 있었으면 좋겠어요.

남: 맞아요. 이곳의 제 일을 좋아하기는 하지만, 우리 근무 환경에 대해서는 만족스럽지 않아요.

여: 알아요. 우리가 휴식을 취하고 신선한 공기를 마실 수 있는 곳이 별로 없죠.

남: 저는 회사가 우리의 스트레스를 줄이고 업무 효율성을 향상시키는 데 도움이 되도록 직원 휴식 공간을 개선하는 것에 대해 진지하게 고려할 필요가 있다고 생각해요.

여: 맞아요. 많은 연구들이 그 점이 사실임을 뒷받침하고 있다고 알고 있어요.

남: 우리가 상사에게 우리 생각을 제안해야 한다고 생각해요.

여: 좋아요! 그렇게 하죠.

| 문제해설 |

회사가 직원들이 스트레스를 줄이고 업무 효율성을 향상시킬 수 있도록 휴식 공간을 개선해야 한다고 말하고 있으므로, 두 사람이 하는 말의 주제로 가장 적절한 것은 ④ '직원들을 위한 휴식 공간 개선의 필요성'이다.

| 어휘 및 어구 |

take a break 잠시 쉬다   relax 휴식을 취하다

working environment 근무 환경

seriously 진지하게, 심각하게

work efficiency 업무 효율성

support (~이 사실임을) 뒷받침하다

4

| 소재 | 우수 사원 인터뷰

| Script |

W: Congratulations on your becoming Employee of the Year!

M: Thank you. I've really been working hard this year.

W: You seem to enjoy your job. Can you tell me about your job?

M: I have the responsibility of promoting new products to people.

W: Then you have to meet a lot of people, right?

M: Exactly. And that's why I have to dress well.

W: Doesn't it make you spend a lot of money?

M: Not really. The company pays me a clothing allowance.

W: Really? Good. What's the good thing about your job?

M: I travel a lot even if it's on business.

W: I see. Thank you for interviewing with me today.

| 해석 |

여: 올해의 사원이 되신 것을 축하드립니다!

남: 감사합니다. 올해 정말 열심히 일했어요.

여: 당신이 하는 일을 즐기시는 것 같군요. 당신이 하는 일에 대해 말씀해 주시겠습니까?

남: 신제품을 사람들에게 홍보하는 책임을 맡고 있어요.

여: 그럼 많은 사람들을 만나셔야 하겠네요, 그렇죠?

남: 바로 그래요. 그래서 저는 옷을 잘 차려입어야 해요.

여: 그렇게 하려면 돈을 많이 쓰셔야 하지 않나요?

남: 그렇지만은 않아요. 회사에서 제게 의류 수당을 지급해 줍니다.

여: 그래요? 잘됐군요. 당신의 일에서 좋은 점은 무엇인가요?

남: 출장이기는 하지만 여행을 많이 해요.

여: 그러시군요. 오늘 저와 인터뷰해 주셔서 감사합니다.

| 문제해설 |

'올해의 사원이 되신 것을 축하드립니다!'와 '오늘 저와 인터

뷰해 주셔서 감사합니다.'라는 여자의 말을 통해 여자는 기자이고 남자는 회사원임을 알 수 있으므로, 두 사람의 관계를 가장 잘 나타낸 것은 ① '기자 — 회사원'이다.

| 어휘 및 어구 |

responsibility 책임
promote 홍보하다, 판매를 촉진하다
product 제품, 상품　　　　　　clothing 의류, 의복
allowance 수당

5
정답 ⑤

| 소재 | 강사 기다리기

| Script |

[Cell phone rings.]
M: Hello.
W: Steve, have you met the staff training instructor?
M: Not yet. I'm still waiting for her at the train station.
W: Okay. I'm done with setting up the workshop room.
M: Good. Did you check the presentation file?
W: Yes, it's great. Oh, but I forgot to confirm the reservation for dinner after the workshop.
M: Don't worry. I called the restaurant this morning.
W: Thanks. Do you think you'll be back by 5:00?
M: I doubt it. The instructor called and told me that she's going to be a little late.
W: Then why don't we delay the workshop?
M: Good idea. Just 30 minutes will be good.
W: Okay. Then I'll send the employees a message about the schedule change.
M: Great. I'll call you when I'm on my way back to the office.

| 해석 |

[휴대전화가 울린다.]
남: 여보세요.
여: Steve, 직원 연수 강사를 만나셨나요?
남: 아직 못 만났어요. 기차역에서 아직 그분을 기다리고 있어요.
여: 그렇군요. 전 워크숍 룸 준비를 끝냈어요.
남: 좋아요. 프레젠테이션 파일을 확인해 봤나요?
여: 네, 훌륭하던데요. 아, 그런데 워크숍 후에 있을 저녁식사 예약을 확인하는 것을 깜빡했네요.
남: 걱정하지 말아요. 제가 오늘 아침에 그 식당에 전화를 했어요.

여: 고마워요. 5시까지는 돌아오실 것 같아요?
남: 잘 모르겠네요. 강사가 전화해서 조금 늦을 거라고 말했어요.
여: 그럼 워크숍 시간을 늦추는 게 어때요?
남: 좋은 생각이네요. 30분만 늦추면 좋겠어요.
여: 알았어요. 그럼 제가 직원들에게 일정 변경에 대해 메시지를 보낼게요.
남: 좋아요. 제가 사무실로 돌아가는 길에 전화할게요.

| 문제해설 |

직원 연수를 위한 강사를 데리러 간 남자가 강사의 도착이 늦어질 것이라고 말하자 여자가 워크숍 시간을 늦추자고 제안하고 남자가 동의했다. 이에 여자가 직원들에게 일정 변경에 대해 메시지를 보내겠다고 했으므로, 여자가 할 일로 가장 적절한 것은 ⑤ '직원들에게 메시지 보내기'이다.

| 어휘 및 어구 |

staff 직원　　　　　　　　　instructor 강사
confirm 확인하다　　　　　　delay 늦추다, 연기하다

6
정답 ④

| 소재 | 고객 감사 행사 준비

| Script |

W: Riccardo, what do you think of this notice poster I made for the customer appreciation event?
M: Wow, it's cool! Great job!
W: Thanks. Did you order the free gift boxes for the customers?
M: Yeah. The gift shop owner said she'd gift-wrap them.
W: Great! I'll go help Cindy put up the banners now.
M: Oh, wait. Did you print out the discount coupons to pass out at the event? You're supposed to do that, right?
W: Oh, I totally forgot. Riccardo, could you do it for me? The coupon file is attached to the group email we got this morning.
M: Sure. I'll do it after setting up the product display.
W: Thanks!
M: My pleasure. I hope our event goes well.

| 해석 |

여: Riccardo, 고객 감사 행사를 위해 제가 만든 이 안내 포스터에 대

해 어떻게 생각하세요?

남: 와, 멋지네요! 정말 잘했어요!

여: 고마워요. 고객들을 위한 무료 선물 상자를 주문하셨어요?

남: 네. 선물 가게 주인이 상자들을 선물용 포장을 해주겠다고 했어요.

여: 좋아요! 저는 이제 Cindy가 현수막을 거는 것을 도우러 갈게요.

남: 오, 기다려요. 행사에서 나눠 줄 할인 쿠폰은 프린트했어요? 당신이 그것을 하기로 했죠, 맞나요?

여: 오, 완전히 잊고 있었네요. Riccardo, 저를 위해 그것을 해주실 수 있어요? 쿠폰 파일은 오늘 오전에 우리가 받은 단체 이메일에 첨부되어 있어요.

남: 물론이죠. 제품 진열을 끝낸 후에 할게요.

여: 고마워요!

남: 천만에요. 우리 행사가 잘 진행되기를 바라요.

| 문제해설 |

고객 감사 행사에서 나눠 줄 할인 쿠폰을 프린트했는지 묻는 남자의 질문에 여자가 완전히 잊고 있었다고 말하며 남자에게 그것을 해줄 수 있는지 물었으므로, 여자가 남자에게 부탁한 일로 가장 적절한 것은 ④ '할인 쿠폰 프린트하기'이다.

| 어휘 및 어구 |

notice 안내문   customer 고객
appreciation 감사
gift-wrap 선물용으로 포장하다
be attached to ~에 첨부되다
display 진열

7
정답 ④

| 소재 | 구직 면접 합격 통보

| Script |

M: Hey, Jenny! I've finally got an email from the H&D Company.

W: Is that the one you had job interviews for twice this month?

M: Yeah, that's right. They are offering me a job as a marketing manager.

W: Oh, that's great! You really wanted that job, right?

M: Yes. I will start working on January 3rd.

W: What about the salary?

M: I work for a starting salary of $40,000 per year.

W: Not bad. Is there anything else?

M: I get 30 days of paid vacation a year, and after my first year of service it becomes 36 days.

W: It sounds great. Congratulations, again!

| 해석 |

남: 이봐, Jenny! 마침내 내가 H&D Company로부터 이메일 한 통을 받았어.

여: 이번 달에 네가 두 번 구직 면접을 봤던 그곳이니?

남: 그래, 맞아. 그들은 마케팅 매니저 일을 제안하고 있어.

여: 오, 잘됐구나! 너는 정말로 그 일을 원했잖아, 그렇지?

남: 그래. 1월 3일부터 일하기 시작할 거야.

여: 급여는 어때?

남: 연 40,000달러의 초봉을 받고 일해.

여: 나쁘진 않네. 그밖에 다른 것은?

남: 1년에 30일의 유급 휴가를 받고, 1년 근무 후에는 36일을 받게 돼.

여: 굉장하구나. 다시 한번 축하해!

| 문제해설 |

직위(마케팅 매니저), 업무 시작일(1월 3일), 급여(연 40,000달러), 휴가 일수(1년에 30일 유급 휴가를 받고, 1년 근무 후에는 36일을 받음)는 언급되었지만 의료 혜택에 대해서는 언급되지 않았으므로, 남자의 새 직장에 관해 언급되지 않은 것은 ④ '의료 혜택'이다.

| 어휘 및 어구 |

offer 제안[제공]하다   salary 급여
paid vacation 유급 휴가

8
정답 ⑤

| 소재 | Next Big Idea Contest

| Script |

M: Hello, staff members. Thank you for joining this workshop. Before starting the workshop, I'd like to introduce the Next Big Idea Contest. For this contest, you should submit a fresh idea on how to use Information Technology. The top three ideas will be chosen, and the winners will each win a prize. The second and third place winners will receive cash. And the first place winner will win free tuition for an IT class at IT Tech School in downtown Toronto, where they will be able to get valuable instruction from IT experts. All staff members may enter the contest. Submit your ideas to the company website by the deadline, October 15. We are looking forward to your new and creative ideas.

| 해석 |

남: 안녕하세요. 직원 여러분. 이 워크숍에 참석해 주셔서 감사드립니다. 워크숍을 시작하기 전에, Next Big Idea Contest에 관해서 안

내 말씀드리고 싶습니다. 이 대회를 위해, 여러분은 정보통신기술 (IT)을 활용하는 방법에 관한 새로운 아이디어를 제출해야 합니다. 상위 3건의 아이디어가 선택되며, 입상자들은 각각 상을 받게 됩니다. 2등과 3등은 현금을 받게 됩니다. 그리고 1등은 Toronto 시내에 있는 IT Tech School의 IT 강좌를 무료 교습으로 받게 되며, 이곳에서 IT 전문가로부터 귀중한 교육을 받게 됩니다. 모든 직원들이 이 대회에 참가할 수 있습니다. 여러분의 아이디어를 마감일인 10월 15일까지 회사 웹사이트로 제출하십시오. 여러분들의 새롭고 창의적인 아이디어를 기대하고 있습니다.

| 문제해설 |

아이디어를 제출하는 마감일은 10월 15일이라고 했으므로, 담화의 내용과 일치하지 않는 것은 ⑤ '11월 15일까지 아이디어를 회사 웹사이트로 제출해야 한다.'이다.

| 어휘 및 어구 |

staff 직원

workshop 워크숍, 연수회, 공동 연구회

introduce 안내[소개]하다	submit 제출하다
winner 입상자, 수상자	tuition 교습, 수업
instruction 교육	expert 전문가
deadline 마감일	look forward to ~을 기대하다

9

정답 ①

| 소재 | 방콕 지사 근무

| Script |

W: Jason is working as a sales manager of a company which has a branch office in Bangkok. He really wants to work at the office in Bangkok because his wife is staying in Bangkok at the moment for her job. One day, Jason is told by Kate, his boss, that the company is going to select two employees for sales manager positions at the branch office of Bangkok. He thinks it's a good chance for him to stay with his wife, so he decides to apply for the position. Now he is at Kate's office and he's going to tell her about his decision. In this situation, what would Jason most likely say to Kate?

Jason: I'd like to work at the branch office in Bangkok.

| 해석 |

여: Jason은 방콕에 지사가 있는 회사의 판매 매니저로 일하고 있습니다. 그는 아내가 일 때문에 현재 방콕에 머물고 있어서 방콕 지

사에서 일하기를 정말로 원합니다. 어느 날, Jason은 상사인 Kate로부터 회사에서 방콕 지사의 판매 매니저직을 위해 두 명의 직원을 선발할 것이라는 이야기를 듣습니다. 그는 자신이 아내와 함께 머물 수 있는 좋은 기회라고 생각해서, 이 직책에 지원하기로 결심합니다. 지금 그는 Kate의 사무실에 있고 자신의 결심에 대해 그녀에게 말하려고 합니다. 이런 상황에서, Jason은 Kate에게 뭐라고 말하겠습니까?

Jason: 방콕에 있는 지사에서 일하고 싶어요.

| 문제해설 |

아내가 방콕에 있는 Jason은 직장 상사인 Kate로부터 회사가 방콕 지사에서 일할 판매 매니저를 선발할 것이라는 이야기를 듣는다. 방콕 지사에서 일을 하면 아내와 함께 생활할 수 있을 것이라고 생각한 Jason은 판매 매니저직에 지원하기로 결심하고 Kate의 사무실에 가서 자신의 결심을 말하려고 한다. 이런 상황에서, Jason이 Kate에게 할 말로 가장 적절한 것은 ① '방콕에 있는 지사에서 일하고 싶어요.'이다.

② 멋져요! 당신은 가장 유능한 판매 매니저 중의 한 명이에요.

③ 미안하지만, 나 대신에 당신이 지사에 가야만 해요.

④ 괜찮아요. 지금 바로 방콕행 항공권을 예매할게요.

⑤ 당신의 회사에 지원한 이유는 높은 수입 때문이에요.

| 어휘 및 어구 |

branch office 지사	at the moment 현재
be told 듣다	select 선발하다, 뽑다
apply for ~에 지원하다, ~에 신청하다	
competent 유능한	income 수입, 소득

실전편

20 실전 모의고사 1회

01 ①	02 ②	03 ⑤	04 ②	05 ②	06 ⑤
07 ⑤	08 ③	09 ④	10 ⑤	11 ②	12 ④
13 ⑤	14 ③	15 ④	16 ⑤	17 ④	

01

정답 ①

| 소재 | 토요일 날씨 예보

| Script |

M: Mom, can I go to the amusement park with my friends this Saturday?

W: Sure, but I just checked the weather for the weekend and it won't be good on Saturday.

M: Really? What's the weather going to be like?

W: There's an over 60 percent chance of rain.

| 해석 |

남: 엄마, 이번 주 토요일에 친구들과 놀이공원에 가도 될까요?

여: 물론이지. 그런데 내가 방금 주말 날씨를 확인해 봤는데 토요일에는 날씨가 좋지 않을 거래.

남: 정말요? 날씨가 어떨까요?

여: 비가 올 가능성이 60퍼센트가 넘어.

| 문제해설 |

친구들과 토요일에 놀이공원에 가도 되는지를 묻는 남자에게 여자가 토요일에 날씨가 좋지 않을 것이라고 하자 남자가 날씨가 어떨 것 같은지를 묻고 있으므로, 이에 대한 여자의 응답으로 가장 적절한 것은 ① '비가 올 가능성이 60퍼센트가 넘어.'이다.

② 친구들이 그날 시간이 있는지 내가 물어볼게.

③ 날씨는 주말 내내 맑을 거야.

④ 나는 놀이공원에 가는 방법을 몰라.

⑤ 놀이공원은 매우 혼잡할 것 같아.

| 어휘 및 어구 |

amusement park 놀이공원

chance 가능성

crowded 혼잡한, 붐비는

02

정답 ②

| 소재 | 블루투스 스피커 사용

| Script |

W: Honey, the volume of my smartphone is so low. I can barely hear it while cooking in the kitchen.

M: How about using a Bluetooth speaker, Mom? It'll be much louder.

W: Okay. But how does that work? I've never used one of those.

M: It can be connected wirelessly to your smartphone.

| 해석 |

여: 얘야, 내 스마트폰의 음량이 너무 낮아. 부엌에서 요리할 때 거의 들리지가 않아.

남: 엄마, 블루투스 스피커를 사용하는 것은 어때요? 소리가 훨씬 더 클 거예요.

여: 좋아. 하지만 그것이 어떻게 작동하지? 그런 것은 한 번도 안 써 봤거든.

남: 엄마의 스마트폰과 무선으로 연결될 수 있어요.

| 문제해설 |

부엌에서 블루투스 스피커를 사용할 것을 권하는 남자에게 여자는 블루투스의 작동 원리를 묻고 있으므로, 이에 대한 남자의 응답으로 가장 적절한 것은 ② '엄마의 스마트폰과 무선으로 연결될 수 있어요.'이다.

① 좋은 스피커는 음악을 감상하는 데 더 도움이 될 수 있어요.

③ 선호하는 음악을 엄마의 휴대전화에 업로드할 수 있어요.

④ 음악을 들으면서 요리에 집중할 수 없어요.

⑤ 스마트폰이 있어서 스피커가 필요 없어요.

| 어휘 및 어구 |

barely 거의 ~ 아니게

Bluetooth 블루투스(휴대전화·컴퓨터·그 외 다른 전자 기기의 무선 연결 기법)   wirelessly 무선으로

03

정답 ⑤

| 소재 | 병원의 임시 폐쇄 안내

| Script |

M: Hello, visitors. I'm Dr. Durant from Rainbow Children's Hospital. Founded in 1978, we were the first children's hospital established in our city, and we have helped save the lives of countless children over the past 40 years. We are planning to expand, moving to a larger building next to Central Park. Therefore, from April 1st to the 3rd, we will be closed while we move. And we will reopen at our new location on April 4th. We're sorry for any inconveniences this may cause, but we're looking forward to providing more, better services in our new, larger hospital. For further enquiries, please visit the hospital website. Thank you!

| 해석 |

남: 안녕하세요, 방문자 여러분. 저는 Rainbow 어린이 병원의 Durant 박사입니다. 우리는 1978년에 설립되었고 우리 시에 세워진 최초의 어린이 병원으로 지난 40년 동안 수많은 아이들의 생명을 구하는 것을 도와 왔습니다. 우리는 확장을 해서 Central 공원 옆의 더 큰 건물로 이사를 할 계획입니다. 따라서, 4월 1일부터 3일까지 우리가 이사를 하는 동안 문을 닫을 것입니다. 그리고 우리는 4월 4일 새로운 장소에서 다시 문을 열게 될 것입니다. 이로 인해 야기될지도 모르는 불편에 대해 사과드리며, 하지만 우리는 우리의 새롭고 더 큰 병원에서 더 많고 더 나은 서비스를 제공하기를 기대합니다. 추가 문의 사항은 병원 웹사이트를 방문하시기 바랍니다. 감사합니다!

| 문제해설 |

어린이 병원이 새로운 건물로 확장 이사를 하게 되어 이사를 하는 동안 문을 닫는다는 소식을 전하고 있으므로, 남자가 하는 말의 목적으로 가장 적절한 것은 ⑤ '이사로 인한 병원의 임시 폐쇄를 공지하려고'이다.

| 어휘 및 어구 |

found 설립하다　　　　　　establish 세우다, 설립하다
countless 셀 수 없이 많은　　expand 확장하다
inconvenience 불편　　　　　enquiry 문의 (사항)

04

정답 ②

| 소재 | 에너지 음료 섭취의 문제점

| Script |

M: Hi, Silvia, you look so tired. Did you stay up late last night?

W: Hi, Dad. Yeah, I did. I was studying for my math exam coming up.

M: That's good. But don't stay up too late.

W: Okay. I just really want to do well on the exam.

M: But if you're really tired, you won't be able to focus well.

W: That's why I've been drinking energy drinks.

M: Honey, you shouldn't be drinking those. They aren't good for your health.

W: They help me stay alert, though.

M: They aren't worth it. Studies have shown that energy drinks can cause heart problems.

W: I didn't know that.

M: Yup. You'll be so much more alert with a good sleep.

W: Okay. I'll try to cut down on them.

| 해석 |

남: 안녕, Silvia, 몹시 피곤해 보이는구나. 어젯밤에 늦게까지 자지 않았나 봐?

여: 안녕하세요, 아빠. 네, 그랬어요. 곧 있을 수학 시험을 위해 공부하고 있었어요.

남: 잘했구나. 하지만 너무 늦게까지 깨어 있지는 말아라.

여: 알겠어요. 단지 시험을 정말 잘 보고 싶을 뿐이에요.

남: 하지만 아주 피곤하면 잘 집중할 수가 없을 거야.

여: 그래서 에너지 음료를 마시고 있어요.

남: 얘야, 그것을 마셔서는 안 된다. 그것은 네 건강에 좋지 않아.

여: 그래도, 그것이 정신을 바짝 차리는 데 도움이 되잖아요.

남: 그것은 그럴 가치가 없어. 연구에 따르면 에너지 음료가 심장병을 일으킬 수 있다고 해.

여: 그건 몰랐어요.

남: 그래. 잠을 푹 자면 훨씬 더 정신을 차리게 될 거야.

여: 알겠어요. 그것을 줄이도록 할게요.

| 문제해설 |

시험 준비를 하느라 늦게까지 잠을 안 자고 에너지 음료를 마시고 있는 여자에게 남자는 에너지 음료가 건강에 좋지 않으니 그것을 마시면 안 된다고 말하고 있으므로, 남자가 하는 말의 요지로 가장 적절한 것은 ② '에너지 음료에 의존해서는 안 된다.'이다.

| 어휘 및 어구 |

stay up late 늦게까지 자지 않다
alert 정신을 바짝 차린　　　cut down on ~을 줄이다

05

정답 ②

| 소재 | 미술 수업

| Script |

W: How's your drawing going, Joshua?

M: Hi, Ms. Jackson. I'm almost done, but it's more

difficult than I thought. Could you help me?

W: Sure. Let me see your drawing. Oh, your sketch is really nice.

M: Do you really think so? I just did as you taught me to do.

W: Yes. You just need to draw this tree in more detail before coloring it.

M: Well, could you show me how to do it? I mean completing the tree.

W: No problem. Please give me your pencil.

M: Here you are.

W: [Pause] All right. You just need to shade it like this.

M: Wow. Now I can understand. Thank you.

W: You're welcome. Now you can start coloring it. After helping other students, I'll come back.

M: Okay, thanks.

| 해석 |

여: 그림은 어떻게 되어 가니, Joshua?

남: 안녕하세요, Jackson 선생님. 거의 다 되었지만, 제가 생각했던 것보다 더 어렵네요. 저를 좀 도와주시겠어요?

여: 물론이지. 그림을 좀 볼게. 와, 스케치가 정말로 훌륭하구나.

남: 정말 그렇게 생각하시나요? 선생님께서 가르쳐 주신 대로 했을 뿐이에요.

여: 그래. 채색을 하기 전에 이 나무를 더 자세히 그려주기만 하면 되겠네.

남: 음, 어떻게 하는지 가르쳐 주시겠어요? 나무를 완성하는 것 말이에요.

여: 물론이지. 네 연필을 내게 주렴.

남: 여기 있어요.

여: [잠시 후] 좋아. 이렇게 음영을 주기만 하면 돼.

남: 와. 이제 이해할 수 있겠어요. 감사합니다.

여: 천만에. 이제 채색을 시작해도 돼. 다른 학생들을 도와주고 나서 돌아올게.

남: 좋아요, 감사합니다.

| 문제해설 |

여자는 남자가 그린 그림을 보고 그림이 훌륭하다고 칭찬한 후 채색을 하기 전에 음영을 주기만 하면 된다고 하면서 남자에게 어떻게 하는지를 가르쳐 주고 있으므로 미술 강사임을 알 수 있고, 남자는 여자에게 그림을 그리는 법을 배우고 있으므로 수강생임을 알 수 있다. 따라서 두 사람의 관계를 가장 잘 나타낸 것은 ② '미술 강사 — 수강생'이다.

| 어휘 및 어구 |

drawing 그림　　　　　　　in detail 자세히

color 채색하다　　　　　　complete 완성하다
shade 음영을 주다

06 정답 ⑤

| 소재 | 숙제로 그린 그림

| Script |

W: Robert, did you finish your art homework?

M: Yes, Mom. Look! I painted animals planting a tree.

W: Great. I really like the rabbit holding a hand shovel.

M: What about the turtle just next to the tree?

W: It's cute. Um... but what I really like most is the penguin holding a small tree. I've never seen such a pretty penguin.

M: Thanks. I hope my teacher will feel the same way as you.

W: Of course, she will. By the way, why did you only paint one bird flying in the big sky?

M: I was actually thinking about painting a smiling sun above the bird. Should I do that?

W: Sure. That'd look nice.

M: Okay, I'll paint it right away.

| 해석 |

여: Robert, 미술 숙제 다 했니?

남: 네, 엄마. 보세요! 나무를 심는 동물들을 그렸어요.

여: 멋지구나. 모종삽을 들고 있는 토끼가 정말로 마음에 들어.

남: 나무 바로 옆에 있는 거북이는 어때요?

여: 귀엽구나. 음… 하지만 엄마가 가장 좋아하는 것은 작은 나무를 들고 있는 펭귄이야. 이렇게 귀여운 펭귄은 처음 본단다.

남: 고마워요. 선생님께서도 엄마처럼 느끼시면 좋겠어요.

여: 당연히 똑같이 느끼실 거야. 그런데 어째서 이 커다란 하늘에 날고 있는 새 한 마리만 그린 거니?

남: 사실 새 위에 미소를 짓고 있는 해를 그릴까 생각했어요. 제가 그것을 그려야 할까요?

여: 그럼. 그것이 좋아 보이겠구나.

남: 알았어요, 지금 바로 그것을 그릴게요.

| 문제해설 |

여자가 왜 하늘에 날고 있는 새 한 마리만 그린 것이냐고 묻자 남자는 새 위에 미소를 짓고 있는 해를 그릴까 생각했다고 했는데 그림에는 이미 해가 그려져 있으므로, ⑤가 대화의 내용과 일치하지 않는다.

plant (나무 등을) 심다   hand shovel 모종삽
actually 사실, 실제로

07
정답 ⑤

| 소재 | 집들이 초대

| Script |

M: Ms. Brown, can I talk to you for a moment?

W: Sure.

M: Will you and your husband be free next Friday night?

W: I don't think we have any plans so far. Why?

M: We're going to have a housewarming party. We'd love to invite you to the party.

W: It would be our pleasure.

M: Good. My wife will email you the invitation. Is that okay?

W: No problem. You have my email address, right?

M: Probably. But just in case, can you give it to me again?

W: Sure. I'll give you my business card after the coffee break. My email address is on it.

M: Thanks.

| 해석 |

남: Brown 씨, 잠시 말씀 좀 드려도 될까요?

여: 물론이죠.

남: 댁과 댁의 남편께서 다음 주 금요일 밤에 시간이 있나요?

여: 지금까지는 계획이 없는 것 같아요. 왜죠?

남: 저희가 집들이를 할 예정이거든요. 저희는 두 분을 파티에 초대하고 싶어요.

여: 기꺼이 가죠.

남: 잘됐어요. 제 아내가 당신께 초대장을 이메일로 보내드릴 거예요. 괜찮으시겠어요?

여: 물론이죠. 당신은 제 이메일 주소를 가지고 있죠, 그렇죠?

남: 아마도요. 하지만 만약의 경우를 대비해서, 제게 다시 그것을 주시겠어요?

여: 그러죠. (커피 마시는) 휴식 시간 후에 제 명함을 드릴게요. 제 이메일 주소가 거기에 있거든요.

남: 감사합니다.

| 문제해설 |

남자는 여자와 그녀의 남편을 집들이에 초대하면서 초대장 발송을 위한 이메일 주소를 알려달라고 했으므로, 남자가 여자에게 부탁한 일로 가장 적절한 것은 ⑤ '이메일 주소 알려

주기'이다.

| 어휘 및 어구 |

housewarming party 집들이   invitation 초대장
just in case 만약을 대비하여   coffee break 휴식 시간

08
정답 ③

| 소재 | 아이스크림 케이크 구매

| Script |

M: Welcome to Harry's Ice Cream. How may I help you?

W: Hi, do you sell ice cream cakes?

M: Yes. We have two: one that looks like a bear and one that's like a rabbit.

W: How cute! How much are they? And are they the same flavor?

M: They're different flavors. The bear one is chocolate, and it's $30, and the rabbit one is vanilla, and it's $25.

W: Then I'll take a bear one. And do you have ice cream rolls?

M: Yes, we do. They're $5 each.

W: Great. I'll also have two ice cream rolls.

M: Okay. So one bear ice cream cake and two ice cream rolls, right?

W: Yes. And can I use this coupon?

M: Let me see. *[Pause]* Yes. You can get 20% off the total price.

W: Great! Here's my credit card.

| 해석 |

남: Harry's Ice Cream에 오신 것을 환영합니다. 어떻게 도와드릴까요?

여: 안녕하세요, 아이스크림 케이크 파나요?

남: 네. 두 종류가 있는데, 하나는 곰 모양이고 다른 하나는 토끼 모양입니다.

여: 정말 귀여워요! 얼마인가요? 그리고 똑같은 맛인지요?

남: 다른 맛입니다. 곰 모양은 초콜릿 맛에 30달러이고, 토끼 모양은 바닐라 맛에 25달러입니다.

여: 그러면 곰 모양을 주세요, 그리고 아이스크림 롤 있나요?

남: 네, 있어요. 개당 5달러입니다.

여: 좋아요. 아이스크림 롤 두 개도 살게요.

남: 알겠습니다. 그럼 곰 모양 아이스크림 케이크 한 개와 아이스크림 롤 두 개, 맞죠?

여: 네. 그리고 이 쿠폰을 사용할 수 있는지요?

남: 좀 볼게요. *[잠시 후]* 네. 총액의 20% 할인이 가능합니다.

여: 좋아요! 여기 제 신용카드가 있어요.

| 문제해설 |

30달러인 곰 모양 아이스크림 케이크 한 개와 개당 5달러인 아이스크림 롤 두 개를 구입하여 40달러를 지불해야 하나 쿠폰 사용으로 인해 총액에서 20%를 할인받게 되므로, 여자가 지불할 금액은 ③ '$32'이다.

| 어휘 및 어구 |

flavor 맛, 풍미   total price 총액

09   정답 ④

| 소재 | School Pond-naming Contest

| Script |

W: Hi, class! I have a quick announcement before you go home. As you know, there is a pond being built next to the school playground. So, the school has decided to have the School Pond-naming Contest. If you'd like to enter, think of a name for the pond, and write it down, along with its meaning, on a piece of paper. Then put it in the box in front of the teacher's office by next Monday. Then the submitted names will be voted on by students and teachers. The winner will get a $50 gift certificate and the pond will be named after his or her submission. I look forward to your name ideas. Have a great day!

| 해석 |

여: 안녕하세요, 학생 여러분! 집에 가기 전에 빠르게 알려드릴 사항이 있습니다. 여러분이 알고 있듯이, 학교 운동장 옆에 만들어지고 있는 연못이 있습니다. 그래서 학교는 School Pond-naming Contest를 열기로 했습니다. 여러분이 참가하기를 원하면, 연못의 이름을 생각해 보고 그것을 종이 한 장에 그 의미와 함께 적으세요. 그리고 나서 다음 주 월요일까지 교무실 앞에 있는 상자에 그것을 넣으세요. 그러면 제출된 이름들에 대해 학생과 교사가 투표를 할 것입니다. 수상자는 50달러 상품권을 받게 되고 그 연못은 수상자가 제출한 이름으로 불리게 될 것입니다. 여러분의 이름 아이디어를 기대합니다. 좋은 하루 보내세요!

| 문제해설 |

대회에 제출된 이름들에 대해 학생과 교사가 투표를 할 것이라고 했으므로, 담화의 내용과 일치하지 않는 것은 ④ '학생과 학부모의 투표로 수상자가 정해진다.'이다.

| 어휘 및 어구 |

pond 연못   playground 운동장

enter 참가하다   along with ~와 함께

submit 제출하다   gift certificate 상품권

submission 제출(물)

10   정답 ⑤

| 소재 | 여름학기 강의 신청

| Script |

W: David, what are you doing on the computer?

M: I'm looking at the schedule of summer classes. I want to take one.

W: Really? I'm planning on signing up for a summer class, too. How about taking the same one?

M: That's a good idea. It would be cool to study together.

W: Great! How about taking a class in the morning? I have to work in the afternoon.

M: All right. But I want to take a required subject.

W: No problem. But I'd like to avoid a class with a group project.

M: I understand what you mean. I don't like group projects, either.

W: Okay. Then this is the only one left.

M: Right. Let's sign up.

| 해석 |

여: David, 컴퓨터로 뭐 하고 있니?

남: 여름학기 강의 스케줄을 보고 있는 중이야. 한 강의를 듣고 싶거든.

여: 정말? 나도 여름학기 강의를 신청하려고 계획 중이야. 같은 강의를 듣는 것이 어때?

남: 좋은 생각이야. 함께 공부하면 좋을 거야.

여: 좋아! 오전에 강의를 듣는 것이 어때? 나는 오후에는 일을 해야 하거든.

남: 좋아. 하지만 나는 필수 과목을 듣고 싶어.

여: 문제없어. 하지만 나는 조별 과제가 있는 강의는 피하고 싶어.

남: 무슨 말인지 이해해. 나도 조별 과제를 좋아하지 않아.

여: 좋아. 그러면 이것이 남아 있는 유일한 것이네.

남: 맞아. 신청하자.

| 문제해설 |

여자는 오후에 일을 해야 해서 오전 강의를, 남자는 필수 과목을 수강할 것을 제의하여 서로가 이를 받아들인다. 또한,

조별 과제가 있는 수업은 둘 다 싫어하므로, 두 사람이 신청할 강의는 ⑤이다.

| 어휘 및 어구 |

sign up for ~을 신청하다   required subject 필수 과목
group project 조별 과제

11
정답 ②

| 소재 | 수영장 공사로 인한 수영 강좌 취소

| Script |

M: Cassie, have you ever been to Reynolds Department Store?

W: Yes. I went there last weekend with my mom.

M: Oh, how is it?

W: Great. It's an incredibly awesome place to shop.

M: Really? I have a plan to go there this Friday.

W: Cool. But just so you know, it's not easy to get a parking spot there.

M: Then I'll take the subway. Would you like to go with me on Friday night?

W: Hmm, don't you have your swimming lesson at that time?

M: The swimming pool is under construction, so my lesson is canceled this week.

W: I see. Then let's go together. Actually, I have to buy a birthday present for my friend.

M: That's great.

| 해석 |

남: Cassie, Reynolds 백화점에 가 본 적 있니?

여: 응. 나는 지난 주말에 엄마와 함께 그곳에 갔었어.

남: 아, 그곳은 어때?

여: 정말 좋아. 그곳은 쇼핑하기에 엄청나게 좋은 장소야.

남: 정말? 나는 이번 주 금요일에 그곳에 갈 계획이야.

여: 좋네. 그런데 혹시나 해서 말인데, 그곳에서 주차할 자리를 찾기가 쉽지 않아.

남: 그러면 나는 지하철을 탈래. 금요일 저녁에 나와 같이 갈래?

여: 음, 너는 그 시간에 수영 강좌가 있지 않니?

남: 수영장이 공사 중이라서 내 강좌가 이번 주는 취소되었어.

여: 그렇구나. 그러면 같이 가자. 실은, 나는 내 친구의 생일 선물을 사야 하거든.

남: 그거 잘됐구나.

| 문제해설 |

금요일 저녁에 백화점에 같이 가자는 남자에게 여자가 수영

강좌가 있지 않느냐고 묻자 남자는 수영장이 공사 중이라 이번 주는 강좌가 취소되었다고 했으므로, 남자가 금요일에 수영하러 가지 않는 이유는 ② '수영장이 공사 중이어서'이다.

| 어휘 및 어구 |

incredibly 엄청나게, 믿을 수 없을 정도로
awesome 기막히게 좋은
just so you know 혹시나 해서 말인데, 참고로 말하자면
under construction 공사 중인

12
정답 ④

| 소재 | 봉사 활동 신청

| Script |

[Cell phone rings.]

M: Hey, Cindy. What's up?

W: Hi, Jeff. I heard about some volunteer work we can do at the Chicago Food Bank.

M: Oh, neat! What kind of work is it?

W: They need volunteers to work in the warehouse and in the food distribution center.

M: Can we do that? We don't need any work experience for it?

W: No, but we need to submit an application form.

M: Where can we get the form?

W: On their website. We need to fill it out and email it to them.

M: Okay. Do you know when we'll be able to volunteer?

W: After applying, they'll let us know when they need help.

M: Sounds great. Let's apply right away.

| 해석 |

[휴대전화가 울린다.]

남: 안녕, Cindy. 무슨 일이야?

여: 안녕, Jeff. 난 Chicago Food Bank에서 우리가 할 수 있는 자원봉사 일에 관해서 들었어.

남: 오, 굉장한데! 어떤 종류의 일이야?

여: 그들이 창고 및 식품 분류 센터에서 일할 자원봉사자를 필요로 해.

남: 우리가 그 일을 할 수 있니? 그 일을 위해 경력이 필요하지 않니?

여: 필요 없어. 하지만 신청서를 제출해야 해.

남: 그 양식을 어디서 구할 수 있지?

여: 그들의 웹사이트에서. 우리는 그것을 작성해서 그들에게 이메일로 보내야 해.

남: 좋아. 우리가 언제 자원봉사를 할 수 있는지 아니?

여: 신청 후에, 그들이 우리에게 도움이 필요한 날이 언제인지 알려줄 거야.

남: 좋아. 지금 바로 신청하자.

| 문제해설 |

활동 내용(창고 및 식품 분류 센터에서의 일), 경력 유무(경력 불필요), 신청 방법(웹사이트에서 신청서 내려받아 작성 후 이메일 전송), 활동 일자(신청 후 통지)는 언급되었으나 소감문 작성에 대해서는 언급되지 않았으므로, Chicago Food Bank에서의 봉사 활동에 관해 언급되지 않은 것은 ④ '소감문 작성'이다.

| 어휘 및 어구 |

volunteer work 자원봉사 일
neat 굉장한, 훌륭한   warehouse 창고
distribution 분류, 분배   application form 신청서
fill out (서식을) 작성하다[채워 넣다]

13
정답 ⑤

| 소재 | 전공 선택

| Script |

M: Nancy, have you decided your major yet?

W: No. I'm trying to decide between economics and history.

M: Why economics? You really love history.

W: Yes. But it might be better if I study economics.

M: I know what you're thinking. And just because there seem to be more jobs for economic majors doesn't mean you should study it.

W: But majoring in history may make it difficult for me to get a good job.

M: I doubt that.

W: What do you mean by that?

M: There are jobs available. You just have to really search for them.

W: You may be right, but ....

M: You know, one man's meat is another man's poison.

W: You're right. I need to think more about what I'm good at and enjoy.

| 해석 |

남: Nancy, 이제 너의 전공을 결정했니?

여: 아니. 경제학과 역사학 중에 결정하려고 노력 중이야.

남: 왜 경제학? 넌 역사를 정말로 좋아하잖아.

여: 그래. 그런데 경제학을 전공하면 더 좋을 것 같아.

남: 난 네가 생각하는 것을 알아. 그리고 단지 경제학 전공자에게 더욱 많은 일자리가 있는 것처럼 보인다고 해서 그것이 네가 그것을 공부해야 하는 것을 의미하지는 않아.

여: 하지만 역사를 전공하는 것은 내가 좋은 직업을 갖는 것을 어렵게 만들 거야.

남: 그렇지 않을걸.

여: 그게 무슨 뜻이야?

남: 가능한 직업들이 있어. 다만 네가 그 직업들을 정말로 찾아봐야 해.

여: 네 말이 맞을지 몰라. 그렇지만….

남: 너도 알다시피, 사람마다 기호가 다르잖아.

여: 맞아. 내가 무엇을 잘하고 즐기는지에 대해 더 생각할 필요가 있어.

| 문제해설 |

경제학과 역사학 중에 어떤 전공을 결정할지 고민하는 여자에게 남자가 직업을 선택하는 데 있어서 사람마다 기호가 다르다고 말하고 있다. 따라서 남자의 마지막 말에 대한 여자의 응답으로 가장 적절한 것은 ⑤ '맞아. 내가 무엇을 잘하고 즐기는지에 대해 더 생각할 필요가 있어.'이다.

① 좋아. 날 위해 더 실용적인 전공을 찾겠어.

② 맞아. 짧은 시간에 직업을 결정하는 것은 좋지 않아.

③ 좋아. 너는 경제학을 전공하는 데 한계가 있는 것을 알고 있어.

④ 그럼. 회사는 경제 지식을 가진 사람들을 필요로 해.

| 어휘 및 어구 |

major 전공(자); 전공하다
I doubt that. 그렇지 않을걸.
One man's meat is another man's poison. 어떤 사람의 음식이 다른 사람에게는 독이다.(사람마다 기호가 다르다.)
practical 실용적인

14
정답 ③

| 소재 | 철자 맞추기 대회

| Script |

W: Jason, what are you doing?

M: Mom, I'm practicing for the school spelling bee contest next week.

W: Oh, I remember you told me about that. How is your preparation going?

M: I'm doing my best, but I have a couple of problems.

W: Like what?

M: There are some words that are really difficult to

memorize.

W: Hmm, why don't you try making flash cards? That might help.

M: Oh, that's a good idea. But the biggest problem is that I'm just not confident.

W: Why is that?

M: I really want to win, but I don't think I'm as good as the other students.

W: Trust yourself. I'm sure you'll do great because you're smart and you've been practicing really hard.

M: Thank you. What you said gives me more confidence.

| 해석 |

여: Jason, 뭐 하니?

남: 엄마, 저는 다음 주에 있을 학교 철자 맞추기 대회를 위해 연습 중이에요.

여: 아, 네가 그것에 대해 말했던 게 기억나는구나. 준비는 어떻게 돼 가니?

남: 저는 최선을 다하고 있는데, 몇 가지 문제가 있어요.

여: 예를 들면?

남: 암기하기가 정말 어려운 몇몇 단어들이 있어요.

여: 음, 플래시 카드를 만들어보는 게 어떠니? 그것이 도움이 될지도 몰라.

남: 아, 그거 좋은 생각이네요. 하지만 가장 큰 문제는 제가 자신감이 없다는 거예요.

여: 왜 그러니?

남: 저는 정말로 우승하고 싶은데, 다른 학생들만큼 제가 잘하는 것 같지가 않아서요.

여: 너 자신을 믿으렴. 너는 똑똑하고 정말 열심히 연습해 왔으니까 네가 잘할 거라고 나는 확신해.

남: 고맙습니다. 하신 말씀이 저에게 자신감을 더 주네요.

| 문제해설 |

철자 맞추기 대회를 앞둔 남자가 자신감이 부족해 걱정하자 여자는 너 자신을 믿으라고 하면서 잘할 거라고 격려하고 있다. 따라서 여자의 마지막 말에 대한 남자의 응답으로 가장 적절한 것은 ③ '고맙습니다. 하신 말씀이 저에게 자신감을 더 주네요.'이다.

① 다행히, 어려운 단어가 많지는 않아요.

② 죄송해요. 플래시 카드를 사용하는 것이 저에게 전혀 도움이 되지 않았어요.

④ 아, 저런! 저는 철자 맞추기 대회가 다음 주라고 생각했어요.

⑤ 정말요? 하지만 저는 대회 결과에 만족하지 않아요.

| 어휘 및 어구 |

spelling bee contest 철자법[맞춤법](에 맞게 글자 쓰기) 대회

Like what? 예를 들면?

memorize 암기하다

flash card 플래시 카드(수업 교사가 단어·숫자·그림 등을 순간적으로 보여주는 순간 파악 연습용 카드)

confident 자신감 있는

confidence 자신(감)

be satisfied with ~에 만족하다

15
정답 ④

| 소재 | 줄임말을 쓰는 친구

| Script |

M: It's the first day of school, and Julia and Peter are classmates. They sit next to each other and quickly become friends. Julia likes Peter because he's outgoing and cheerful. But sometimes Julia can't understand Peter because he uses a lot of shortened words. When Julia first heard Peter using shortened words, she found it funny and interesting. But he uses so much that at times she doesn't know what he means. So Julia wants to ask Peter not to shorten what he wants to say because she can't understand him well. In this situation, what would Julia most likely say to Peter?

Julia: I'll understand you better if you stop using shortened words.

| 해석 |

남: 학교 첫날이며, Julia와 Peter는 같은 반 친구입니다. 그들은 서로 나란히 앉고 금방 친구가 됩니다. Julia는 Peter가 외향적이고 쾌활하기 때문에 그를 좋아합니다. 하지만 때때로 Julia는 Peter를 이해할 수가 없는데, 왜냐하면 그가 줄임말을 많이 사용하기 때문입니다. Julia는 Peter가 줄임말을 사용하는 것을 처음 들었을 때, 그것이 웃기고 재미있다고 생각했습니다. 하지만 그가 너무 많이 줄임말을 사용해서 때때로 그녀는 그가 의미하는 것을 모릅니다. 그래서 Julia는 Peter에게 그녀가 그를 잘 이해할 수가 없으므로 그가 하고 싶은 말을 줄이지 말라고 요청하고 싶어 합니다. 이런 상황에서, Julia는 Peter에게 뭐라고 말하겠습니까?

Julia: 네가 줄임말을 그만 사용하면 내가 너를 더 잘 이해할 거야.

| 문제해설 |

Julia는 같은 반 친구인 Peter가 줄임말을 많이 쓰는 것이 처음에는 웃기고 재미있었지만 때로는 그가 하는 말이 잘 이

해가 되지 않아 줄임말을 쓰지 말라고 요청하고 싶어 하는 상황이다. 따라서 Julia가 Peter에게 할 말로 가장 적절한 것은 ④ '네가 줄임말을 그만 사용하면 내가 너를 더 잘 이해할 거야.'이다.
① 우리가 서로 더 많이 이야기를 하면 더 좋은 친구가 될 수 있을 거야.
② 그렇게 짧은 시간에 가까운 친구가 되기는 쉽지가 않아.
③ 네가 말하는 것을 내가 들을 수 있도록 조금 더 천천히 말해줘.
⑤ 네가 너무 조용해서 나는 네가 무슨 생각을 하는지 모르겠어.

| 어휘 및 어구 |
outgoing 외향적인
cheerful 쾌활한
shortened word 줄임말, 준어
shorten 줄이다, 짧게 하다
have ~ in mind ~을 생각하다

16~17
정답 16 ⑤ 17 ④

| 소재 | 시골 생활의 장점

| Script |

W: Nowadays, many people desire to move to the countryside from the big, crowded city. For most of them, though, it remains a dream. For me, however, moving to the countryside became a reality five years ago. At that time I had a medical checkup, and I was diagnosed with diabetes. My doctor recommended me to live in the countryside, which is why I've been living here. Although I had to give up the convenience of living in a city, the benefits of my decision have been countless. My diabetes has disappeared, and because of the clean air I don't suffer from painful skin trouble and eye pain anymore. And since living here, I can sleep well because now I don't have to toss and turn every night due to loud noises and bright neon signs of city streets. Moving here wasn't easy, but it was definitely worth it.

| 해석 |
여: 요즘 많은 사람들이 크고 붐비는 도시에서 시골로 이사하기를 희망합니다. 그러나 대부분의 사람들에게는 그것이 꿈으로 남아 있습니다. 하지만 저에게 시골로 이사하는 것은 5년 전에 현실이 되었습니다. 그 당시에 저는 건강검진을 받았고, 당뇨병을 진단받았습니다. 제 의사는 시골에서 살기를 제게 권유했고, 그래서 제가 여기 살고 있는 것입니다. 비록 저는 도시 생활의 편리함을 포기해야만 했지만, 제가 내린 결정의 혜택들은 셀 수 없을 정도로 많았습니다. 저의 당뇨병은 사라졌고, 깨끗한 공기 덕분에 저는 이제는 더 이상 고통스러운 피부병과 눈 통증으로 고생하지 않습니다. 그리고 여기에 살게 된 이후로, 저는 이제 도시 거리의 큰 소음과 밝은 네온사인으로 매일 밤 잠을 뒤척일 필요가 없어서 잘 잘 수가 있습니다. 여기로 이사하기가 쉽지는 않았지만, 그것은 분명히 그럴 만한 가치가 있었습니다.

| 문제해설 |
16 여자는 자신의 경험을 이야기하면서 시골 생활의 장점들에 대해 말하고 있으므로, 여자가 하는 말의 주제로 가장 적절한 것은 ⑤ '시골에서 사는 것의 장점'이다.
① 유기농 음식을 먹는 것의 이점
② 공기 오염의 부정적인 영향
③ 건강검진의 필요성
④ 규칙적으로 운동하는 것의 중요성
17 시골 생활을 하면서 여자에게서 사라진 질병으로 당뇨병, 피부병, 눈 통증, 불면증은 언급되었지만 ④ '비만'은 언급되지 않았다.

| 어휘 및 어구 |
reality 현실   checkup 건강검진
be diagnosed with ~로 진단받다
diabetes 당뇨병   convenience 편리, 편의
toss and turn (잠이 들지 못해 몸을) 뒤척이다
definitely 분명히

| 21 | 실전 모의고사 2회 | 본문 94~99쪽 |

01 ②	02 ⑤	03 ①	04 ①	05 ②	06 ③
07 ②	08 ④	09 ⑤	10 ①	11 ⑤	12 ⑤
13 ①	14 ③	15 ①	16 ①	17 ④	

01

| 소재 | 국제 소포

| Script |

M: Lilly, when you sent the package to your brother this morning, did they tell you when it would arrive in China?

W: Yes, Dad. They said it would arrive at the end of February.

M: I hope it doesn't get delivered to the wrong place.

W: Don't worry. You can track online where the package is.

| 해석 |

남: Lilly, 네가 오늘 아침에 오빠한테 소포를 보냈을 때, 그것이 중국에 언제 도착할지 그들이 말해줬니?

여: 네, 아빠. 그들은 그것이 2월 말에 도착할 것이라고 말했어요.

남: 그것이 잘못된 장소로 배송되지 않기를 바라.

여: 걱정하지 마세요. 소포가 어디에 있는지 온라인에서 위치를 추적할 수 있어요.

| 문제해설 |

중국에 있는 오빠한테 보낸 소포가 2월 말에 도착할 것이라고 전하는 여자에게 남자는 그것이 잘못된 장소로 배송되지 않기를 바란다고 했으므로, 이에 대한 여자의 응답으로 가장 적절한 것은 ② '걱정하지 마세요. 소포가 어디에 있는지 온라인에서 위치를 추적할 수 있어요.'이다.

① 좋아요. 소포를 등기우편으로 보내고 싶어요.

③ 글쎄요, 국제 소포는 크기와 무게 제한이 있어요.

④ 제가 오빠한테 보낸 소포가 틀림없이 분실된 것 같아요.

⑤ 이런! 우편번호가 잘못되었기 때문에 배송이 지연되었어요.

| 어휘 및 어구 |

registered mail 등기우편　　track (위치를) 추적하다

zip code 우편번호

02

| 소재 | 유럽 횡단 기차 여행

| Script |

W: Hey, John. How was your train trip across Europe this summer?

M: It was so fun. I saw so many places I wanted to visit.

W: Cool. It wasn't tiring being on the train so much?

M: Not really. Traveling by train had a lot of advantages.

| 해석 |

여: 이봐, John. 이번 여름에 유럽 횡단 기차 여행은 어땠어?

남: 너무 재미있었어. 나는 가고 싶었던 아주 많은 곳을 보았어.

여: 멋지다. 기차를 많이 타서 피곤하지 않았니?

남: 그다지 그렇지 않았어. 기차 여행은 이점이 많았어.

| 문제해설 |

여름에 유럽 횡단 기차 여행을 다녀온 남자에게 여자는 기차를 많이 타서 피곤하지 않았냐고 묻고 있으므로, 이에 대한 남자의 응답으로 가장 적절한 것은 ⑤ '그다지 그렇지 않았어. 기차 여행은 이점이 많았어.'이다.

① 당연하지. 우리 같이 여행 가자.

② 맞아. 나는 기차 여행을 좋아하지 않아.

③ 진짜? 네가 기차 여행을 좋아하는 줄 몰랐어.

④ 응. 나는 여름 방학이 몹시 기다려져.

| 어휘 및 어구 |

tiring 피곤한, 힘든　　　　advantage 이점, 장점

03

| 소재 | 일자리 제안 거절

| Script |

W: [The beep sound of the answering machine] Hello. This is Bonnie Taylor speaking. Thanks for your call, Mr. Peterson. However, after much thought, I have decided to take a position with Star Motors and must turn down your generous job offer. I'm sure I would have enjoyed working with you and the Process Design Group. But the opportunity with Star Motors is one of my dreams as I mentioned in our interview. The management position is more related with my career than the staff position you offered. I'm really sorry for the rejection of your offer. I'm sure we'll meet again, perhaps at the upcoming Process Design Society Conference. Thanks again and take care.

| 해석 |

여: *[자동응답기의 삐 소리]* 안녕하세요. Bonnie Taylor입니다. Peterson 씨, 전화 주셔서 감사합니다. 하지만, 많이 생각한 후에 저는 Star Motors의 일자리를 맡기로 결정해서 당신의 관대한 일자리 제안을 거절해야만 합니다. 저는 분명히 당신과 Process Design Group과 함께 일하는 것을 즐기게 되었을 것이라고 확신합니다. 하지만 Star Motors에서의 기회는 우리 인터뷰에서 제가 언급했던 대로 제 꿈 중의 하나입니다. 관리직은 당신이 제안했던 사무직원 자리보다 제 경력과 더 관련이 있습니다. 당신의 제안에 대한 거절에 대해 정말 죄송합니다. 아마도 다가오는 Process Design Society Conference에서 분명히 우리는 다시 만나게 될 것입니다. 다시 한번 감사드리며, 건강히 지내십시오.

| 문제해설 |

여자는 Star Motors의 관리직 제안을 받아들이기로 해서 사무직원 일자리 제안을 거절해야 한다고 말하고 있으므로, 여자가 하는 말의 목적으로 가장 적절한 것은 ① '일자리 제안을 거절하려고'이다.

| 어휘 및 어구 |

answering machine 자동응답기

turn down ~을 거절하다　　　generous 관대한, 넉넉한

opportunity 기회　　　mention 언급하다

rejection 거절　　　upcoming 다가오는, 곧 있을

conference 회의, 회담

04
정답 ①

| 소재 |　옥상 정원

| Script |

W: Jason. Look at the heating bill for our building. It's over $1,000.

M: Oh, that's so high.

W: Yeah. We have to figure out how to reduce it.

M: Why don't we make a garden on the rooftop? That can lower the need for a heating system.

W: That sounds good. We can save a lot of money if we install one.

M: Definitely. And having a rooftop garden has other benefits, too. For example, it can provide a comfortable place to relax for the building residents.

W: Great point. And we can have fresh vegetables if we plant them.

M: That'd be really nice.

W: Wow! We should start planning a rooftop garden right away.

| 해석 |

여: Jason. 우리 건물의 난방비 청구서를 보세요. 1,000달러가 넘어요.

남: 오, 그것은 너무 많아요.

여: 그래요. 난방비 줄이는 방법을 생각해 내야 해요.

남: 옥상에 정원을 만드는 것은 어때요? 그것은 난방 시스템에 대한 필요를 낮출 수 있거든요.

여: 좋은데요. 우리가 옥상 정원을 설치하면 많은 돈을 아낄 수 있어요.

남: 당연하죠. 그리고 옥상 정원을 가지고 있으면 다른 이점도 있어요. 예를 들어, 건물 입주민들에게 쉴 수 있는 편안한 공간을 제공할 수 있어요.

여: 말 잘했어요. 그리고 우리가 채소를 심으면 신선한 채소를 먹을 수 있어요.

남: 그것은 정말로 좋겠는데요.

여: 와! 지금 바로 옥상 정원을 설계하기 시작해야겠어요.

| 문제해설 |

옥상 정원이 난방비를 줄여주고 사람들에게 휴식 공간을 제공해 주는 등 다양한 이점을 가지고 있다며 옥상 정원의 이점에 대해 이야기를 나누고 있으므로, 두 사람이 하는 말의 주제로 가장 적절한 것은 ① '옥상 정원의 이점'이다.

| 어휘 및 어구 |

bill 청구서, 계산서

figure out ~을 생각해 내다, ~을 이해하다

lower 낮추다　　　install 설치하다

benefit 이점, 이득　　　resident 주민

05
정답 ②

| 소재 |　머리 손질

| Script |

M: Good morning, Judy. How was your trip to India?

W: It was amazing. India is such an inspiring place.

M: That's fantastic. So what would you like me to do today?

W: Look at my hair. It's totally messed up.

M: Oh, you're right. What happened to it?

W: It just got damaged while I was backpacking. I sweated a lot and rarely was able to wash it.

M: Don't worry. I'll fix it up.

W: Thanks. It's really tangled. So do you have any suggestions?

M: First, I'll cut it short.

W: Okay.

M: Then I'll curl the ends toward your face to add volume. It'll look great!

W: Perfect. Thank you so much!

| 해석 |

남: 안녕하세요, Judy. 인도 여행은 어땠어요?

여: 멋졌어요. 인도는 무척이나 영감을 주는 곳이죠.

남: 굉장하네요. 그러면 오늘은 제가 어떻게 해 드리면 될까요?

여: 제 머리 좀 봐 주세요. 완전히 엉망이 되었어요.

남: 오, 그러네요. 무슨 일이 있었던 거죠?

여: 배낭여행을 하는 동안 그냥 손상되었어요. 제가 땀을 많이 흘렸는데 머리를 거의 감을 수가 없었어요.

남: 걱정하지 마세요. 제가 고쳐 놓겠습니다.

여: 감사합니다. 정말로 엉켰어요. 그런데 좋은 생각 있나요?

남: 우선, 머리를 짧게 자를게요.

여: 좋아요.

남: 그런 다음 볼륨을 더하기 위해서 얼굴 쪽으로 끝을 감을게요. 멋있어 보일 거예요!

여: 완벽해요. 정말 감사합니다!

| 문제해설 |

머리를 짧게 자른 다음 볼륨을 더하기 위해서 얼굴 쪽으로 끝을 감겠다는 말 등으로 미루어 보아 남자는 헤어 디자이너임을 알 수 있고, 여자는 여행을 하는 동안 머리가 손상되어 남자에게 조언을 구하고 있으므로 고객임을 알 수 있다. 따라서 두 사람의 관계를 가장 잘 나타낸 것은 ② '헤어 디자이너 ─ 고객'이다.

| 어휘 및 어구 |

inspiring 영감을 주는	fantastic 굉장한
mess up 엉망진창으로 하다	damaged 손상된
sweat 땀을 흘리다	tangled 엉킨
suggestion 좋은 생각, 제안	curl 감다
volume 볼륨, 부피	

06

정답 ③

| 소재 | 신입생 환영식 준비

| Script |

M: Hi, Ms. Jenson. How is setting up the stage for tomorrow's freshmen welcome ceremony going?

W: Great. This ceremony is the first ceremony in the new auditorium.

M: Yeah. This auditorium is much more spacious than the previous one. What is the grand piano on the left for?

W: That's for the school choir's song tomorrow.

M: I see. And it's a good idea that you hung the microphone from the ceiling.

W: Yeah. It'll be better for the choir's song. What do you think about the Welcome Freshmen banner?

M: I like it. But why isn't there a speech desk in the middle of the stage?

W: The choir moved it while they practiced.

M: Okay.

W: And as you can see over there on the right, there are chairs in the back right corner and a speech desk in the front right corner.

M: Everything looks perfect for tomorrow's ceremony.

| 해석 |

남: 안녕하세요, Jenson 씨. 내일 신입생 환영식을 위한 무대 설치가 어떻게 되어 가나요?

여: 좋아요. 이 행사가 새로운 강당에서의 첫 번째 행사네요.

남: 그래요. 이 강당이 지난번 강당보다 훨씬 더 넓네요. 왼쪽에 있는 그랜드 피아노는 무슨 용도인가요?

여: 내일 학교 합창단의 노래를 위한 것입니다.

남: 그렇군요. 그리고 천장에 마이크를 달아 놓은 것은 참 좋은 생각입니다.

여: 네. 합창단의 노래에 더 좋을 거예요. 신입생 환영 현수막에 대해서 어떻게 생각하세요?

남: 그게 마음에 들어요. 그런데 왜 무대 중앙에 연단이 없나요?

여: 합창단이 연습을 할 때 그것을 옮겼어요.

남: 알겠어요.

여: 그리고 저쪽 오른쪽에 당신이 볼 수 있듯이, 오른쪽 뒤의 구석에 의자가 있고 오른쪽 앞의 구석에 연단이 있어요.

남: 내일 행사를 위해 모든 것이 완벽해 보여요.

| 문제해설 |

여자는 합창단이 연습하면서 연단을 오른쪽 앞의 구석에 두었다고 했는데 그림에는 연단이 무대 중앙에 있으므로, ③이 대화의 내용과 일치하지 않는다.

| 어휘 및 어구 |

set up ~을 설치하다

freshman 신입생(*pl.* freshmen)

auditorium 강당	spacious 넓은
previous 이전의	choir 합창단
microphone 마이크(로폰)	ceiling 천장

banner 현수막, 배너   speech desk 연단
in the middle of ~의 중앙에
practice 연습하다

07
정답 ②

| 소재 | 할머니 댁 방문 일정 취소

| Script |

W: Joe, do you have choir practice after school today?

M: Yeah, in the auditorium, Mom.

W: So are you still meeting with your science presentation group tonight?

M: No. I asked them if we could meet this weekend instead. They said it's okay.

W: This weekend? You know you're supposed to go to Grandma's house with me this Saturday.

M: Oops! I completely forgot about that.

W: She's really looking forward to seeing you.

M: I feel bad. I made something in art class to give her. But I really have to prepare for my presentation.

W: Then, why don't you call Grandma and tell her you won't be joining this weekend?

M: Okay. I'll call her now.

W: Tell her you'll see her soon.

M: Okay, I will.

| 해석 |

여: Joe, 오늘 방과 후에 합창 연습이 있니?

남: 네, 강당에서요, 엄마.

여: 그럼 여전히 오늘 밤에 과학 발표 모둠과 만날 거야?

남: 아니오. 대신 이번 주말에 만날 수 있는지 그들에게 물어봤어요. 괜찮대요.

여: 이번 주말에? 이번 주 토요일에 나와 할머니 댁에 가기로 되어 있는 거 알잖아.

남: 이런! 제가 그것에 관해 까맣게 잊고 있었어요.

여: 할머니께서 너를 만나기를 정말로 학수고대하고 계셔.

남: 저도 마음이 안 좋네요. 제가 미술 시간에 할머니께 드릴 무언가를 만들었거든요. 하지만 저는 정말로 발표 준비를 해야 해요.

여: 그럼, 할머니께 전화해서 이번 주말에 함께하지 못할 것 같다고 말씀드리는 게 어떨까?

남: 알겠어요. 제가 할머니께 지금 전화드릴게요.

여: 곧 뵙겠다고 할머니께 말씀드리렴.

남: 알겠어요, 그럴게요.

| 문제해설 |

남자는 이번 주 토요일에 여자와 함께 할머니 댁에 가기로 되어 있으나 이것을 잊어버리고 친구들과 과학 발표 준비를 하기로 했다. 이에 여자는 남자에게 할머니께 전화해서 이번 주말에 함께하지 못할 것 같다고 말씀드릴 것을 제안하자 남자가 지금 전화하겠다고 했으므로, 남자가 할 일로 가장 적절한 것은 ② '할머니께 전화하기'이다.

| 어휘 및 어구 |

choir 합창단   auditorium 강당
be supposed to ~하기로 되어 있다
prepare for ~을 준비하다

08
정답 ④

| 소재 | 눈썰매장 입장권 구매

| Script |

W: Welcome to White Valley Snow Park. How may I help you?

M: I'd like to buy snow tubing tickets.

W: Okay. An all-day ticket is $30 per adult and $20 per child. A half-day ticket is $20 per adult and $10 per child.

M: I'll take one adult and one child all-day ticket, please. And how much is a spectator-not tubing ticket?

W: It's $10 for both adults and children.

M: Okay. One spectator-not tubing ticket, too, please. Do local residents get a discount still?

W: Yes. They get 10% off for all the tickets.

M: Great. Here's my ID card.

W: Okay. All-day tickets for one adult and one child and one spectator-not tubing ticket, right?

M: Yes. Here's my credit card.

| 해석 |

여: White Valley Snow Park에 오신 것을 환영합니다. 무엇을 도와드릴까요?

남: 눈썰매 입장권을 사고 싶습니다.

여: 네. 종일권은 성인 1인당 30달러, 어린이 1인당 20달러입니다. 반일권은 성인 1인당 20달러, 어린이 1인당 10달러입니다.

남: 성인 1명과 어린이 1명으로 종일권을 주세요. 그리고 구경만 하고 눈썰매를 타지 않는 입장권은 얼마인가요?

여: 성인과 어린이 모두 10달러입니다.

남: 네. 구경만 하고 눈썰매를 타지 않는 입장권도 1장 주세요. 지역 주민들은 여전히 할인을 받는 거죠?

여: 네. 모든 입장권에 대해 10% 할인됩니다.

남: 아주 좋네요. 여기 제 신분증이 있습니다.

여: 좋습니다. 성인 1명과 어린이 1명에 대한 종일권과 구경만 하고 눈썰매를 타지 않는 입장권 1장, 맞죠?

남: 네. 여기 제 신용카드가 있습니다.

| 문제해설 |

성인 1명과 어린이 1명에 대한 종일권은 각각 30달러와 20달러이고, 구경만 하고 눈썰매를 타지 않는 입장권 1장은 10달러이므로 총 60달러를 지불해야 한다. 모든 입장권에 대해 지역 주민 할인 10%를 받게 되므로, 남자가 지불할 금액은 ④ '$54'이다.

| 어휘 및 어구 |

snow tubing 눈썰매 타기

all-day ticket 종일권   half-day ticket 반일권

spectator 구경꾼, 관람객   resident 주민

09   정답 ⑤

| 소재 | Concord Gardens Tour

| Script |

M: Hello, everyone! The Concord Gardens Tour is a tradition for garden lovers. This year, the tour will take place on two days, June 3 and June 4. Each day the tour begins at 9:00 a.m. and continues until 4:00 p.m. A volunteer guide will guide you around the garden. You can purchase tickets online or at the front desk of Concord Gardens. Groups of 10 or more can get a group discount, but must sign up at least 2 weeks in advance to receive the discount. Please join the tour and see what's in bloom.

| 해석 |

남: 안녕하세요, 여러분! Concord Gardens Tour는 정원을 사랑하는 분들을 위한 전통입니다. 올해, 투어는 6월 3일과 6월 4일, 이틀간 열릴 것입니다. 각 일자에 투어는 오전 9시에 시작을 해서 오후 4시까지 계속됩니다. 자원봉사 안내원이 여러분을 정원 여기저기로 안내해 드릴 것입니다. 여러분은 온라인으로나 Concord Gardens의 안내 데스크에서 표를 구매하실 수 있습니다. 10명 이상의 단체는 단체 할인을 받을 수 있지만, 할인을 받기 위해서는 적어도 2주 전에 미리 신청을 하셔야 합니다. 투어에 함께하셔서 무슨 꽃이 피어 있는지 보세요.

| 문제해설 |

단체 할인을 받기 위해서는 적어도 2주 전에 미리 신청을 해야 한다고 했으므로, 담화의 내용과 일치하지 않는 것은

⑤ '단체 할인을 받으려면 적어도 하루 전에 신청해야 한다.'이다.

| 어휘 및 어구 |

tradition 전통   purchase 구매하다

in advance 미리   in bloom 꽃이 핀, 개화한

10   정답 ①

| 소재 | 공예 제작 강좌 신청

| Script |

M: Lisa, I have a list of the craft-making classes at the community center. How about taking one together?

W: That sounds like fun. Let's choose one.

M: All right. I've taken a couple of craft-making classes, but it was a few years ago. How about you?

W: Me, too. We should definitely take a beginner or intermediate course, not the advanced one then.

M: Yeah. Oh! I volunteer at the children's hospital on Thursdays, so this class doesn't work for me.

W: All right. And I can't take this class because I help my sister with math at 8:30 every night.

M: Okay. That leaves us these two options.

W: Well, I'd prefer not to spend more than $30.

M: Me, too. Then let's take this class.

W: Okay.

| 해석 |

남: Lisa, 내게 커뮤니티 센터에서 하는 공예 제작 강좌 목록이 있어. 같이 수강하는 게 어때?

여: 재미있겠다. 하나 골라 보자.

남: 좋아. 나는 공예 제작 강좌를 두어 번 수강한 적은 있지만, 몇 년 전이었어. 너는 어때?

여: 나도 그래. 우리는 그럼 고급 과정이 아니라 반드시 초급 또는 중급 과정을 들어야 해.

남: 그래. 아! 나는 목요일마다 어린이 병원에서 자원봉사 활동을 하기 때문에 이 수업은 나에게 적절하지 않아.

여: 좋아. 그리고 나는 매일 밤 8시 30분에 여동생의 수학을 도와주기 때문에 이 수업을 들을 수 없어.

남: 그래. 그럼 이 두 가지 선택이 남네.

여: 음, 나는 30달러 넘게 쓰지 않는 것이 더 좋아.

남: 나도 그래. 그럼 이 강좌를 수강하자.

여: 좋아.

| 문제해설 |

초급 또는 중급 과정이면서 목요일이 아닌 강좌는 ①~③인데, 여자는 8시 30분에 여동생의 수학을 도와주어야 하기 때문에 ③은 선택할 수가 없다. 남은 두 가지 강좌 중 30달러를 넘지 않아야 하므로, 두 사람이 선택한 강좌는 ①이다.

| 어휘 및 어구 |

craft-making 공예 제작   intermediate 중급의
advanced 고급의   volunteer 자원봉사 활동을 하다

11
정답 ⑤

| 소재 | 패션쇼 참석을 위한 프랑스 방문

| Script |

M: Katie! I can't believe I'm seeing you here in France!

W: Carl! What a small world! I thought you were in England studying painting.

M: I was. But I graduated last month and now I'm just traveling around France.

W: Wow, that's cool! I envy you.

M: So why are you in France? Are you on a business trip?

W: No. Actually, I quit my job last year. I went back to school to study fashion design.

M: Oh, cool. So you're studying here?

W: No. I'm studying in Korea. I'm here in France to attend a fashion show.

M: That's amazing! Where are you staying in France?

W: At a friend's house here in Paris. I'm going back to Korea next week.

M: I see. What about meeting up for dinner before then?

W: That's a great idea.

| 해석 |

남: Katie! 여기 프랑스에서 당신을 만나다니 믿을 수가 없어요!

여: Carl! 세상 정말 좁군요! 나는 당신이 영국에서 그림 공부를 하고 있다고 생각했어요.

남: 그랬어요. 하지만 지난달에 졸업하고 지금은 그냥 프랑스 여행을 하는 중이에요.

여: 와, 그거 멋지네요! 당신이 부러워요.

남: 그런데 당신은 왜 프랑스에 있는 거예요? 출장 왔어요?

여: 아니요. 실은, 작년에 직장을 그만뒀어요. 패션 디자인을 공부하기 위해 학교로 돌아갔거든요.

남: 오, 근사하네요. 그럼 여기서 공부하고 있나요?

여: 아니요. 한국에서 공부하고 있어요. 나는 패션쇼에 참석하기 위해 여기 프랑스에 온 거예요.

남: 그거 놀랍군요! 당신은 프랑스 어디에서 머무르고 있어요?

여: 여기 파리에 있는 친구 집에서요. 다음 주에 한국으로 돌아갈 거예요.

남: 그렇군요. 그 전에 만나서 저녁식사 하는 것은 어때요?

여: 좋은 생각이에요.

| 문제해설 |

프랑스에서 공부하고 있는지 묻는 남자의 말에 여자가 한국에서 공부하고 있으며 패션쇼에 참석하기 위해 프랑스에 왔다고 했으므로, 여자가 프랑스에 온 이유는 ⑤ '패션쇼에 참석하기 위해서'이다.

| 어휘 및 어구 |

What a small world! 세상 정말 좁구나!
graduate 졸업하다   envy 부러워하다
business trip 출장   meet up 만나다

12
정답 ⑤

| 소재 | Young Leaders' Global Internship Program

| Script |

M: Kate, did you see that the Young Leaders' Global Internship Program just posted a new internship opportunity?

W: No, I didn't. What type of internship is it?

M: It's working in a lab. It sounds perfect for you.

W: That's exactly what I want. Where is it?

M: It's in LA.

W: I've always wanted to live there! Who can apply? I mean, what are the qualifications?

M: It said applicants need to have a master's degree and some research experience in a laboratory setting. You have both.

W: Yeah. I'll have to apply. I hope it's not just a short internship.

M: As far as I know, it's for six months. That's pretty long.

W: Yeah, it is. Do you know how to apply?

M: Yes. You have to upload the application form, your degree certificate, and a letter proving your previous research experience to their website.

W: Thanks so much for letting me know!

| 해석 |

남: Kate, Young Leaders' Global Internship Program에서 방금 새로운 인턴십 기회를 게시한 거 봤어?

여: 아니, 못 봤어. 어떤 종류의 인턴십이야?

남: 실험실에서 일하는 거야. 너한테 딱 맞을 것 같아.

여: 그게 바로 내가 원하는 거야. 장소는 어디야?

남: LA야.

여: 나는 항상 그곳에서 살고 싶었어! 누가 지원할 수 있어? 내 말은, 자격 요건이 뭐지?

남: 지원자들은 석사 학위와 실험실에서의 연구 경력이 있어야 한다고 했어. 너에게는 둘 다 있잖아.

여: 그래. 신청해야겠어. 그저 단기 인턴십이 아니면 좋겠는데.

남: 내가 알기로는, 6개월 동안이야. 꽤 길지.

여: 그래, 그렇구나. 어떻게 신청해야 하는지 알고 있니?

남: 응. 지원서, 학위 증명서, 그리고 이전 연구 경력을 증명하는 문서를 그들의 웹사이트에 업로드해야 해.

여: 알려줘서 정말 고마워!

| 문제해설 |

근무 지역(LA), 지원 자격 요건(석사 학위와 실험실에서의 연구 경력), 근무 기간(6개월), 제출 서류(지원서, 학위 증명서, 이전 연구 경력을 증명하는 문서)는 언급되었으나 모집 인원에 대해서는 언급되지 않았으므로, Young Leaders' Global Internship Program에 관해 언급되지 않은 것은 ⑤ '모집 인원'이다.

| 어휘 및 어구 |

internship 인턴십	opportunity 기회
lab 실험실	apply 지원하다
qualification 자격 요건	laboratory 실험실
application form 지원서	certificate 증명서

13
정답 ①

| 소재 | 학부모 연합회의 축제 부스 운영 계획

| Script |

M: Ms. Linden. I heard the Parent Association Committee are going to run a booth again at school festival.

W: Yes, that's right.

M: What kind of booth? I remember you ran a charity bazaar last year.

W: This year we're going to run a snack bar.

M: A snack bar?

W: Yes. There weren't any booths selling food last year. So some Student Council members suggested that we sell something to eat this year.

M: That'll be a nice addition. What do you plan on selling?

W: Well... things like gimbap, tteokbokki, and sweet and sour chicken.

M: Sounds great. I'm sure you'll sell a lot.

W: Yeah, but we also have a lot to prepare.

M: Then, how do you want me to help you prepare the booth?

| 해석 |

남: Linden 씨. 학부모 연합회가 학교 축제에서 다시 부스를 운영할 거라고 들었습니다.

여: 네, 맞습니다.

남: 어떤 종류의 부스인가요? 작년에는 당신이 자선 바자를 운영했던 것으로 기억하는데요.

여: 올해는 저희가 스낵바를 운영할 예정입니다.

남: 스낵바요?

여: 네. 작년에는 음식을 파는 어떤 부스도 없었어요. 그래서 몇몇 학생 자치 위원회의 학생들이 올해는 우리가 먹을 것을 팔아달라고 제안을 했습니다.

남: 그거 멋진 추가사항이 될 수 있겠네요. 무엇을 파실 계획인가요?

여: 저… 김밥, 떡볶이, 그리고 닭강정 같은 것들이요.

남: 멋지군요. 분명히 많이 파실 거예요.

여: 네, 하지만 우리도 준비해야 할 것이 많습니다.

남: 그럼, 부스를 준비하는 데 제가 어떻게 도와드리기를 원하십니까?

| 문제해설 |

여자는 올해 학교 축제에서 학부모 연합회가 스낵바를 운영할 예정이라고 하면서 준비해야 할 것이 많다고 말하고 있다. 따라서 여자의 마지막 말에 대한 남자의 응답으로 가장 적절한 것은 ① '그럼, 부스를 준비하는 데 제가 어떻게 도와드리기를 원하십니까?'이다.

② 음, 자선 바자를 위해 우리가 무엇을 준비했는지 기억할 수가 없습니다.

③ 죄송합니다. 제가 너무 바빠서 부스를 둘러보는 데 시간을 낼 수가 없습니다.

④ 물론입니다. 당신은 학생들을 위해서 스낵바 부스를 설치할 필요가 있습니까?

⑤ 저는 축제를 학생과 학부모 모두에게 즐거운 행사가 되도록 만들고 싶습니다.

| 어휘 및 어구 |

Parent Association Committee 학부모 연합회

booth 부스, (칸막이를 한) 작은 공간

charity bazaar 자선 바자
snack bar 스낵바, 간이식당
Student Council 학생자치 위원회
addition 추가된 것, 부가물
sweet and sour chicken 닭강정

14

| 소재 | 건강검진 동행

| Script |

[Cell phone rings.]

M: Hello.

W: Hi, Dad. It's me, Lisa.

M: Oh, Lisa. What's up?

W: You have a medical checkup on Wednesday, don't you?

M: Yes. It's scheduled for 2 p.m.

W: Is Mom taking you to the hospital?

M: No, she isn't. She has to attend an important meeting. I'll go to the hospital by myself.

W: No way! You'll have trouble getting through all the tests by yourself.

M: Don't worry. I can manage it myself.

W: Dad, I'll go with you. I'll pick you up at 1 p.m.

M: But Lisa, you'll be at work. You don't need to come with me.

W: Don't worry. I can take a day off for you.

| 해석 |

[휴대전화가 울린다.]

남: 여보세요.

여: 안녕하세요, 아빠. 저예요, Lisa.

남: 아, Lisa. 무슨 일이니?

여: 수요일에 건강검진을 받으시는 거죠, 그렇지 않아요?

남: 그래. 오후 2시로 예정되어 있단다.

여: 엄마가 병원에 모시고 가는 건가요?

남: 아니, 그렇지 않아. 엄마가 중요한 회의에 참석해야 해서. 나는 혼자서 병원에 갈 거야.

여: 안돼요! 혼자서 그 모든 검사들을 받기 힘드실 거예요.

남: 걱정하지 마. 혼자서 해낼 수 있어.

여: 아빠, 제가 같이 갈게요. 오후 1시에 모시러 갈게요.

남: 하지만 Lisa, 너는 일하는 중일 거잖아. 나와 함께 갈 필요가 없어.

여: 걱정하지 마세요. 아빠를 위해 하루 휴가를 낼 수 있어요.

| 문제해설 |

혼자서 건강검진을 받으러 갈 것이라는 남자의 말을 듣고 여

자가 같이 가겠다고 말하자, 남자는 여자가 일하는 중일 것이므로 함께 갈 필요가 없다고 말하고 있다. 따라서 남자의 마지막 말에 대한 여자의 응답으로 가장 적절한 것은 ③ '걱정하지 마세요. 아빠를 위해 하루 휴가를 낼 수 있어요.'이다.

① 안돼요! 그것들은 불필요한 검사들이에요.

② 좋아요. 제가 병원 예약을 할게요.

④ 맞아요. 환자들을 돌보는 것은 쉽지 않죠.

⑤ 걱정하지 말아요. 그 병원이 어디에 있는지 제가 알아낼게요.

| 어휘 및 어구 |

medical checkup 건강검진
be scheduled for ~로 예정되다
take ~ off ~ 동안 휴가를 얻다

15

| 소재 | 과체중으로 인한 무릎 통증

| Script |

W: Eric has been working overtime a lot these days. Whenever he does, he eats late at night. He has gained a lot of weight and is in pretty bad shape. One day at work, while taking the stairs, his knees start hurting due to his excess weight. Realizing how bad of shape he's in, he asks his co-worker, Linda, for advice on this matter. She thinks Eric needs to lose weight to avoid serious knee damage. In this situation, what would Linda most likely say to Eric?

Linda: Why don't you try to lose weight to reduce your knee pain?

| 해석 |

여: Eric은 요즘 초과 근무를 많이 하고 있습니다. 초과 근무를 할 때마다, 그는 밤늦게 먹습니다. 그는 살이 많이 쪘고 몸 상태가 상당히 좋지 않습니다. 어느 날 직장에서 계단을 오르다가, 과체중 때문에 그의 무릎이 아프기 시작합니다. 자신의 몸 상태가 얼마나 안 좋은지 깨달은 그는 직장 동료인 Linda에게 이 문제에 대한 조언을 구합니다. 그녀는 Eric이 심각한 무릎 손상을 피하기 위해 살을 빼야 할 필요가 있다고 생각합니다. 이런 상황에서, Linda는 Eric에게 뭐라고 말하겠습니까?

Linda: 무릎의 통증을 줄이기 위해 살을 빼려고 노력하는 것이 어때요?

| 문제해설 |

야식으로 인해 살이 많이 찌고 몸 상태가 좋지 않은 Eric은 어느 날 계단을 오르다가 과체중으로 인한 무릎 통증을 느끼

고 이에 관해 직장 동료인 Linda에게 조언을 구하는 상황으로, Linda는 Eric에게 심각한 무릎 손상을 피하기 위해 살을 빼려고 노력해 보라고 제안하고 싶어 한다. 따라서 Linda가 Eric에게 할 말로 가장 적절한 것은 ① '무릎의 통증을 줄이기 위해 살을 빼려고 노력하는 것이 어때요?'이다. ② 밤늦게 먹으니까 건강에 더 좋은 음식을 먹는 것이 어때요? ③ 만일 무릎에 문제가 있다면, 엘리베이터를 이용하는 것이 좋습니다. ④ 음, 초과 근무를 피하기 위해 당신의 근무 일정을 변경해 보세요. ⑤ 조심하세요. 나쁜 자세로 계단을 오르면 무릎이 손상될 수 있습니다.

| 어휘 및 어구 |

be in bad shape (몸의 상태가) 나쁘다
due to ~ 때문에   excess 초과한
lose weight 살을 빼다, 살이 빠지다
avoid 피하다   damage 손상
posture 자세, 태도

16~17   정답 16 ① 17 ④

| 소재 | 집중력을 높이는 방법

| Script |

M: If you wanted to strengthen your muscles, you would start training regularly. Similarly, improving your concentration is like building up your muscles, and it needs regular exercise to build up its strength. So, if you have trouble focusing for more than a few minutes, you could benefit by working out your mind. Here is an exercise that can help you build your concentration ability. Sit in a chair with your head up, your chin out, and shoulders back. Raise your right arm until it is level with your shoulder, pointing to your right. Fix your eyes on the tips of your fingers for one minute. Do the same exercise with your left arm. Gradually, increase the time until you are able to do this for five minutes with each arm. Doing this regularly will definitely help you improve your

mental focus.

| 해석 |

남: 여러분의 근육을 강화하고 싶다면, 규칙적으로 훈련을 시작할 것입니다. 마찬가지로, 집중을 향상시키는 것은 근육을 강화하는 것과 같고, 그것을 강화하기 위해서는 규칙적인 운동이 필요합니다. 그러므로 만일 여러분이 몇 분 이상 동안 집중하는 것에 애를 먹고 있다면, 여러분의 정신을 운동시킴으로써 이점을 얻을 수 있습니다. 여기 여러분이 집중 능력을 강화하는 것을 도울 수 있는 운동이 있습니다. 머리를 똑바로 들고 턱을 앞으로 내밀고, 어깨를 뒤로 젖힌 채로 의자에 앉으세요. 오른쪽 팔이 오른쪽으로 향하게 하면서 어깨와 나란히 되도록 올리세요. 일 분 동안 여러분의 눈을 손가락 끝에 고정시키세요. 왼쪽 팔로도 같은 동작을 하세요. 점차, 양쪽 팔이 5분 동안 이것을 할 수 있을 때까지 시간을 늘리세요. 이것을 규칙적으로 하면 여러분의 정신 집중을 향상시키는 데 분명히 도움이 될 것입니다.

| 문제해설 |

16 남자는 정신을 집중시키기 위한 운동에 대해 설명하고 있으므로, 남자가 하는 말의 주제로 가장 적절한 것은 ① '집중력을 높이는 방법'이다.

17 남자가 설명하는 동작으로 머리 들기, 턱 내밀기, 어깨 뒤로 젖히기, 손가락 끝에 시선 고정하기는 언급되었지만 ④ '양팔을 머리 위로 올리기'는 언급되지 않았다.

| 어휘 및 어구 |

strengthen 강화하다   build up 강화하다
exercise (일련의 동작으로 이루어진 정신적·신체적) 운동
strength 힘   ability 능력
gradually 점차   definitely 분명히, 명백히
improve 향상시키다

EBS

수능특강 풀기 전
부담 없는 분량으로 가볍고 상큼하게 ~

고1~2 내신 중점 로드맵

과목	고교 입문	기초	기본	특화	+	단기
국어	고등 예비 과정	내 등급은?	윤혜정의 개념의 나비효과 입문편/워크북 어휘가 독해다!	**기본서** 올림포스	**국어 특화** 국어 독해의 원리 / 국어 문법의 원리		단기 특강
영어			정승익의 수능 개념 잡는 대박구문 주혜연의 해석공식 논리 구조편	올림포스 전국연합 학력평가 기출문제집	**영어 특화** Grammar POWER / Reading POWER Listening POWER / Voca POWER		
수학			**기초** 50일 수학 매쓰 디렉터의 고1 수학 개념 끝장내기	**유형서** 올림포스 유형편	**고급** 올림포스 고난도 **수학 특화** 수학의 왕도		
한국사 사회		**인공지능** 수학과 함께하는 고교 AI 입문 수학과 함께하는 AI 기초	**기본서** 개념완성 개념완성 문항편	고등학생을 위한 多담은 한국사 연표		
과학						

과목	시리즈명	특징	수준	권장 학년
전과목	고등예비과정	예비 고등학생을 위한 과목별 단기 완성	●	예비 고1
국/수/영	내 등급은?	고1 첫 학력평가+반 배치고사 대비 모의고사	●	예비 고1
	올림포스	내신과 수능 대비 EBS 대표 국어·수학·영어 기본서	●	고1~2
	올림포스 전국연합학력평가 기출문제집	전국연합학력평가 문제+개념 기본서	●	고1~2
	단기 특강	단기간에 끝내는 유형별 문항 연습	●	고1~2
한/사/과	개념완성 & 개념완성 문항편	개념 한 권+문항 한 권으로 끝내는 한국사·탐구 기본서	●	고1~2
국어	윤혜정의 개념의 나비효과 입문편/워크북	윤혜정 선생님과 함께 시작하는 국어 공부의 첫걸음	●	예비 고1~고2
	어휘가 독해다!	학평·모평·수능 출제 필수 어휘 학습	●	예비 고1~고2
	국어 독해의 원리	내신과 수능 대비 문학·독서(비문학) 특화서	●	고1~2
	국어 문법의 원리	필수 개념과 필수 문항의 언어(문법) 특화서	●	고1~2
영어	정승익의 수능 개념 잡는 대박구문	정승익 선생님과 CODE로 이해하는 영어 구문	●	예비 고1~고2
	주혜연의 해석공식 논리 구조편	주혜연 선생님과 함께하는 유형별 지문 독해	●	예비 고1~고2
	Grammar POWER	구문 분석 트리로 이해하는 영어 문법 특화서	●	고1~2
	Reading POWER	수준과 학습 목적에 따라 선택하는 영어 독해 특화서	●	고1~2
	Listening POWER	수준별 수능형 영어듣기 모의고사	●	고1~2
	Voca POWER	영어 교육과정 필수 어휘와 어원별 어휘 학습	●	고1~2
수학	50일 수학	50일 만에 완성하는 중학~고교 수학의 맥	●	예비 고1~고2
	매쓰 디렉터의 고1 수학 개념 끝장내기	스타강사 강의, 손글씨 풀이와 함께 고1 수학 개념 정복	●	예비 고1~고1
	올림포스 유형편	유형별 반복 학습을 통해 실력 잡는 수학 유형서	●	고1~2
	올림포스 고난도	1등급을 위한 고난도 유형 집중 연습	●	고1~2
	수학의 왕도	직관적 개념 설명과 세분화된 문항 수록 수학 특화서	●	고1~2
한국사	고등학생을 위한 多담은 한국사 연표	연표로 흐름을 잡는 한국사 학습	●	예비 고1~고2
기타	수학과 함께하는 고교 AI 입문/AI 기초	파이선 프로그래밍, AI 알고리즘에 필요한 수학 개념 학습	●	예비 고1~고2